NOCTURNOS

JAVIER
PÉREZ CAMPOS

NOCTURNOS

NADA NOS HACE SENTIR
MÁS VIVOS QUE VER SALIR EL SOL
Y SABER QUE HEMOS SOBREVIVIDO
A OTRA NOCHE

Planeta

Av. Diagonal, 662-664, 08034 Barcelona (España)
www.planetadelibros.com

Diseño de la cubierta: Planeta Arte & Diseño
Imágenes de la cubierta: © Shutterstock

Diseño del interior: J. Mauricio Restrepo
Ilustraciones/fotografías de interior: © archivo del autor, © Salomart, © Valentina García de Vicente © Luca Galuzzi / Wikimedia Commons, © Paul Brown/Anchorage Daily/Tribune News Service / Getty Images, © Anchorage Daily News/Tribune News Service / Getty Images, © Alex Gotfryd/Corbis/Getty Images, © Alamy / Album, © White House photographer / Wkimedia Commons, © Chicago Tribune, © Pictures From History/Universal Images Group / Getty Images, © Metro-Goldwyn-Mayer Pictures Diltz / Bridgeman Images / Album, © Popperfoto / Getty Images, © Prisma / Album, © José Ignacio Larragán, © Luis Uriarte, © Enrique Echazarra, © Gonzalo Pérez Sarró, © Aldo Linares, © Pilar Serrano de Menchén, © Antonio José Moreno, © Graham Morris / Mirrorpix, © BEN STANSALL/AFP / Getty Images, © Trinity Mirror / Mirrorpix / Alamy, © Library of Congress, © Chapman & Hall, Londres, 1865-1866, © Pictures Now / Alamy, © MUSEU D'ARQUEOLOGIA DE CATALUNYA – ULLASTRET, © Universal History Archive/Universal Images Group / Getty Images, © Florida Keys--Public Libraries / Flickr, Gallica, © Norbert Aepli / Wikimedia, © Jimlop collection / Alamy / Album, © Bürger-Museum / Album, © Joaquín Santiago Raboso Espada, © Pablo Villarrubia, © Tomás Sánchez Hernández

Primera edición: octubre de 2025
Depósito legal: B. 15.023-2025
ISBN: 978-84-08-30908-6
Composición: Realización Planeta
Impresión y encuadernación: Egedsa
Printed in Spain - Impreso en España

PEFC Certificado
Este libro procede de bosques gestionados de forma sostenible
PEFC
PEFC/14-38-00305
www.pefc.es

Para Celia, que me acompañó estas ciento cincuenta noches...
Y vimos salir el sol.

Recuerdo que, una noche, se impuso un profundo silencio y dio la impresión de que todo lo que vivía en esa oscuridad contenía la respiración por un momento.

John Connolly

ÍNDICE

Tercera parte

INTEMPESTA

(Cuando los animales descansan profundamente)

Cuarta parte

CONTICINIO

(Cuando todas las cosas parecen estar calladas y dormidas)

NOTA DEL AUTOR

Para la escritura de este libro, el autor ha consultado cuatrocientas cincuenta y dos referencias bibliográficas repartidas entre libros, reportajes periodísticos, entrevistas, cintas de magnetófono, artículos académicos, así como viajes e investigaciones propias.

Aunque muchos de los pasajes que aquí se relatan han sido parcialmente novelados, y puedan parecer ficción, todos los detalles y pormenores de *Nocturnos* son reales.

PROHIBIDO LEER DE DÍA

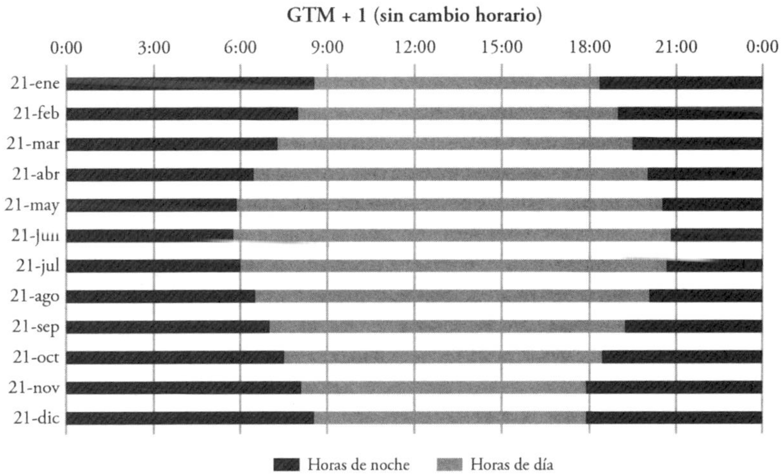

Nocturnos ha sido escrito por completo en las horas posteriores al anochecer. Por eso, el autor desea plantear al lector una serie de recomendaciones:

- Prohibido leer de día.
- Abrir única y exclusivamente en las horas comprendidas entre el anochecer y el amanecer.

- Buscar un lugar silencioso, con luz tenue pero suficiente, para que la experiencia de lectura sea lo más inmersiva posible.
- Mantenerse alejados de personas que puedan proporcionar calma, confort o una sensación falsa de seguridad.
- En la medida de lo posible, leer en soledad.

INTRODUCCIÓN

La noche es el estado natural de todo lo que nos rodea. Es la invasión de la oscuridad y la ausencia de la radiación electromagnética que nos permite observar nuestro entorno.

Esa reducción de visibilidad convierte a la noche en un momento de inseguridad total. Así, el depredador que lo desee, escondido entre las sombras, aprovecha para robar, secuestrar, torturar, violar o asesinar a sus víctimas.

En la antigüedad, los controles de seguridad se disipaban en las últimas horas de la jornada, cuando se cedía el terreno a los ajustes de cuentas, a los crímenes o a las actividades prohibidas como aquelarres y otras reuniones heréticas.

No es casualidad que todas las culturas tengan un catálogo voluminoso de seres procedentes de esta fase del día: sacamantecas, duendes, brujas, hombres lobo, fantasmas... Todos ellos, acompañados por refranes como «Anda de día, que la noche es mía» o «Entre las doce y la una anda la mala fortuna».

o

Como periodista, he pasado cientos de noches leyendo sin descanso en mi despacho, he recorrido carreteras secundarias o he buscado un restaurante abierto en el último pueblo de una comarca solitaria. Soy hijo de esa noche y de su silencio, también de sus mitos; de las verdades susurradas por el inconsciente en la madrugada, cuando, «hasta un ateo puede llegar a creer en Dios», que escribió el poeta Edward Young.

o

Las historias que he investigado durante veinte años son en su mayoría relatos de la oscuridad que requerían de la noche para ser estudiados en comunión con ella. Entre mis cuadernos, las grabaciones, los libros y los documentos que atesoro, yacen miles de historias asombrosas y de todas las disciplinas: misterio, crimen, historia, arqueología, cine, videojuegos, biografías... Es un catálogo tan amplio que me he preguntado muchas veces cuál podría ser la médula que une tan dispares vértebras. Seguramente, es mi interés por lo heterodoxo y lo desconocido. Como investigador de la cara oculta de las cosas, de la delgada línea que separa la realidad de la ficción, soy también un viajero de las tinieblas cuyo bagaje acumula multitud de relatos perdidos.

Paradójicamente, esa manera de mirar al mundo desde la oscuridad nos acerca a la vida. Nos da lecciones sobre los caminos que debemos evitar a deshora, sobre los riesgos de subir a un coche con un desconocido o sobre lo arriesgado que es responder a una voz extraña que te llama por tu nombre en el bosque.

Los peligros nocturnos nos desafían. Por eso, ya desde nuestro origen como *Homo sapiens,* nada nos hace sentir más vivos que ver salir el sol y ser conscientes de que hemos sobrevivido a una noche más.

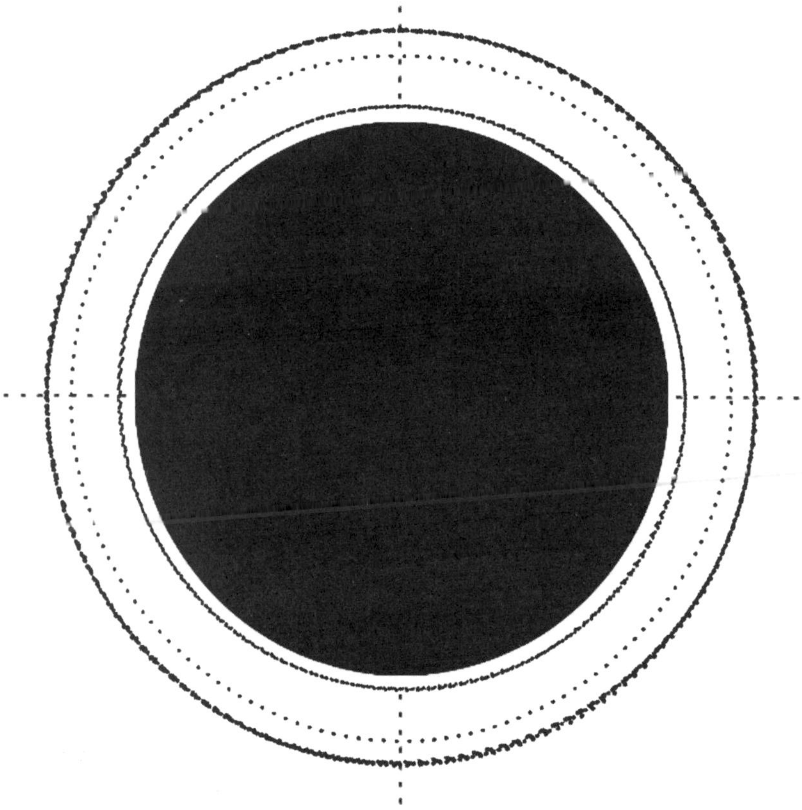

PRIMERA PARTE

CREPÚSCULO

(Cuando comienzan las tinieblas)

San Isidoro, obispo de Sevilla durante más de treinta años, dedicó parte de su vida a investigar y a poner nombre a las diferentes partes de la noche, tal y como muchos habían hecho antes, en un intento de estructurar a los que trabajaban y se mantenían despiertos mientras los demás dormían.

o

Estos fragmentos del día se organizaban atendiendo a distintos criterios: la posición de los planetas («véspero», conocida así en referencia a Venus, lucero de la tarde), la actividad social («conticinio», que hace referencia al momento en el que todo está en silencio) o incluso a la actividad animal («galicinio», parte de la noche ya próxima al amanecer, que hace referencia al canto del gallo).

En total, san Isidoro dividió la noche en siete partes, y, más tarde, ya en 1490 Alfonso Fernández de Palencia, cronista regio e historiador, añadió una categoría más en su *Universal vo-*

cabulario en latín y en romance, la «antelucana», que es cuando el alba comienza a esparcir las tinieblas[1].

Algunas de estas divisiones servirán para ordenar nuestro catálogo de personajes nocturnos, como si este libro fuese la noche misma y, al pasar sus páginas, la atravesásemos hacia la oscuridad más profunda.

o

Empezamos así nuestro viaje por el crepúsculo, que llega tras la puesta de sol.

Es el ocaso, el anochecer, la muerte del día. A través de la ventana, una luz anaranjada y última lo invade todo.

Y entonces llegan los nocturnos.

1 Las otras tres partes restantes son crepúsculo, intempesta, madrugada y alba.

Capítulo 1
EL CAZADOR

El mito del hombre lobo cubierto de piel quedó impreso en nuestro inconsciente colectivo junto con cierta inclinación a perseguir, dominar, matar, violar y comerse a la presa humana.
Este impulso sádico que subsiste aún en los seres humanos es como un error oscuro en una línea en el ADN de nuestro cerebro primitivo.

Peter Vronsky, *Hijos de Caín. Una historia de los asesinos en serie*, 2020

Afortunadamente, la vida nos depara muy pocos momentos de horror. No demasiados, únicamente los necesarios para que nunca terminemos de acostumbrarnos a ellos a lo largo de nuestra corta existencia, pero también los suficientes para aprender que el espanto puede surgir de cualquier lugar, en cualquier situación.

Tal vez, eso debió pensar el cazador que el 9 de julio de 1980 detuvo su vehículo en la autopista cerca de Seward, en Alaska, al ver lo que parecía un cuerpo de mujer parcialmente desenterrado en el bosque[2].

Un oso había masticado la piel, le había arrancado los tendones y había roído algunos de los huesos que asomaban como ramas escarchadas de aquella tumba improvisada. También había agujeros de bala en algunas partes de aquel cuerpo desnudo.

Este hallazgo se sumaba al de otro cadáver, todavía sin identificar, que unos obreros de la construcción habían en-

2 Julie Anne Gold, «Unsolved murders puzzle city police», *Anchorage Daily News*, 7 de enero de 1981.

contrado en una zanja poco profunda, y que también había sido prácticamente devorado por los osos. A esta mujer, a la que bautizaron como «Annie de Eklutna», la habían apuñalado hasta la muerte[3].

Dos años más tarde, cerca del río Knik, unos obreros encontraron el cuerpo de Sherry Morrow, una bailarina de veintitrés años que llevaba meses desaparecida. Según la prensa de la época, ella era «una de las cuatro bailarinas de *topless* que desaparecieron entre junio de 1980 y diciembre de 1981 en Anchorage»[4].

A Sherry la habían asesinado con tres disparos, cuyos casquillos se encontraron en la escena del crimen: se trataba de balas de un Ruger Mini-14 del calibre 223, un rifle de caza muy habitual en Alaska en ese momento.

Habitualmente, estas víctimas presentaban agujeros de bala en el cuerpo, pero no en la ropa, lo que hacía pensar a los investigadores que las habían asesinado mientras estaban desnudas[5].

En aquellos años, Alaska era un extravagante mercado de oportunidades. El descubrimiento de una enorme bolsa de petróleo en 1968 en una pequeña ensenada del mar de Beaufort, un sector del océano Ártico entre Alaska y el noroeste de Canadá, obligó a construir un mastodóntico oleoducto que permitiera transportar el crudo desde el norte hasta los puertos,

3 Anne Willete, «Alaskan fits mold of serial murderer», *Anchorage Times*, 28 de febrero de 1984.

4 «Young woman's body identified», *Anchorage Times*, 24 de septiembre de 1982.

5 John Douglas y Mark Olshaker, *Mindhunter: cazador de mentes*, Ed. Crítica, 2018.

para luego distribuirlo por el Medio Oeste y el este de Estados Unidos[6].

La construcción del Trans-Alaska Pipeline System (TAPS) fue una proeza de la ingeniería y es, todavía hoy, uno de los oleoductos más grandes del mundo, con más de mil trescientos kilómetros que atraviesan tres cadenas montañosas y una treintena de ríos[7].

Las obras, iniciadas en 1975, se prolongaron durante varios años, y provocaron que miles de personas se trasladaran a Alaska en busca de trabajo[8]. Algunos como constructores e ingenieros, otros para dar servicio a todos esos operarios que trabajaban en el oleoducto. Y así, durante meses, florecieron distintos comercios: carnicerías, panaderías, moteles, pubs y prostíbulos[9].

o

Paula Goulding era una de esas mujeres que había viajado desde Kona, en Hawái, para trabajar como secretaria en alguna de esas empresas emergentes. Pero llegó junto con otros cientos de aspirantes que ocuparon rápidamente aquellos puestos, y no tuvo más remedio que aceptar un empleo como bailarina en

6 Mary Ellen Myrene, «Oil pipeline plans announced», *Fairbanks Daily News-Miner*, 10 de febrero de 1969.

7 Laura Ojea, «El oleoducto Trans-Alaska, uno de los más grandes del mundo, a punto de echar el cierre», *El periódico de la energía*, 17 de abril de 2017.

8 «First hundred Trans-Alaska miles in place», *San Angelo Standard-Times*, 19 de octubre de 1975.

9 Reagan Martin, *The butcher baker: The search for Alaskan serial killer Robert Hansen*, Ed. Minute Help, 2019.

uno de los bares infectos en los que se servía cerveza y vodka en abundancia durante toda la noche[10]. Lo hizo a la desesperada, para llegar a fin de mes, aunque estaba aterrorizada por las noticias sobre el gran número de *strippers* y prostitutas que estaban desapareciendo en los alrededores de Anchorage. «La policía busca a las bailarinas desaparecidas», titulaban los medios en aquellos días de gran oscuridad[11]. Algunas habían aparecido muertas y enterradas en zanjas poco profundas en medio del bosque; otras parecían haberse diluido en un silencio cómplice. Eran mujeres itinerantes, con un estilo de vida nómada, sin arraigo familiar, que iban de aquí para allá. ¿Cómo saber si les había pasado algo o si, simplemente, habían vuelto a su lugar de origen? Sin embargo, la policía de Alaska había detectado un patrón común: todas las desaparecidas eran jóvenes, delgadas y atractivas, trabajadoras de centros de masaje o bailarinas de clubes de alterne[12].

Una noche de 1983, Paula Golding conoció a un buen hombre en el bar donde trabajaba y pasó parte de su jornada charlando con él. Parecía atento, educado y con una gran capacidad de escucha, por lo que no tuvo objeciones cuando el tipo se ofreció a llevarla a casa. Al subir a ese coche, su rastro se perdió durante días.

Su cuerpo apareció después, rígido y amoratado, en una improvisada tumba cavada a poca profundidad junto al río Knik, destrozado por múltiples disparos[13].

10 «Obituaries: Paula Goulding», *Anchorage Times*, 18 de octubre de 1983.

11 «Police search for vanishing dancers», *The Olympian*, 20 de septiembre de 1983.

12 «Dancers feared murdered», *The Day*, 20 de septiembre de 1983.

13 «Killer of 7 women sought after 2 bodies found», *Waterloo Region Record*, 20 de septiembre de 1983.

La construcción del Trans-Alaska Pipeline System atrajo a miles de trabajadores hasta Alaska, lo que también provocó un aumento de la criminalidad.

Maxine Farrell, investigador de homicidios, estaba convencido de que el asesino era un hombre que rondaba los cuarenta años, de aspecto limpio y voz suave, con el que las mujeres debían de sentirse seguras. Además, tenía que ser rico, o al menos parecerlo, para convencer a alguien de que podía pagar una buena cantidad de dinero por el servicio que desease[14].

El perfilador criminal John E. Douglas, ayudante de Robert K. Ressler en la Unidad de Ciencias de la Conducta del FBI, se desplazó también hasta Anchorage para intentar cazar al asesino. En su libro *Mindhunter: cazador de mentes,* Douglas hace una descripción muy interesante del paisaje que allí se encontró:

14 «Soft-spoken man sought in bar dancers disappearences», *Daily Press,* 21 de septiembre de 1983.

> Llegar hasta Anchorage fue uno de los viajes de trabajo más emocionantes y menos agradables que había hecho nunca. Acabó con un vuelo sobre el agua que me hizo agarrarme al asiento con los ojos inyectados en sangre. Cuando llegamos, la policía nos recogió y nos llevó al hotel. De camino, pasamos por algunos de los bares donde habían trabajado las víctimas. La mayoría del tiempo hacía demasiado frío para que las prostitutas trabajaran en la calle, así que hacían sus contactos en los bares, que estaban abiertos prácticamente las veinticuatro horas. Cerraban durante una hora para limpiar y echar a los borrachos. En aquella época, en gran medida por la enorme población temporal que llegó para construir el oleoducto, Alaska tenía una de las tasas de suicidio más altas del país, así como de alcoholismo y enfermedades venéreas. Se había convertido en la versión moderna de la frontera del Salvaje Oeste [...]. Había un montón de machos con sus enormes tatuajes paseándose como si acabaran de salir de un anuncio de Marlboro[15].

o

Douglas, que ya tenía por aquel entonces una gran experiencia en la perfilación criminal, dijo que el asesino debía de ser un individuo con un ligero tartamudeo y seguramente con problemas en la piel desde la adolescencia, lo que le habría generado una importante falta de confianza en sí mismo y, quizá, un rechazo por parte de las mujeres desde su juventud, lo que explicaría el enseñamiento contra el sexo femenino que evidenciaban las escenas de sus crímenes.

15 John Douglas, *Mindhunter: cazador de mentes*, Ed. Crítica, 2018.

Otro perfilador, Robert Roy Hazelwood, dijo que el asesino sería un cazador experimentado, con baja autoestima, pero que en su día a día debía de haber sido un empresario de éxito casado con una mujer que desconocía sus instintos asesinos[16]. Coincidió con Douglas en que, posiblemente, sería tartamudo, y añadió que también, muy probablemente, guardaba trofeos de sus asesinatos[17].

o

Prostituirse con diecisiete años no era un problema para Anchorage en 1983. Al fin y al cabo, tal y como describió John Douglas, aquella era una ciudad sin ley, rendida a la depravación, donde absolutamente todo podía comprarse y venderse.

—Doscientos dólares por una mamada —le dijo un hombre con la cara picada a Cindy Paulson, mientras aguardaba en una esquina en las afueras de la ciudad.

La menor miró a un lado y a otro, como para confirmar que aquella oferta iba dirigida exclusivamente a ella. Al descubrir que estaba sola, no se lo pensó dos veces y subió al coche del hombre pelirrojo[18]. El modelo del coche, un Volkswagen escarabajo, eliminó de la mente de Paulson cualquier suspicacia, pues se trataba de un vehículo propio de alguien con dinero. El hombre le sonrió mientras se extendía sobre

16 Genoveva Ortiz, «The Butcher Baker: The True Story of Robert Hansen», *The human hunter*, febrero de 2021.

17 Luis Guillermo Blanco, «Perfiles criminales: historia, evolución y aplicación», *Revista de Pensamiento Penal*, agosto de 2021.

18 Walter Gilmour y Leland E. Hale, *Butcher Baker: A true account of a serial murderer*, Ed. Penguin, 1991.

el asiento del copiloto para abrirle la puerta desde dentro e invitarla a entrar. Ella le devolvió la sonrisa con una profesionalidad que encubría su horror, asco y vergüenza. Necesitaba el dinero, y doscientos pavos era la cantidad que podía ganar en una semana buena de trabajo[19]. Además, aquel tipo parecía inofensivo y le recordaba a algún familiar. Era el típico hombre amable con el que te cruzas en el supermercado, y no ese con el que te topas en un bar a altas horas de la noche.

El coche atravesó Muldoon Road, una carretera que divide la ciudad de Anchorage de norte a sur y la conecta con la Autopista 1. Después, giró por la avenida Old Harbour, hasta llegar al número 7201.

En ese preciso instante, sin saber muy bien por qué, Cindy Paulson tuvo un mal presentimiento. Era una sensación de peligro intensa y precisa, como si la muerte estuviera rondándola de cerca. Así, como para confirmar el oscuro presagio, el conductor introdujo su vehículo en el garaje y cerró la puerta con rapidez, intentando que nadie los viera.

La expresión de su cliente había cambiado por completo. Su mirada era ahora penetrante y parecía que sus iris se hubiesen fundido con sus pupilas, convirtiendo sus ojos en dos pozos profundos de los que emergía una oscuridad concentrada.

Cuando se quiso dar cuenta, Paulson estaba esposada en el sótano de aquel individuo en quien había confiado. Se maldecía por haber caído en su trampa, mientras, al mismo tiempo, una parte desconocida de sí misma tomaba el control de la situación.

19 John Douglas, *Mindhunter: cazador de mentes*, Ed. Crítica, 2018.

Los investigadores buscan restos humanos en los bosques que bordean el río Knik en abril de 1984.

«Calma, piensa, memorízalo todo», le decía su propia voz interior, antes de ser procesada o racionalizada por el cerebro.

—Tranquila, si haces lo que yo te diga no te haré daño —susurró el pelirrojo, interrumpiendo sus pensamientos mientras la forzaba a tumbarse sobre una alfombra de piel de oso. Acto seguido, la violó brutalmente en una postura forzada por las esposas y le introdujo un martillo en la vagina, hasta que su voz se extinguió en un patético gemido final[20].

20 John Douglas, *Mindhunter: cazador de mentes*, Ed. Crítica, 2018.

Unas gotas de sangre cayeron de las muñecas de la mujer. El roce de las esposas le había producido unas heridas que tenían muy mal aspecto, pero nada era comparable con el dolor que sentía por dentro. En silencio, el cuerpo de Cindy temblaba, produciendo unos estertores tan exagerados que parecían las convulsiones propias de un ahorcado.

Sin mediar palabra, su violador se irguió, se abrochó los pantalones y se dirigió a un sillón ubicado a pocos metros.

—Voy a echarme una siesta, procura no hacer ruido —le dijo con suavidad, como si no se estuviera dirigiendo a una mujer a la que estaba reteniendo en el sótano de su casa.

Entonces, Cara Picada durmió durante cinco horas seguidas.

o

El tiempo puede dilatarse de manera inimaginable cuando uno pasa cinco horas maniatado sobre una alfombra. En ese tiempo, Cindy se fijó en un agujero de bala en el muro, a pocos metros de donde ella se encontraba, y que, muy probablemente, era el último rastro del tiro de gracia contra una pobre incauta como ella.

Al otro lado de la sala, había unos juguetes tirados en el suelo, por lo que dedujo que aquel desalmado tenía, al menos, un hijo pequeño. Debía ser el padre de familia perfecto que mataba mujeres en su sótano.

Se imaginó partiendo uno de los palos de billar que colgaban de la pared para intentar apuñalar a aquel maníaco.

«No querrás convertirte en agujero de bala número 2», respondió una voz imaginaria a aquella idea peregrina en su cabeza. Cindy, que nunca había tratado con un asesino, pero sí con otro tipo de hombres problemáticos, sabía que solo saldría de aquella situación si mantenía el pico cerrado. «Esta clase de tíos necesitan sumisión», reflexionó. Gritar tan solo empeoraría las cosas.

Así que, cuando su secuestrador se despertó y le dijo que se metiera en el coche, actuó como una buena prisionera. Bajó la cabeza y se tumbó en los asientos traseros, antes de que él le colocara una manta por encima para esconderla. En la oscuridad, y aún sumida en un estado de absoluta claridad mental, escuchó el motor arrancar, para después sentir cada curva, cada acelerón, cada parada, como si estuviera viendo el coche desplazándose desde arriba.

Si cerraba los ojos, Cindy podía evadirse y pensar que aquello no era más que una pesadilla de la que pronto despertaría. Estar bajo una manta ayudaba a fomentar ese estado de calma. Pero, en el fondo, algo le advirtió que tenía que mantenerse alerta y abandonar la negación. No podía crearse una falsa sensación de bienestar, a menos que quisiera aparecer en una zanja del bosque, como todas esas mujeres que habían encontrado en los últimos meses.

—Has sido una buena chica, así que voy a llevarte a un sitio muy especial —musitó Cara Picada, con una voz amortiguada por la manta que la cubría.

Después, llegó una sucesión de sonidos: los seguros del coche se desbloquean, la puerta del conductor se abre, el asesino de mujeres abandona el coche, la puerta del conductor se cierra, unos pasos bordean el vehículo, la puerta del maletero se abre, el asesino de mujeres revuelve las maletas, sus pasos se alejan sobre la grava.

El cerebro de Cindy tenía ya información suficiente como para tomar el control de la situación y enviar una orden concisa a cada miembro de su cuerpo, a cada órgano, a cada rincón de su sistema nervioso, a cada célula. Su pie derecho, tembloroso, se deslizó por el asiento y trepó por el interior de la puerta hasta encajarse en la manija. Hizo palanca y, contra todo pronóstico… ¡Clanc!, sonó la puerta al abrirse.

No había tiempo. La chica se tiró del coche con la manta enredándose en sus piernas. Cayó al suelo y se raspó las rodillas, pero pudo levantarse y comprobar que se hallaba en un pequeño aeródromo. Su captor, que se encontraba llevando sus maletas a una avioneta, se giró al escuchar el ruido.

—¡Quieta! —le gritó mientras sacaba un arma del chaleco—. ¡Quieta o te mato!

Pero ella ya había empezado su huida. Corría como nunca antes lo había hecho, con las piedras y las ramas clavándose en sus pies descalzos.

Sin pretenderlo, se había convertido en la presa de un cazador ágil y mortífero, que para ese momento ya había matado a quince mujeres. En esta ocasión, no había podido llevarla a su cabaña del bosque como pretendía para luego soltarla desnuda y dejarla correr para perseguirla como un salvaje. Aunque esta vez también hubo una caza, que tuvo lugar en los alrededores del aeropuerto de Merrill Field, por donde transcurrían varias carreteras poco concurridas.

—¡Voy a matarte! —volvió a escuchar la voz de aquel hombre, desesperado.

Cindy notó que su corazón bombeaba la sangre a chorros por sus venas, lanzándola con furia a cada centímetro de sus extremidades y chocando en sus oídos y en sus sienes hasta provocarle una presión dolorosa.

Escuchó entonces en su cabeza un coro de mujeres asustadas gritándole al unísono: «*¡Corre, corre! ¡Corre, perra!*»[21]. Cindy

---

21 La propia Cindy, una de las dos únicas supervivientes de Robert Hansen, relató todos estos detalles e hizo referencia explícita a este episodio de las voces de las otras víctimas en el pódcast *Mind of a Monster* (temporada 6, episodio 7: «They bleed like everyone else»).

sabía que eran las voces de todas esas mujeres muertas que habían estado apareciendo en el bosque. Eran voces silenciadas para siempre; voces que se manifestaban en su interior para ayudarla a escapar; voces que buscaban justicia.

El cazador corrió tras ella, pero Cindy, a pesar de estar maniatada, herida y descalza, tenía la lucidez que solo se alcanza cuando la muerte está próxima. Se encontraba en un estado de conciencia que no se parecía a ningún otro y que puso a pleno rendimiento todas las capacidades de su organismo.

Respiró por la boca un aire frío que se clavaba como miles de agujas en sus pulmones. El dolor entraba y salía de su cuerpo; estaba en sus pies, en sus muñecas, en sus brazos magullados. Pero sabía que dejar de sentir ese dolor significaría estar muerta.

Así que corrió y siguió lacerándose la piel hasta que, al llegar a una zona asfaltada, vio un camión acercándose a gran velocidad. Decidió que moriría atropellada si era necesario, pero no asesinada por ese monstruo que ahora le pisaba los talones.

Se colocó en medio de la carretera con las manos engrilladas en alto y la furgoneta Ford frenó en seco.

—Joder, ¿qué te ha pasado? —preguntó Robert Yount, el conductor, al ver subir a su vehículo a una mujer que parecía recién salida de una tumba, llena de tierra y hojas secas, con las muñecas ensangrentadas.

—¡Ayuda, por favor!, un tío ha intentado matarme —consiguió decir Cindy.

Yount se quedó bloqueado, sin entender nada de lo que estaba ocurriendo.

—Arranca, por favor, ¡arranca! —gritó ella desesperada mientras, por la ventana, vio a Cara Picada entre la maleza.

El conductor obedeció, al percibir el peligro oculto y desconocido en el ambiente. Entendió que huir de allí era su único objetivo.

—Tenemos que ir a la policía —le sugirió Robert.

Cindy no dijo nada, estaba intentando respirar, pero pensó que ir a la policía era la peor de las ideas. Acabarían deteniéndola por ser menor de edad y prostituirse en la calle.

—Llévame al motel Mush Inn. Déjame allí —respondió ella.

—¿A un motel? Pero ¿qué ha pasado?

—Un tío ha intentado matarme —se frotó las muñecas, procurando aliviar el escozor de la carne abierta por el roce de las esposas.

—¿Qué puedo hacer? Tienes que avisar a la policía —insistió Robert.

El silencio se instaló en la cabina hasta llegar al aparcamiento del motel, donde Cindy bajó y, después de despedirse del hombre que acaba de salvarle la vida, corrió cojeando hasta su habitación.

Cindy Paulson se equivocaba a medias cuando imaginó que la policía la detendría si acudía a denunciar el horror que había protagonizado. Ser prostituta le costó la credibilidad al denunciar a un vecino de Anchorage que la había retenido en su sótano y que luego había intentado secuestrarla en su avioneta privada. Especialmente, porque la descripción de la casa, de la avioneta y del aspecto de aquel tipo, señaló como sospechoso principal a Robert Hansen, un hombre ejemplar de cuarenta y cuatro años, casado y con dos hijos, que había llegado a Anchorage un tiempo atrás para regentar una panadería.

En el primer interrogatorio, Hansen alegó que todo aquello era imposible, pues había pasado todo el día con su amigo John Henning, que corroboró su coartada. Después explicó que conocía a Cindy, pues, mientras su mujer y sus hijos estaban de viaje en Europa, había mantenido relaciones sexuales con ella, pero no le había pagado lo que ella pedía y, desde entonces, estaba sufriendo extorsiones. La policía le creyó.

Aquello fue demasiado y Cindy se dio a la bebida y empezó también a probar la cocaína. No podía soportar la idea de que el asesino de todas esas mujeres aún estuviese suelto.

Una noche, mientras la superviviente estaba borracha en un bar, Hansen entró por la puerta y se quedó mirándola fijamente. Ella echó a temblar y se marchó corriendo, reviviendo aquel día en que había escapado de milagro.

o

John Douglas, perfilador del FBI, no tuvo ninguna duda al descubrir las características de Robert Hansen. Tenía un ligero tartamudeo y unas marcas en la cara que, seguramente, le habían provocado muchos problemas de inseguridad con las mujeres en la adolescencia. Era lo que había imaginado al conocer el *modus operandi* del asesino que estaba matando y enterrando a mujeres en los alrededores de Anchorage. Además, Hansen era un cazador experimentado y tenía una cabaña en algún lugar remoto cerca del río Knik, a la que solo se podía llegar en bote o en avioneta.

La policía decidió interrogar de nuevo a John Henning, el amigo que había cubierto a Hansen con una coartada. Los agentes le explicaron que estaban investigando un asunto muy serio y que podría meterse en graves problemas si mentía al gran jurado.

Robert Hansen sostiene uno de sus trofeos en el interior de su cabaña del bosque.

Finalmente, Henning confesó que había estado encubriendo a su amigo después de que este le pidiera ayuda para salir de lo que, había denominado, «una situación incómoda»[22].

Este hecho fue determinante para que la policía de Anchorage y la estatal de Alaska se tomaran en serio la posibilidad de que Robert Hansen fuera el asesino de mujeres al que andaban buscando, y no tardaron en pedir una orden de registro en su propiedad, en la que encontraron un rifle Ruger Mini-14, cu-

22 John Douglas, *Mindhunter: cazador de mentes*, Ed. Crítica, 2018.

yos casquillos de bala coincidían con los encontrados cerca de los cadáveres. Pero lo más perverso se encontraba guardado bajo los tablones del suelo de la buhardilla. En un primer vistazo, Hansen exponía en su cabaña cabezas de animales, cuernos, astas o aves disecadas. Pero bajo la superficie escondía piezas de bisutería barata, un reloj femenino y varios permisos de conducir que pertenecían a algunas de las asesinadas. Eran sus otros trofeos de caza.

Tras largos meses de interrogatorios y ante la posibilidad de una condena a pena de muerte por no colaborar con la justicia, Hansen admitió los asesinatos[23]. Era culpable de haber matado a diecisiete mujeres y de haber asaltado y violado a más de treinta[24].

Según declaró él mismo:

> Si me miras de cerca, verás que solía tener muchísimos granos en la cara. Creo que es porque crecí en una panadería. Soy adicto a los pasteles. Mi cara siempre fue un enorme grano amarillo. En secundaria, me avergonzaba incluso estar cerca de la gente. Dios mío, parecía un monstruo y me sentía como un monstruo. En consecuencia, nunca hubo muchas chicas interesadas en mí. Probablemente pueda contar con una mano el número de citas que tuve durante ese periodo. Era como quedarme siempre con las ganas. Veía a mis amigos salir con sus citas, y cuando yo le preguntaba a alguna chica, me decían: «Bueno, no, lo siento, ya tengo planes» [...]. Todo

23 Anne Willette, «Alaskan fits mold of serial murderer», *Anchorage Times*, 28 de febrero de 1984.

24 Sheila Toomey, «Anchorage man admits killing 17 women», *Anchorage Daily News*, 28 de febrero de 1984.

el mundo conseguía lo suyo, y ahora había llegado mi turno para divertirme[25].

De este modo, Hansen confirmaba las sorprendentes deducciones que varios perfiladores criminales habían hecho sobre el asesino mucho antes de estar en el punto de mira. John Douglas, que entrevistó en prisión al conocido popularmente como el Cazador de Anchorage o el Panadero Asesino, resume de manera aterradora la carrera criminal de Hansen: «Seguramente el *modus operandi* no había empezado así. Habría comenzado matando a las primeras, para luego usar el avión para llevarse los cuerpos lejos. Eran crímenes de rabia. Obligaba a sus víctimas a suplicar por su vida. Como cazador, en algún momento se le ocurrió que podía combinar las diversas actividades, llevándoselas vivas al bosque para luego cazarlas por deporte y posterior satisfacción sexual. Eso sería el control por excelencia. Se volvió adictivo, y quería hacerlo una y otra vez»[26].

Hansen admitió que había secuestrado a muchas mujeres en su cabaña cerca del río Knik para después liberarlas y jugar a darles caza con su Ruger Mini-14 del calibre 223. Otras veces, las perseguía con un machete. Era un sádico que disfrutaba cazando a prostitutas porque, para él, pertenecían a una categoría inferior. Según declaró en el juicio, «una vez iniciada la

25 «Killer tells of pent-up rage that led to 17 slayings», *Statesman Journal*, 29 de febrero de 1984.

26 John Douglas, *Mindhunter: cazador de mentes*, Ed. Crítica, 2018.

caza, los asesinatos se convirtieron en un anticlímax. La emoción estaba en la persecución»[27]. En esas mismas fechas, algunos medios se refirieron a Hansen como el asesino en serie más prolífico de Alaska: «Sus víctimas no murieron fácilmente. En muchos casos, fueron llevadas a bosques o cuencas fluviales frondosas para hacer deporte, el deporte mortal de Hansen: marido, padre, panadero, cazador, psicótico, pirómano, secuestrador y asesino»[28].

o

A Hansen lo condenaron a cuatrocientos sesenta y un años de cárcel, tras entregar a los investigadores un mapa, que guardaba entre sus pertenencias, del centro-sur de Alaska marcado con diecisiete cruces, que indicaban las sepulturas de diecisiete mujeres[29]. La policía pudo exhumar sus cadáveres para luego entregárselos a sus familiares.

Hansen falleció a los setenta y cinco años en el Alaska Regional Hospital, en Anchorage, el 21 de agosto de 2014. Según la filtración de algunos funcionarios de prisiones que estuvieron presentes en el momento de su muerte, Hansen miró al vacío con cara de pánico y, antes de morir, dijo: «Oh, Dios mío... Están todas aquí»[30].

27 John Douglas, *Mindhunter: cazador de mentes*, Ed. Crítica, 2018.

28 Pat O'Brien, «"Deadly sport" killed dancers», *Anchorage Times*, 28 de febrero de 1984.

29 Sheila Toomey, «Anchorage man admits killing 17 women», *Anchorage Daily News*, 28 de febrero de 1984.

30 *Mind of a Monster* (temporada 6, episodio 7: «They bleed like everyone else»).

APUNTES DE MADRUGADA

Cindy Paulson vivió aterrorizada por la sombra del cazador durante el tiempo que él pasó en la cárcel. Se sentía amenazada por él mismo, e incluso recibió mensajes suyos a través de contactos que él estableció desde su celda. Aunque ella no murió ese día, una parte de su cordura sí lo hizo. Por eso, el día que murió Robert Hansen, Cindy llamó a su madre llorando, conmocionada. Le suplicó que la internaran en Alcohólicos anónimos para acabar con la adicción con la que intentaba paliar un miedo que la había acompañado desde que la atacara el cazador. Y así, tras la muerte de Hansen, no volvió a probar el alcohol.

Una noche, en mi despacho, escuché a Cindy relatar su historia con la voz llena de intensos matices y emociones. Mi mesa, iluminada por la luz del pequeño flexo, estaba llena de recortes de periódicos publicados en Anchorage en 1983. Me puso la piel de gallina sentirme observado por Hansen a través de sus gafas en una de las páginas de los periódicos, mientras Cindy detallaba cómo el rostro del asesino casi había mutado cuando dejó de ser el afable vecino y se reveló como el monstruo que en realidad era. Ocurrió lo mismo durante el juicio, cuando él se giró para mirar a la superviviente: «Nunca en mi vida he visto nada tan diabólico como esa mirada, era la mirada de Satanás. Su rostro se transformó, sus pupilas estaban negras. Podía haberme matado con ella». De hecho, le produjo tal impresión que tuvo que abandonar la sala para correr hasta el servicio, donde se echó a temblar. Otras personas del entorno de Hansen coincidieron en ese mismo detalle. Por ejemplo, Joe Evans, su abogado, admitió que en un momento del juicio «la cara le cambió, lo digo en serio, cambió ese aspecto casual que mostraba cada día a algo parecido a una película de terror, con los ojos muy grandes y una voz distinta»[31].

Otro detalle que me impresionó, y que ha sido obviado por todos los libros, *true crimes* y documentales sobre el caso, es el de las voces que Cindy escuchó en su cabeza («*¡Corre, corre! ¡Corre, perra!*»). Evidentemente, en una situación de tensión absoluta en la lucha por la supervivencia, nuestro cerebro es capaz de lo inimaginable. Durante años, yo mismo investigué las increíbles experiencias de alpinistas, submarinistas y víctimas de grandes atentados y tragedias, que consiguieron sobrevivir gracias a unas voces que los guiaron hasta la salvación y que poco después desaparecerían para siempre. Por ejemplo, Ron DiFrancesco, el último hombre que salió con vida de la torre sur del World Trade Center el 11 de septiembre del 2001, me contó personalmente que una voz lo había guiado desde la planta ochenta y cuatro (donde trabajaba entonces, en la compañía Euro Brokers), hasta la salida[32]. También el neurólogo Oliver Sacks habló de la «voz de la vida», que lo ayudó a cruzar un río caudaloso con una rodilla dislocada[33].

Sin embargo, en la mayoría de casos, las voces que guían u ofrecen su aliento son totalmente desconocidas para los testigos, pero Cindy las identificó directamente con las mujeres asesinadas en Anchorage. Para más sorpresa, resulta que Cindy no fue la única, ya que fue la segunda mujer que consiguió escapar de las garras del asesino. La primera había sido la bailarina

31 *Mind of a Monster* (temporada 6, episodio 7: «They bleed like everyone else»).

32 Javier Pérez Campos, *Los Guardianes*, Ed. Planeta, 2019.

33 Oliver Sacks, *Alucinaciones*, Ed. Anagrama, 2013.

Christy Hayes, a la que Hansen llevó a su caravana para mantener relaciones sexuales. Tras atarla con unas cuerdas de guitarra, ella consiguió escapar. Mientras huía desnuda a través del bosque, lacerando su piel con las ramas y las raíces de los árboles, escuchó a varias chicas gritando: «¿A quién ha cazado esta vez? Oh, Dios mío, es Christy, ¡es Christy!»[34]. Aquella revelación le sirvió para correr como nunca antes lo había hecho, con toda su energía centrada en sus piernas y su mente puesta únicamente en la supervivencia.

En conclusión, las dos únicas supervivientes de Robert Hansen escucharon las mismas voces en su cabeza, a las que identificaron de igual forma. Alucinaciones o no, estas fueron determinantes para salvar sus vidas y, seguramente, las de muchas otras mujeres.

34 *Mind of a Monster* (temporada 6, episodio 7: «They bleed like everyone else»).

Capítulo 2
EL PAYASO

Más tarde, Gacy pintó un cuadro y me lo mandó. Mostraba un payaso, vestido como Gacy solía vestirse cuando hacía de payaso, posando en medio de una arboleda de árboles de hoja perenne, rodeado de globos. La inscripción decía: «No puedes esperar tener una buena cosecha si no labras los campos primero».

Robert K. Ressler y Tom Shachtman,
Asesinos en serie

Siento un escalofrío al leer el epígrafe que encabeza este capítulo. Es curioso que la idea de un simple payaso solitario en un bosque rodeado de globos sea suficiente para generar una sensación tan poderosa como el miedo. Quizá me resulte interesante porque he investigado en profundidad la historia de ese cuadro, y sé que está relacionada con el asesino en serie más letal de los años ochenta, así como con unas inocentes pinturas expuestas en el Museo Policial de Washington y con un cerebro guardado en formol. O tal vez sea porque el miedo al payaso es una de las fobias más extendidas en nuestra sociedad, al tiempo que una de las más difíciles de entender. Es lógico el miedo a la araña, a la oscuridad, a las alturas o a la sangre, pues todas ellas representan un riesgo vital. Pero ¿qué puede hacernos un risueño payaso?

Es la irracionalidad de esta fobia lo que la hace más poderosa. En un estudio psicométrico del año 2023, se encuestó a novecientas ochenta y siete personas de entre dieciocho y setenta y siete años para determinar la frecuencia de la coulrofobia, que es como se denomina el miedo extremo al payaso[35]. Los resultados de este «Cuestionario de miedo a los payasos» concluyeron que un 53,5 % de los encuestados manifestaban un miedo aceptable a esta figura, mientras que un 5 % padecían un miedo extremo.

El dato revela que la coulrofobia es más frecuente que otras fobias como a los animales (3,8 %), a la sangre, a inyecciones o lesiones (3 %), a las alturas (2,8 %), a los espacios cerrados (2,2 %) o a viajar en avión (1,3 %). Pero ¿por qué se produce?

El estudio sugiere que existen varias causas:

Los rostros excesivamente maquillados camuflan cualquier rasgo de humanidad.

Los rasgos faciales exagerados transmiten una sensación directa de amenaza o de comportamiento impredecible.

Las representaciones negativas de los payasos en la cultura popular.

A este respecto, algunos investigadores asocian el enorme éxito de la publicación de la novela *It* (1986), de Stephen King, con la expansión de la coulrofobia. Al tratarse de una fobia moderna, no existen registros previos, pero en el argumento de la novela, que se hizo enormemente popular (la primera edición, de un millón de ejemplares, se agotó en pocos meses[36]), un ser monstruoso se manifiesta con la apariencia de payaso y aparece cada veintisiete años en el pueblo ficticio de Derry para alimentarse de los niños[37].

35 Sophie Scorey, James Greville, Philip Tyson y Shakiela Davies, «Why are we so scared of clowns? Here's what we've discovered», *The Conversation,* 6 de marzo de 2023.

36 Ariel Bosi, *Todo sobre Stephen King,* Ed. Plaza y Janés, 2016.

37 Stephen King, *It,* Ed. DeBolsillo, 2004.

Según King, la historia se le ocurrió en 1978, cuando vivía en Boulder, en Colorado, junto a su familia. Una mañana, su coche sufrió una avería y terminó en el taller. Dos días más tarde, lo llamaron para que recogiera su flamante AMC Matador. Eran las cinco de la tarde, y en los pueblos de montaña anochece temprano. Como el taller estaba a cinco kilómetros de distancia, lo normal habría sido pedir un taxi, pero el escritor había comprobado que caminar fomenta la creatividad, así que decidió ir andando.

Para muchos expertos, la publicación de la novela *It*, de Stephen King, está directamente relacionada con el aumento de casos de coulrofobia, el miedo irracional a los payasos.

A medio camino, llegando ya a una zona apenas iluminada y solitaria a las afueras de Boulder, por donde comienzan los polígonos, nuestro autor sintió una enorme sensación de inseguridad. Pocos metros más adelante, tuvo que cruzar un puente que atravesaba el canal. Y fue ahí, gracias al eco producido por sus botas de vaquero sobre la madera, que le recordaba al sonido de un reloj hueco, cuando vino a su mente el cuento de los tres cabritos que se ven asaltados por un trol que vive bajo un puente similar[38].

La semilla ya estaba sembrada en su cabeza, pero necesitó varios años para germinar, y que el trol se convirtiese en un payaso llamado Pennywise. Su forma de alimentarse del miedo de los niños y los adolescentes se inspiraría en el *modus operandi* de uno de los asesinos en serie más infames de los Estados Unidos, al que, casualmente, habían cazado el mismo año en que King cruzaba el oscuro puente en busca de su coche.

o

Al igual que en el pueblo ficticio de Derry de la novela *It*, multitud de jóvenes empezaron a desaparecer en los alrededores de Norwood Park, un apacible distrito de Chicago, donde no ocurría nada significativo.

La noche del 2 de enero de 1972, Timothy McCoy, de quince años, aún era conocido por su nombre de pila y no por «Cuerpo número 9», tal y como terminaría apareciendo en los documentos de la investigación contra John Wayne Gacy[39]. El joven acababa de llegar a la estación de autobuses de Greyhound, después de pasar las vacaciones de Navidad visitando a sus

38 Bev Vincent, *The Stephen King Illustrated Companion*, Ed. Sterling Trade, 2013.

39 Tim Cahill, *Buried Dreams: Inside the Mind of a Serial Killer*, Ed. Bantam Books, 1989.

tíos de Míchigan. Tenía doce horas por delante antes de subir al otro autobús que lo llevaría a Omaha, junto a su padre, así que decidió caminar por la ciudad, asombrado por sus enormes rascacielos y sus bulliciosas avenidas llenas de tráfico.

Solo tres años antes, la familia Manson había perpetrado una matanza espeluznante en Los Ángeles, dejando un reguero de sangre de cinco víctimas mortales, entre las que se encontraba la actriz y modelo estadounidense Sharon Tate, pareja del director de cine Roman Polanski, embarazada de ocho meses. Las fotografías y los datos de la escena del crimen habían dado la vuelta al mundo, provocando un espanto sin igual; a las víctimas las habían golpeado y apuñalado hasta la muerte, y los asesinos, miembros de la secta conocida como La Familia o La Familia Manson, habían escrito mensajes en las paredes con la sangre de los muertos[40]. Para muchos, aquel fue el final de la inocencia de Hollywood; los detalles escabrosos del caso Tate-LaBianca produjeron un incesante temor a los desconocidos, a los caminantes nocturnos y a los autoestopistas[41].

Pero Timothy McCoy estaba bendecido por la edad para la que no existe el peligro. Esas historias de los periódicos eran problemas de adultos que nunca afectaban a los chicos como él, y caminar solo por la mayor ciudad de Illinois no supondría ningún problema.

Por eso, no sintió ningún riesgo cuando un extraño se quedó mirándolo desde su coche antes de acercarse a él y estacionar en la acera.

---

40 Vincent Bugliosi y Curt Gentry, *Helter Skelter. La verdadera historia de los crímenes de la Familia Manson*, Ed. Contra, 2023.

41 Omar Benel, «La noche en que Hollywood perdió su inocencia», *El Mundo*, 12 de agosto de 2009.

El desconocido bajó la ventanilla y, con su mejor sonrisa, le preguntó que qué hacía allí y que si se quedaría mucho tiempo. Una breve charla de pocos minutos, y la promesa de hacerle una visita guiada por la ciudad, fue suficiente para ganarse la confianza de Timothy.

—John Wayne Gacy —se presentó el afable conductor tendiéndole la mano de forma casi teatral.

—Timothy McCoy —respondió el joven con la emoción de cambiar unas aburridas horas de espera por un *tour* personalizado.

La historia de Timothy, vestido con unos vaqueros Levis y una cazadora marrón, termina con el sonido la puerta del copiloto cerrándose tras subir al coche de Gacy[42]. Su cadáver permaneció siete años escondido junto a otra decena de jóvenes que corrieron su misma suerte, y solo pudo ser identificado gracias a los análisis dentales que llevó a cabo el forense del condado de Cook en 1986[43].

o

John Wayne Gacy era un hombre sin pasado cuando llegó al número 8213 de la Avenida Summerdale, y no le costó convertirse en alguien ejemplar. En cuestión de pocas semanas, se hizo encargado del programa de vigilancia vecinal, organizó una edición de la fiesta anual del barrio a la que acudieron cuatrocientas personas y empezó a visitar las áreas infantiles de los hospitales cercanos vestido con un

42 John Borowski, *John Gacy: Hunting a Predator,* Ed. Waterfront, 2020.

43 «Victim of mass murderer identified as Iowa youth», *The Lincoln Star,* 10 de mayo de 1986.

disfraz casero de payaso[44]; caracterizado así, se hacía llamar «Pogo»[45].

Algunas fotos de la época muestran a un Gacy sujetando unos globos en la puerta de su casa, con un traje de una pieza con rayas rojas y blancas y con el rostro totalmente blanco, con la silueta de un murciélago de color rojo sanguinolento dibujado en su boca y unos triángulos azules cubriendo sus ojos.

John Wayne Gacy vestido como el payaso Pogo
a las puertas de su casa en 1976.

44 John Gorman y Joan Zyda, «Murder suspect's 2 faces revealed», *Chicago Tribune*, 23 de diciembre de 1978.

45 Sam Pazzano, «Regulation urged to protect children from entertainers who have criminal pasts», *Times and Transcript*, 20 de febrero de 2018.

En su día a día, el payaso aficionado también formó parte de la vida política de la comunidad y encabezó un desfile del día de la constitución polaca en el que participó Rosalynn Carter[46], la esposa del entonces presidente Jimmy Carter, con quien llegó a fotografiarse[47].

Sin embargo, aquel vecino perfecto estaba aprovechando su reputación para torturar, asesinar y violar a jóvenes.

Gacy trabajaba como contratista para obras, por lo que tenía contacto con multitud de adolescentes que recurrían a él para ganar un sueldo en el ámbito de la albañilería.

En ocasiones, elegía a sus víctimas en ese ámbito, y cuando su instinto depredador despertaba de forma repentina, salía a buscarlos con su coche.

Los engatusaba ofreciéndoles alcohol y drogas, y cuando los tenía medio adormecidos por los efectos de los estupefacientes, aprovechaba para maniatarlos. Comenzaba entonces la última noche del cautivo.

Robert Ressler, el agente supervisor especial de la Unidad de Ciencias de la Conducta del FBI, se entrevistó con decenas de asesinos en serie en las cárceles de todo Estados Unidos[48]. Entre ellos, se encontraba el propio Gacy, a quien describió como «un hombre listo, con un alto coeficiente intelectual, pero más importantes todavía eran sus habilidades verbales y

46 Ronald Koziol y Daniel McCaughna, «Gacy won VIP clearance as Polish parade director», *Chicago Tribune*, 23 de enero de 1979.

47 «Photograph Shows Mrs. Carter with Suspect in Mass Slayings», *The New York Times*, 22 de enero de 1979.

48 La serie *Mindhunter* (2017), de David Fincher está inspirada en la historia de Robert Ressler y su compañero, John Douglas, que fundaron la Unidad de Ciencias de la Conducta del FBI.

sus dotes para la manipulación, con los que lograba neutralizar la paranoia y la curiosidad de sus víctimas. Era una araña que solo podía matar a sus víctimas cuando las tenía en el centro de su telaraña»[49].

Gacy le habló de su *modus operandi* y de cómo, en ocasiones, cuando los chicos no querían beber alcohol, les ofrecía sorprenderlos con un truco de magia y entonces sacaba unas esposas y se las ponía.

—Ahora viene el truco de la cuerda —les decía otras veces sonriente, casi imitando la forma de trabajar del payaso Pogo con el que entretenía a los niños.

Entonces, les colocaba una soga al cuello, que estaba atada a un palo por el otro extremo. Al ir girándolo lentamente, la soga se iba estrechando hasta estrangular cada vez más a su prisionero, que descubría ya tarde que aquello no era un juego.

El único superviviente de aquel truco fue Tony Antonucci, cuya historia fue recogida por uno de los periódicos que conservo en mi archivo sobre el caso. Tony Antonucci, de veinte años, testificó que había sido esposado por Gacy, un payaso y mago a tiempo parcial, en su salón en 1975. «Eres el único que ha conseguido liberarse de las esposas y luego ponérmelas a mí», testificó Antonucci que le había dicho Gacy[50].

Posteriormente en una entrevista, el asesino diría que la idea del truco de las esposas y el de la cuerda los había obtenido de un número habitual en los *shows* de payasos[51]. Los detalles que revelaron investigadores como Ressler o Preston hacen

49 Robert Ressler, *Asesinos en serie,* Ed. Ariel, 2018.

50 «Man describes Gacy's handcuff trick», *The Dispatch,* 12 de febrero de 1980.

51 Robert Ressler y Tom Schachtman, *Dentro del monstruo. Un intento de comprender a los asesinos en serie,* Alba Editorial, 2023.

pensar que Gacy disfrutaba más con las torturas que con el propio asesinato [52]. De hecho, en ocasiones reanimaba a las víctimas para seguir abusando de ellas. Así sucedió con Robert Donnelly, uno de los pocos que vivieron para contarlo. En su caso, aceptó ir a casa de Gacy para realizar un número aparentemente consentido de sadomasoquismo. Sin embargo, tal y como denunció Donnelly, el vecino ejemplar se sobrepasó: lo esposó y pasó toda la noche apretándole el cuello hasta asfixiarlo para luego reanimarlo. Después lo violaba y le metía la cabeza bajo el grifo de la bañera para provocarle sucesivos desmayos[53].

Donnelly pudo escapar y denunció a Gacy, que fue arrestado e interrogado. Sin embargo, ante la alegación de que había sido una relación masoquista consentida y la sombra de la homosexualidad, la policía decidió no seguir investigando. Sorprendentemente, no fue la única vez que la policía dejó escapar a Gacy. La familia de John Butkovich, de diecisiete años, desaparecido el 31 de julio de 1975, siempre sospechó de su ejemplaridad. Según Theresa, la madre de John: «Dimos el nombre de Gacy a la policía de Chicago. Dimos su nombre e intentaron hablar con él, pero él no quería hablar. Así que lo dejaron pasar. La policía pensaba que John había huido. No creían que fuera algo serio»[54].

Los familiares de Butkovich siempre decían con resignación que, de haberles hecho caso, habrían podido salvarse muchas vidas. Lo mismo ocurrió con los padres de Greg Godzik, de diecisiete años, que señalaron a Gacy como un posible sospechoso, ya que su hijo estaba trabajando para él en el mo-

52 Douglas Preston, *Mindhunter: cazador de mentes*, Ed. Crítica, 2018.

53 Robert Ressler, *Asesinos en serie*, Ed. Ariel, 2018.

54 Marc Wilson, «The many masks of John Wayne Gacy», *The Times Leader*, 28 de diciembre de 1978.

mento de su desaparición[55]. Pero las autoridades tampoco siguieron aquella pista. El jefe de policía declaró que «vivimos en una sociedad democrática y no podemos ir haciendo detenciones basadas en lo que piensan algunos padres»[56].

o

El 15 de marzo de 1978, Jeff Rignal, un joven atractivo de veintiséis años, aceptó subir al coche de Gacy. Por aquellos días, Jeff trabajaba junto a su socio Ron Wilder, con quien se dedicaba a comprar edificios para luego restaurarlos y volver a ponerlos a la venta[57]. Jeff hablaba de su futuro prometedor con Gacy mientras fumaban un porro en el coche, cuando el dueño del vehículo sacó un paño empapado en cloroformo y se lo restregó por la cara hasta dormirlo. Cuando Rignal despertó, estaba en un sótano húmedo, atado de pies y manos. La peor noche de su vida acababa de comenzar. A lo largo de toda la madrugada, John Wayne Gacy lo violó y lo obligó a tomar anestésicos y somníferos en varias ocasiones. Después, llevó el cuerpo inconsciente de Rignal hasta la estatua de Lincoln Park y lo dejó allí dormido hasta que este despertó con un dolor infernal a las nueve de la mañana del día siguiente[58]. En el hospital le dije-

55 «Was Greg Godzik one of John Gacy's victim's too?», *Daily World*, 31 de diciembre de 1978.

56 Marc Wilson, «The many masks of John Wayne Gacy», *The Times Leader*, 28 de diciembre de 1978.

57 Jeffrey Rignal y Ron Wilder, «29 below: An encounter with John Wayne Gacy», Ed. Wellington Press, 1979.

58 Ronald Koziol y Jane Fritsch, «Evidence against Gacy will go to grand jury "within days", Carey says», *Chicago Tribune*, 3 de enero de 1979.

ron que tenía el hígado destrozado por la alta cantidad de cloroformo que había absorbido[59].

John Wayne Gacy fue fotografiado junto a Rosalyn Carter, esposa del entonces presidente Jimmy Carter.

Al sentirse abandonado por las autoridades, que rechazaron investigar el caso en serio, Rignal dedicó cuatro meses a intentar localizar al hombre que le había destrozado la vida. Finalmente, durante una guardia nocturna en la entrada de la autovía donde Gacy le había recogido unas semanas atrás, vio aparecer el mismo coche negro en el que arrancó su peor pesadilla. Con rapidez, tomó nota de la matrícula y acudió a la policía, donde le enseñaron una foto del propietario.

Y era él, ¡no había duda! Ese era el hombre que lo había retenido en un sótano durante horas, torturándolo y abusando

59 Robert Ressler, *Asesinos en serie*, Ed. Ariel, 2018.

sexualmente de él. Gracias al trabajo de un abogado, los agentes terminaron deteniendo a John Wayne Gacy, pero las pruebas eran insuficientes y quedó en libertad a los pocos días[60], a pesar de que ya había sido señalado por cuatro personas diferentes. Después de esta puesta en libertad, Gacy asesinó a Tim O'Rourke, de veinte años, a Frank Landingin, de diecinueve, a James Mazzara, de veintiuno, y a Robert Piest, de quince. Todos violados, torturados y asfixiados hasta la muerte.

o

En diciembre de 1978, Robert Ressler, miembro del FBI y pionero en el ámbito de la perfilación criminal, viajaba en coche junto a su familia para pasar las vacaciones de Navidad en Chicago. De pronto, un boletín de última hora interrumpió la programación habitual de la radio, para informar de que en el sótano de una pequeña casa cerca del río Des Plaines, en un suburbio de Chicago, habían aparecido varios cuerpos.

Sin dudarlo ni un segundo, Ressler dejó a su familia en la casa de los parientes en la que iban a alojarse, y se marchó hasta la escena del crimen[61].

o

El número 8213 de Summerdale Avenue era una vivienda de ladrillo, con una planta a pie de calle y un garaje ubicado a pocos metros.

60 John Gorman, «Gacy seized year ago but freed, records show», *Chicago Tribune*, 7 de enero de 1979.

61 Robert Ressler, *Asesinos en serie*, Ed. Ariel, 2018.

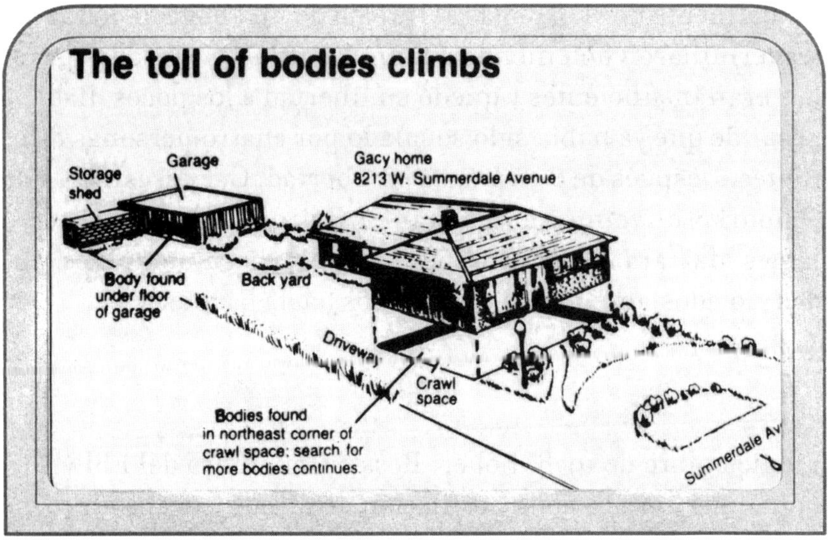

Croquis de la casa de John Wayne Gacy, en el 8213 de Summerdale Avenue, donde aparecieron decenas de cuerpos enterrados.

Pero el horror se escondía en un espacio conocido como «de arrastre»: un hueco subterráneo ubicado entre el sótano y el suelo original del terreno, donde descansan los cimientos, y que era inaccesible para cualquier ser vivo. Cuando las autoridades picaron el cemento y empezaron a cavar, cientos de huesos florecieron de la tierra húmeda. Los primeros titulares que informaron del caso relacionaban los crímenes con un hombre que se vestía de payaso: «La casa de un payaso esconde cadáveres»[62] o «John Gacy Jr.: el asesino vestido de payaso»[63].

62 «Clown's home hides bodies», *Oregon Journal*, 22 de diciembre de 1978.

63 Marc Wilson, «John Gacy Jr. Killer in a clown suit», *The Grand Island Independent*, 28 de diciembre de 1978.

Cuando Ressler llegó, se presentó ante Joseph R. Kozenczak, antiguo jefe del Departamento de Policía de Des Plaines y encargado de la investigación.

Kozenczak le explicó que Elizabeth Piest, la madre del último joven desaparecido, había denunciado que su hijo había ido a visitar a John Wayne Gacy antes de desaparecer sin dejar rastro. Esta vez, la policía decidió interrogar al vecino ejemplar, y aunque no consiguieron nada interesante en esa primera declaración, el agente Kozenczak tuvo la intuición de que Gacy mentía[64]. Así que pidió una orden de registro para entrar en el 8213 de Summerdale Avenue. Durante la primera inspección, encontraron ropa masculina juvenil, revistas pornográficas, un anillo, unas esposas y el resguardo de un carrete de fotos que no iba a nombre de Gacy. Los agentes detectaron un olor desagradable dentro de un armario, que luego descubrirían que procedía de un cuerpo en descomposición[65]. Al abrirlo y retirar algunos objetos personales, entre los que había unos palos de golf, encontraron una trampilla en el suelo que comunicaba con ese espacio de arrastre. El hedor procedía de ese hueco húmedo y oscuro, pero no pudieron localizar el foco del que procedía aquel tufo y tuvieron que abandonar la búsqueda.

Al día siguiente, descubrieron que el anillo encontrado en la casa pertenecía a John Szyc, un joven de veinte años desaparecido en 1977. Como parte de la investigación, Kozenczak acudió a un médium que le habían recomendado. Este le pidió algún objeto de la persona a la que buscaban, así que le llevaron

64 Robert Ressler, *Asesinos en serie*, Ed. Ariel, 2018.

65 Jerry Crimmins, «The cops who closed in on John Wayne Gacy», *Chicago Tribune*, 24 de agosto de 1980.

una cámara de fotos. Al tocarla, aquel hombre dijo tajantemente: «Este chico está muerto»[66].

En un segundo registro, Gacy se desmoronó y, con un espray de pintura, marcó un punto en el suelo del garaje. Dijo que allí había enterrado a un antiguo novio al que tuvo que asesinar en defensa propia. Después, en el interior del hueco que se extendía bajo la casa, la policía encontró tres cuerpos en descomposición al remover simplemente la tierra de manera superficial. Aquel era, sin duda, el foco del mal olor que impregnaba el ambiente. Lo que nadie imaginaba era que bajo aquella capa arcillosa yacían los cuerpos de veintinueve adolescentes desaparecidos entre 1972 y 1979[67]. Además, otros cuatro cuerpos aparecieron cerca de su casa, escondidos cerca del río[68]. Gacy dijo que se vio obligado a desprenderse de ellos de ese modo porque en el pasadizo subterráneo ya no cabía ni uno más. Para Robert Ressler, la terrible cifra de treinta y tres víctimas mortales convertía a John Wayne Gacy en el asesino en serie más letal de Estados Unidos: «Puede que Ted Bundy hubiera matado a un número de personas mayor, pero no fueron encontrados todos los cuerpos, ni todos le fueron atribuidos a él directamente. Oficialmente, John Gacy era el peor asesino de la modernidad»[69].

o

66 Jerry Crimmins, «The cops who closed in on John Wayne Gacy», *Chicago Tribune*, 24 de agosto de 1980.

67 «29 buried bodies leave lasting scar on lot near Chicago», *The Evening Sun*, 5 de julio de 1979.

68 «28 bodies and more expected», *The Toronto Star*, 31 de diciembre de 1978.

69 Robert Ressler, *Asesinos en serie*, Ed. Ariel, 2018.

La gran pregunta es: ¿cómo pudo John Wayne Gacy asesinar a treinta y tres personas y enterrarlas bajo su casa a lo largo de siete años sin que prácticamente nadie sospechara nada?

Especialmente, al saber que estuvo casado en segundas nupcias con Carole Hoff entre 1972 y 1976. Carole y su madre aseguraron que «siempre había un olor extraño en la casa..., como a rata muerta. Nos quejamos del olor, pero él decía que era por el agua estancada en el espacio de arrastre»[70].

Por otro lado, Carole afirmó que, en ocasiones, escuchaba a su marido llegar tarde a casa y ducharse. Él se justificaba diciendo que había cenado con un cliente[71]. Durante su matrimonio, Carole encontró también varias carteras que pertenecían a personas jóvenes, pero Gacy le contestaba que aquello no era asunto suyo[72].

Finalmente, la mujer se cansó del extraño comportamiento de su marido y pidió el divorcio, alegando que él le había sido infiel[73]. En sus últimas declaraciones, revló que Gacy era sexualmente disfuncional con las mujeres y que una sombra la perseguiría el resto de su vida, al estar segura de que «algunos asesinatos debieron tener lugar mientras ella estaba en casa»[74].

70 John Gorman y Joan Zyda, «Murder suspect's "2 faces" revealed», *Chicago Tribune*, 23 de diciembre de 1978.

71 Rosalinda Rossi, «John Gacy: "nice man" accused of 33 deaths», *The Saginal News*, 19 de agosto de 1979.

72 Robert Ressler, *Asesinos en serie*, Ed. Ariel, 2018.

73 Francisco Pérez Abellán y Francisco Pérez Caballero, *Diccionario Espasa de asesinos*, Ed. Espasa, 2002.

74 Douglas E. Kneeland, «Gacy Portrait: A Checkered Past», *Pittsburgh Post-Gazette*, 11 de enero de 1979.

John Wayne Gacy era un ilustrador excepcional y, tras ser condenado a cadena perpetua, dedicó sus últimos años en la cárcel a dibujar payasos que luego la prisión vendía para financiar las actividades de pintura[75]. Sin embargo, los dibujos de payasos de Gacy terminaron alcanzando precios muy elevados en el mercado de los coleccionistas de murderabilia, es decir, de objetos relacionados con asesinatos[76]. De hecho, uno de los últimos dibujos de Gacy, titulado «Pogo el Payaso», se vendió recientemente en internet por un precio de ocho mil setecientos cincuenta dólares[77].

En la cárcel, el condenado por el asesinato de treinta y tres jóvenes recibió multitud de cartas de seguidores, a los que respondía con asiduidad[78].

Finalmente, a Gacy lo ejecutaron con inyección letal el 10 de mayo de 1994 en el Centro Correccional de Stateville, en Crest Hill (Illinois). Muchos se preguntan si durante el tiempo que pasó en prisión se arrepintió de sus crímenes. La respuesta está en las últimas palabras que dijo antes de morir. Tal y como declaró a la prensa Howard Peters, el entonces director del Departamento Correccional de Illinois, las últimas palabras de Gacy antes de la sedación fueron: «Podéis besarme el culo». Unos minutos más tarde, cuando el veneno empezaba ya a circular por sus venas, miró al techo y dijo: «Quitarme la

75 Alan G. Artner, «The element of truth in our cultural kitsch», *Chicago Tribune*, 5 de junio de 1988.

76 Chris Kenning, «Ky. High-school shooter taps "murderabilia" market», *The Cincinnati Enquirer*, 28 de febrero de 2011.

77 https://www.serialkillersink.net/john-wayne-gacy-14x18-pogo-the-clown-oil

78 Robert Ressler, *Asesinos en serie*, Ed. Ariel, 2018.

vida no compensará las otras pérdidas. El Estado me está asesinando»[79]. A continuación, respiró hondo y cerró los ojos por última vez[80].

APUNTES DE MADRUGADA

A John Wayne Gacy le extrajeron el cerebro a los pocos minutos de su muerte. La ciencia quería estudiar, literalmente, el interior de un asesino tan despiadado como él.

La doctora Helen Morrison, una reconocida psiquiatra forense que pasó, según ella, más de cuatrocientas horas junto a los asesinos en serie más famosos[81], fue la encargada de custodiar el órgano en el sótano de su propio domicilio durante casi una década[82].

Unos investigadores de la Universidad de Chicago fueron los encargados de analizar el cerebro de Gacy, en busca de algún tipo de anomalía fisiológica que pudiera explicar su comportamiento. Pero tras varios análisis que duraron algunos años, nadie pudo detectar tumores, protuberancias ni signos de hidrocefalia[83].

79 Lindsey Tanner, «John Wayne Gacy closed his eyes, swallowed, grunted and then died», *The News Virginian*, 10 de mayo de 1994.

80 «Gacy grunts once before he dies», *Lancaster New Era*, 10 de mayo de 1994.

81 Helen Morrison, *Mi vida con los asesinos en serie,* Ed. Océano, 2005.

82 «Inside Gacy's head», *Leader-Telegram,* 8 de junio de 2004.

83 «Sharon Cohen, Gacy's brain and beyond: A doctor explores world of dangerous serial killers», *Hawaii Tribune-Herald,* 10 de mayo de 2004.

Las fotos del cerebro diseccionado aparecieron publicadas en varios periódicos de Estados Unidos en el año 2004, impresionando enormemente a multitud de lectores[84].

Otra de las fotografías más impactantes del caso es la de Frank Braun, jefe de investigación policial del Condado de Cook, apoyado sobre una larga mesa que soportaba medio centenar de objetos personales de las víctimas que John Wayne Gacy había escondido en su casa como trofeos: colgantes de diferentes tipos y tamaños, relojes de pulsera, navajas, chaquetas, llaveros, mecheros, anillos, brazaletes, medallas...[85]. Muchos de estos enseres ayudaron a identificar a algunas de las víctimas que llevaban más de una década desaparecidas, y cuyos cadáveres se encontraban en pésimo estado. En 2017, y gracias a unos análisis de saliva solicitados por la policía, se identificó a la víctima número veinticuatro, un joven de catorce años que, en teoría, había escapado de su casa en Minnesota el año 1976[86]. En 2021, la conocida como «víctima número cinco» también pudo ser identificada como Francis Wayne Alexander[87], que tenía veintiún años cuando desapareció. Los análisis de ADN extraído de sus muelas mostraron relación con la línea genealógica de la familia, en un estudio financiado por The DNA Doe Project, una organización sin ánimo de lucro que

84 «Psychiatrist tries to ge tinto heads of serial killers», *The Flint Journal,* 8 de mayo de 2004.

85 Joseph Sjostrom, «Items on display from Gacy home», *Chicago Tribune,* 3 de abril de 1980.

86 Don Babwin y Jeff Baenen, «16-year-old ID'd as victim of John Wayne Gacy», *Columbia Daily Tribune,* 20 de julio de 2017.

87 Josh Shaffer, «New John Wayne Gacy victim from NC identified with DNA», *The Herald-Sun,* 27 de octubre de 2021.

ayuda a identificar a personas fallecidas[88]. En la actualidad, cinco víctimas de Gacy permanecen aún sin identificar.

o

Otro elemento sintomático del caso Gacy es que las autoridades decidieron derribar su vivienda, por el mal estado en el que se encontraba y porque empezó a atraer a multitud de turistas macabros. Tal y como publicó *The Evening Sun* en 1979:

> El 8213 de la Avenida West Summerdale ya no existe, pasó a la infamia. Pero su espantoso legado permanece. El barrio ha resultado muy dañado. Las dos casas de enfrente se han puesto a la venta, pero no hay compradores (...). Es difícil para los vecinos borrar los terribles recuerdos cuando los mórbidos buscadores de curiosidades y los cazadores de souvenirs aparecen por allí (...). Bastantes personas se han acercado para intentar comprar ladrillos o cualquier otra cosa que hubiera pertenecido a la casa de Gacy[89].

En 1988, una compañía compró los terrenos para volver a edificar, ante el estupor de algunos vecinos, que llegaron a declarar lo siguiente: «El que sea que esté construyendo esta casa está loco, con la de fantasmas que debe haber allí»[90]. De hecho, una vecina, Carmen de Laurentis, afirmó: «Es como en la pelí-

88 www.dnaproject.org

89 «29 buried bodies leave lasting scar on lot near Chicago», *The Evening Sun*, 5 de julio de 1979.

90 David Ibata, «New home starts taking shape where Gacy's house once stood», *Chicago Tribune*, 16 de junio de 1988.

cula *Poltergeist*, con la gente construyendo una casa sobre un cementerio»[91]. La mujer que compró la vivienda, Patricia Jendrycki no creía en fantasmas, y por eso la adquirió a un precio bastante razonable[92]. Eso sí: le cambió el número para procurar despistar a los turistas que seguían acercándose para intentar tomar una fotografía de la casa del horror.

En paralelo, algunos residentes del barrio denunciaron que nadie hiciera un monumento para homenajear a las treinta y tres víctimas que fueron asesinadas[93].

Mientras pongo en orden toda la documentación de este caso de pesadilla en mi despacho, una de las últimas historias que descubro en plena madrugada es que existe una última víctima de Gacy que pasó desapercibida. Algunos le llamaron la víctima treinta y cuatro. Hablo de Jim Pickell, uno de los agentes de policía que trabajó con ahínco para intentar capturar al asesino. Este pasó meses sin dormir, sometido a una tensión que nunca antes había experimentado. Pickell fue fundamental para la detención de Gacy, ya que descubrió que tenía antecedentes penales en otros estados y que había llegado a entrar en prisión por sodomizar a un adolescente en Iowa en 1968. Todo esto hizo que Pickell fuera ascendido a sargento. Sin embargo, apenas pudo disfrutar del puesto, pues murió a los pocos meses, a los cuarenta y un años, dejando a su mujer y a cinco niños huérfanos. Sus compañeros de trabajo y su familia siempre defendieron que las horas dedicadas al caso Gacy, sumadas a la

91 «Gacy site gets new home», *Herald and Review*, 18 de junio de 1988.

92 «House of horrors gone; new house under construction», *The Miami Herald*, 20 de junio de 1988.

93 David Ibata, «New home starts taking shape where Gacy's house once stood», *Chicago Tribune*, 16 de junio de 1988.

presión por resolverlo, fueron determinantes para el ataque al corazón que terminó con su vida[94].

Respecto a la murderabilia, son multitud de personas las que hoy día compran y venden objetos personales de asesinos: la dentadura de Charles Manson[95], la máquina de escribir de Unabomber[96], las gafas de Jeffrey Dahmer[97] o el revólver de Al Capone[98].

En el caso de Gacy, se vendieron muchas de las ilustraciones que realizó en la cárcel, y algunas las compraron familiares de las víctimas como protesta para luego quemarlas en una pira pública. Pero uno de los elementos más perturbadores está expuesto en el National Museum of Crime and Punishment, un centro privado donde se exponen más de setecientos objetos que relatan la historia del crimen en Estados Unidos.

Allí, en una pequeña habitación mal iluminada y protegido por un cristal, se exhibe el maletín de madera con las pinturas y los pinceles que Gacy utilizaba para dibujar y colorear sus famosos cuadros del payaso Pogo[99].

94 Jerry Crimmins, «The cops who closed in on John Wayne Gacy», *Chicago Tribune*, 24 de agosto de 1980.

95 «El Museo Embrujado de Las Vegas compra la dentadura de Charles Manson», *El País*, 28 de noviembre de 2017.

96 Juan Andrés Muñoz, «Los objetos de Unabomber salen a subasta en internet», *CNN Español*, 13 de mayo de 2011.

97 Alejandro Mejías, «Subastadas las gafas de Jeffrey Dahmer con un desorbitado precio de salida», *La Vanguardia*, 4 de octubre de 2022.

98 «Subastan el revólver de Al Capone por más de 76.000 euros», *Público*, 23 de junio de 2011.

99 Marc Fisher, «Gacy and Pacino: Reality, fantasy blur uneasily at museum», *The Gazette*, 25 de mayo de 2008.

Capítulo 3
EL VAMPIRO

Como un cadáver yacía bajo la fuerza del Demonio,
Y ella en una mortaja lo envolvió;
Y clavó los dientes por debajo, en su corazón,
¡Y de la cálida sangre-vida bebió!

Henry Thomas Liddell, *La novia vampiro*

La sangre ha tenido un enorme valor simbólico a lo largo de la historia y ha ejercido una gran fascinación en el ser humano. Según el historiador Plinio el Viejo, en la antigua Roma muchas personas solían agruparse alrededor de los gladiadores muertos para beber el líquido vital aún caliente y curar así lo que ellos llamaban «la caducidad»[100].

La historia de Vlad Tepes, el Empalador, conocido popularmente en la Rumanía del siglo xv como Drácula —el hijo del dragón o del diablo—, inspiró a Bram Stoker para escribir la novela de vampiros más famosa de la literatura universal. Personalmente, he viajado a los montes Cárpatos y a Transilvania en varias ocasiones para tratar de localizar las fuentes originales, entrevistando a historiadores y a antropólogos locales que han estudiado en profundidad la vida de Vlad III de Valaquia. Este fue un príncipe soberano considerado hoy héroe nacional por haber frenado la invasión turca, gracias a su conocimiento de la guerra y a unas técnicas de tortura y asesinato que infundieron el pánico entre

100 Plinio el Viejo, *Historia natural*, Ed. Cátedra, 2002.

sus adversarios[101]. El voivoda infiltraba a soldados contagiados con enfermedades infecciosas en los ejércitos enemigos, trepanaba en vida a los que no seguían sus leyes y, sobre todo, empalaba a todos sus adversarios con tanta delicadeza que conseguía no atravesar ningún órgano vital para prolongar su sufrimiento hasta dos días, según las crónicas.

Algunos grabados de la época muestran a Vlad desayunando en un bosque en medio de cientos de empalados, donde, según cuentan, disfrutaba mojando el pan en su sangre[102].

Siempre que he recorrido paisajes como el desfiladero del Borgo, en los Cárpatos, o algunas regiones agrestes de Transilvania[103], me ha sorprendido la capacidad que tuvo Bram Stoker para describir estos escenarios en su novela, *Drácula* (1897), sin haberlos pisado nunca. Es un ejemplo de la genialidad de este escritor, que también sufrió cierta obsesión con la sangre después de pasar parte de su infancia encamado por una misteriosa enfermedad, que lo consumió hasta los siete años y que lo obligó a someterse a tratamientos arcaicos, como las sangrías que le practicaba su propio tío, William Stoker[104]. Seguramente, esa fascinación por la sangre es la que le hizo interesarse después por el personaje de Vlad Tepes, sobre quien debió leer por primera vez en los volúmenes que consultó en la biblioteca de Londres, siete años antes de

101 Fernando Martínez Laínez, *Tras los pasos de Drácula,* Ed. Punto de lectura, 2001.

102 Ralf-Peter Märtin, *Conde Drácula, historia y leyenda de Vlad el Empalador,* Ed. Tusquets, 1983.

103 En *Los Otros,* Ed. Planeta, 2016, cuento con detalle una de mis investigaciones en Rumanía para conocer la historia real de Vlad Tepes, en quien Bram Stoker se inspiró para la creación de Drácula.

104 David J. Skal, *Algo en la sangre. La biografía secreta de Bram Stoker, el hombre que escribió Drácula,* Ed. EsPop, 2017.

publicar su célebre novela[105], y, más concretamente, en el libro *An Account of the Principalities of Wallachia and Moldavia* («Un informe sobre los principados de Valaquia y Moldavia»), escrito por William Wilkinson, el cónsul británico en Bucarest en 1820, que detallaba algunas los métodos de guerra de Vlad[106]. Stoker, que también había escuchado con atención las historias tradicionales de fantasmas que sus familiares le contaron en la infancia, se interesó después por la epidemia vampírica que asoló Centroeuropa a lo largo de los siglos XV y XVI[107]. Fruto de todo ello, nació la novela *Drácula*, publicada en 1897.

La obra de Stoker recoge toda la tradición de los muertos que regresaban a la vida para beber la sangre de sus víctimas y hacía referencia, ya en el primer capítulo, a los muchos nombres por los que eran conocidos estos seres a lo largo del continente:

> Pude escuchar muchas palabras que se repetían a menudo: palabras raras, pues había muchas nacionalidades en el grupo; así que tranquilamente extraje mi diccionario polígloto de mi petaca, y las busqué. Debo admitir que no me produjeron ninguna alegría, pues entre ellas estaban *Ordog* (Satanás), *pokol* (infierno), *stregoica* (bruja), *vrolok* y *vlkoslak* (las que significan la misma cosa, una en eslovaco y la otra en servio, designando algo que es un hombre lobo o un vampiro)[108].

105 Iván Alonso, «Hallan los libros que inspiraron a Bram Stoker en *Drácula*», *ABC*, 2 de noviembre de 2018.

106 Clive Leatherdale, *Historia de Drácula*, Ed. Arpa, 2019.

107 Agustín Calmet, *Tratado sobre los vampiros*, Ed. Reino de Cordelia, 2009.

108 Bram Stoker, *Drácula*, Ed. Alma, 2018.

El término «stregoica» (bruja), derivó en el término «strigoi», con el que aún son conocidos los vampiros en Rumanía. Lo mismo ocurre con «vrolok», que deriva en el término «brucolaco», de los cristianos griegos. Hay otros términos, como «vârkolac», «grobnik», «opyr», «vurdalak», «nosferat», «murony», «moroi», «stafia»[109] o «catajanás», propios de las islas de Creta y de Rodas[110].

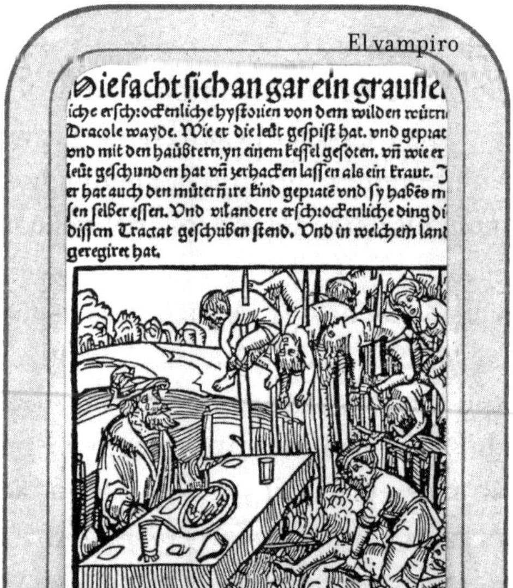

Grabado de 1499 que muestra uno de los banquetes de Vlad Tepes, Drácula, en uno de los bosques de empalados.

109 Claude Lecouteux, *The Secret History of Vampires*, Ed. Inner Traditions, 1999.

110 Álvaro García Marín, *Historias del vampiro griego*, Ed. CSIC, 2017.

Curiosamente, el gran éxito de la novela transcurrió en paralelo a la muerte de su autor. Bram Stoker falleció el 20 de abril de 1912, la misma semana en la que el Titanic se hundía en el Atlántico[111]. Los rumores decían que Stoker había muerto víctima de una ataxia locomotriz, mientras señalaba un rincón vacío de la habitación y repetía: «Strigoi, strigoi!» («¡Vampiro, vampiro!»)[112]. Como anécdota, Dacre Stoker, el sobrino bisnieto del escritor, confirmó este hecho a mi buen amigo Javier Sierra en una entrevista para *Cuarto Milenio*[113], durante la promoción de *Drácula, el no muerto* (2009), la secuela autorizada de Drácula.

Pocos días después de la muerte de su autor, la editorial William Rider & Sons relanzó *Drácula* en una nueva versión que permanecería en el mercado durante más de cuarenta años sin interrupciones.

La historia de Jonathan Harker, el protagonista de la novela —un abogado que debe viajar hasta Transilvania para cerrar una operación comercial con el conde Drácula—, encontró su verdadero triunfo en los teatros de Londres, donde empezó a representarse desde principios del siglo xx. Para David J. Skal, historiador y crítico estadounidense que a lo largo de su vida estudió compulsivamente todas las adaptaciones de Drácula, «la novela es una verdadera misa negra en forma de libro»[114]. Precisamente por eso, el personaje provocó un impacto sin igual en muchos de los actores que lo interpretaron o en los espectadores que veían la obra. Hamilton Deane, el director de una de estas adaptaciones de 1924 junto con John L. Balders-

111 David J. Skal, *Hollywood gótico*, Ed. EsPop, 2015.

112 Iker Jiménez y Carmen Porter, *Milenio 3. El Libro*, Ed. Aguilar, 2006.

113 *Cuarto Milenio*, temporada 5, programa 10, 29 de noviembre de 2009.

114 David J. Skal, *Hollywood gótico*, Ed. EsPop, 2015.

ton, llegó a contabilizar treinta y nueve desmayos por ataques de nervios en una misma representación, teniendo que colocar enfermeras en las puertas de los teatros para atender a los afectados, mucho antes de que ocurriera lo mismo durante los visionados de la película de *El exorcista* (1973)[115].

En el Ohio Theatre de Cleveland tuvieron que repartir cheques por desmayo, en los que se devolvía una parte del dinero de la entrada, dependiendo de la cantidad de minutos que hubiera aguantado el espectador. El 25 de abril de 1927, una noticia puso la obra de nuevo en el ojo del huracán. Un joven ruso había ido a ver *Drácula* y, al salir, fue directo a la estación de tren de Victoria Station para lanzarse a las vías:

> UN JOVEN RUSO SE SUICIDA. SE LANZÓ BAJO EL METRO DE LONDRES
> Serge Fitzgerald, ruso, de dieciséis años, aprendiz de ingeniero motor, saltó frente a un tren en la estación de metro de Victoria Station y murió [...]. El forense mencionó que Fitzgerald había comprado entradas para una representación de *Drácula* en el Little Theatre y para el Marble Arch Theatre. «*Drácula*, la obra que fue a ver, es realmente terrorífica, ¿no?», le preguntó el forense al tutor del joven, que respondió: «Sí». Él era fan de libros rusos morbosos[116].

Algunos críticos de cine empezaron a alertar de que Drácula era un personaje peligroso, capaz de generar laberintos en las mentes más sensibles.

115 «How Hamilton Deane and "Dracula" Confounded the London Critics», *Evening Telegraph*, 27 de abril de 1927.

116 «Young Russian's suicide. Jumped under London tuve train», *Coventry Evening Telegraph*, 25 de abril de 1927.

Es el caso del actor Courtney White, que interpretó al conde en el teatro entre 1930 y 1931, y decidió que el personaje debía tener un color bilioso y enfermizo, como si fuera un muerto resucitado[117]. El actor empezó a modificar su comportamiento hasta convertirse en un «loco de remate que se comportaba como si de verdad se creyera el conde Drácula»[118].

Más conocida es, quizá, la fascinación que sintió Béla Lugosi por el vampiro desde que lo interpretó por primera vez en 1931. Después del estreno, muchos fueron testigos de cómo el actor se comportaba como si realmente fuera Drácula, llegando a dormir, incluso, dentro de un ataúd. Después, dejó de salir durante el día por miedo a que le dañara la luz del sol y obligaba a que sus rodajes fueran de noche. Los niños lo temían cuando deambulaba fuera del camerino con su esmoquin, su capa negra y su rostro pálido.

Cuentan que, poco antes de morir, Lugosi dijo: «Soy el conde Drácula, rey de los vampiros, y soy inmortal»[119].

No obstante, Lugosi murió en la indigencia en 1956, totalmente destruido por las drogas. En su última foto aparece muerto dentro del ataúd, vestido con el traje de Drácula, tal y como pidió en su testamento, hasta con el famoso medallón del conde abrochado al cuello para sujetar su capa. Llevaba un maquillaje que le hacía el rostro aún más pálido, con las cejas remarcadas y el pelo teñido de negro. El entierro parecía una escena de la cin-

117 «Dracula thrills playhouse throng», *The Morning News*, 19 de septiembre de 1930.

118 David J. Skal, *Hollywood gótico*, Ed. EsPop, 2015.

119 J. M. Sadurní, «Bela Lugosi, el actor que dio vida a Drácula y que murió creyendo que era un vampiro», *Historia National Geographic*, 17 de octubre de 2024.

ta que él mismo había interpretado. Cuentan que, sobre su cadáver, en la clínica, antes de cerrar el ataúd para siempre, apareció revoloteando un enorme murciélago negro[120].

El propio historiador de cine David Skal relata que el *Drácula* (1931) de Tod Browning es, de alguna forma, una película maldita. Originalmente, su director sería Paul Leni, un gran maestro recreando atmósferas, pero este murió de una septicemia (curiosamente, una enfermedad de la sangre) poco antes de empezar el rodaje[121]. Además, el personaje de Drácula iba a ser interpretado por Lon Chaney (conocido como «el hombre de las mil caras»), pero el actor murió ahogado en su propia sangre tras una hemorragia de garganta[122] (de nuevo, el elemento de la sangre).

Robert Ames, una estrella muy veterana de Hollywood, fue el primer elegido para interpretar al desdichado Jonathan Harker. Pero el actor desapareció misteriosamente de las notas de prensa el mismo día en que se hizo público su fichaje. Unos meses más tarde, su cuerpo fue encontrado muerto en el hotel Delmonico de Nueva York por una hemorragia en la vejiga (¡más sangre!)[123].

La última afectada por la maldición fue Helen Chandler, la actriz que interpretó a Mina Harker, y que empezó a manifestar problemas mentales hasta el punto de terminar ingresada

120 David J. Skal, *Hollywood gótico*, Ed. EsPop, 2015.

121 «Paul Leni, director in movies, is dead», *The Ponca City News*, 3 de septiembre de 1929.

122 Lon Chaney, «Famous movie character dies early today», *The Daily Times*, 26 de agosto de 1930.

123 «Robert Ames, actor, found dead in hotel», *The Patriot-News*, 28 de noviembre de 1931.

en un sanatorio en 1940. Allí contrajo una misteriosa enfermedad que le provocó fiebres altísimas. A pesar de que viajó por todo el mundo en busca de una cura, murió durante una operación a vida o muerte[124].

Pero *Drácula* no fue el único filme maldito de Tod Browning. En 1927, el mismo director había rodado *London after midnight* (conocida en España como *La casa del horror*), considerada la primera película americana de vampiros y la segunda película de esta temática de la historia después de *Nosferatu*, de Friedrich Wilhelm Murnau, estrenada en 1922.

Browning contaba la historia de un vampiro que hipnotizaba a sus víctimas y que, en realidad, era un inspector de Scotland Yard que intentaba resolver un crimen cometido en una mansión de Londres. Lo inquietante es que hubo multitud de incendios que destruyeron las salas en las que se proyectaba la película, acabando así con la mayoría de los negativos. Estos accidentes generaron un aura de maldición en torno a la película, hasta que el incendio del almacén de Metro Goldwyn Mayer en 1965 destruyó la última copia de nitrato de celulosa que existía de *London after midnight*. Desde ese momento, la película desapareció para siempre y solo quedan algunos fotogramas que nos permiten aproximarnos a ella[125].

Lon Chaney, el actor que encarnaba al vampiro (el mismo que iba a encarnar a Drácula en 1931, antes de morir), utilizó unas prótesis metálicas para sus dientes y también para que sus ojos se abriesen de manera sobrenatural, lo que provocó huidas masivas de muchos espectadores de las proyecciones. Ángel Sala, director del Festival de Cine de Sitges desde 2001

124 David J. Skal, *Hollywood Gótico*, Ed. EsPop, 2015.

125 Augusto Cruz, *Londres después de medianoche*, Ed. Seix Barral, 2014.

—el primer encuentro de cinematografía fantástica del mundo—, me contó durante una entrevista que se documentaron desmayos y ataques de ansiedad debido a este maquillaje que muchos atribuyeron a vampiros *reales*. Una de las leyendas que circularon en aquellas fechas es que Browning, el director, conocía a vampiros que vivían en las ferias verdaderamente y que estos le habían asesorado para el maquillaje[126]; un rumor similar al que afirmaba que Max Shreck, el actor que encarnó a Nosferatu en la película homónima de Murnau de 1922, era un vampiro auténtico[127]

Pero, de nuevo, un hombre obsesionado con la película terminaría demostrando el enorme impacto de este tipo de personajes en la psique humana. Robert Williams, un vecino burgués del barrio británico de Hyde Park[128], asesinó a su novia después de imaginar la cara de Lon Chaney interpretando al temible monstruo de la película. Acto seguido, Williams pasó la hoja afilada de la cuchilla por su propio cuello[129], aterrado por las visiones reiteradas del actor en su cabeza. El asesino sobrevivió a las heridas y fue condenado a muerte por ahorcamiento, pero la pena le fue conmutada después de que su abogado alegara que «Lon Chaney era capaz de aterrorizar a cualquiera en las películas *London after midnight* o *El jorobado de*

126 *Cuarto Milenio*, temporada 10, programa 25, 1 de marzo de 2015.

127 Fernando Sánchez, «La surrealista leyenda del vampiro real que atemorizó el rodaje de la película *Nosferatu* hace más de 100 años», *Fotogramas*, 8 de enero de 2024.

128 «Hyde Park tragedy: Irish girl's death», *The Grimbsy Telegraph*, 26 de octubre de 1928.

129 «Hyde Park tragedy, Inquest story of couple with cut throats», *Hull Daily Mail*, 26 de octubre de 1928.

Notre Dame»[130]. Finalmente, Robert Williams pasó sus días en el sanatorio Broadmoor Asylum de Berkshire para enfermos mentales.

Lon Chaney interpretó a un terrorífico vampiro en la película ***London after midnight,*** traducida en España como ***La casa del horror.***

A pesar de que muchos sospecharon que las apariciones de Lon Chaney solo fueron una excusa para conseguir un atenuante de la condena, lo cierto es que la figura del vampiro ha obsesionado a multitud de mentes psicopáticas y ha actuado como deto-

130 «Apparition of Lon Chaney, Recollection of killing», *Evening Telegraph*, 11 de enero de 1929.

nante para cometer algunos de sus crímenes. Para el criminólogo Vicente Garrido, la razón de todo esto es que la novela *Drácula* «asentó el mito cultural del vampiro en la modernidad y, sin saberlo, realizó la mejor descripción del asesino en serie»[131].

A este respecto, la asesina en serie más letal obsesionada con la sangre fue Erzsébet Báthory, una aristócrata húngara conocida popularmente como la Condesa Sangrienta, que asesinó a, aproximadamente, seiscientas cincuenta jóvenes y mujeres en su castillo de Čachtice entre 1590 y 1610, para beber su sangre y bañarse en ella porque creía que eso la ayudaría a mantenerse joven[132].

Otros buenos ejemplos son Vicenzo Verzeni, «el vampiro de Bérgamo» o también «el estrangulador de mujeres», que actuó en Italia en 1871, bebiendo la sangre de varias jóvenes a las que él mismo asesinó[133], o François Bertrand, «el vampiro de Montparnasse» o «el sargento necrófilo», que mutiló y bebió la sangre de cadáveres de mujeres exhumados del cementerio de París durante varios meses[134].

Aunque podríamos pensar que se trata de crímenes circunscritos a periodos históricos pretéritos, lo cierto es que hubo varios casos similares a lo largo del siglo XX.

El 16 de enero de 1936, un hombre llamado Hamilton Howard Albert Fish fue ejecutado en la silla eléctrica tras ser acusado de

131 Vicente Garrido y Virgilio Latorre, *El monstruo y el asesino en serie: de Frankenstein a Hannibal Lecter*, Ed. Ariel, 2024.

132 Javier García Sánchez, *Ella, Drácula*, Ed. Planeta, 2005.

133 Massimo Centini, *Il vampiro della Padania. Le indagini e il processo a Vincenzo Verzeni, lo strangolatore di donne*, Ed. Ananke, 2008.

134 Mariana Enríquez, *Alguien camina sobre tu tumba: mis viajes a cementerios*, Ed. Anagrama, 2021.

asesinar a nueve niños, aunque él afirmaba que la cifra de víctimas ascendía a más de cien. Fish reconoció haberse alimentado de sus carnes y haber bebido su sangre, ya que esto le producía gran lujuria[135]. La prensa le puso el sobrenombre de «el vampiro de Brooklyn» o «el hombre lobo de Wysteria».

Otro de los más famosos fue «el vampiro de Düsseldorf», Peter Kürten, que asesinó y bebió la sangre de varias mujeres y niñas en distintas poblaciones de Alemania, de febrero a noviembre de 1929, su año más sangriento, hasta su posterior detención en 1930 y ejecución en 1931[136]. Antes de ser decapitado en la prisión de Colonia, confesó haber cometido cien delitos de diferente índole. Su cuerpo fue entregado para el estudio de los anatomistas de la Universidad de Berlín y de Colonia[137].

Casos como estos se multiplicaron entre los años setenta y ochenta del mismo siglo, cuando actuaron los ya mencionados John Wayne Gacy y Robert Hansen. Según la base de datos sobre asesinos en serie de la Universidad de Radford, en Virginia, de los 2.236 asesinos en serie registrados en Estados Unidos entre 1900 y el 2000, el 82 % (1.840) actuaron a partir de 1970[138]. El historiador Peter Vronsky, que analizó el auge de los asesinos en serie en estas últimas décadas del siglo xx, lo explicó de esta manera tan gráfica:

135 «Albert Fish executed for child slaying», *Springfield Evening Union*, 17 de enero de 1936.

136 «Like a man from another world», *Evening Post*, 13 de abril de 1931.

137 «The last of the Ripper: Peter Kurten meets his death calmly», *Evening Post*, 2 de julio de 1931.

138 Peter Vronsky, *Hijos de Caín: una historia de los asesinos en serie*, Ed. Ariel, 2020.

Aquellos que pertenecemos a la generación del *baby boom* y nos sabíamos los nombres de los astronautas del Apollo 11, Neil Armstrong y Buzz Aldrin, los primeros que caminaron sobre la Luna, también nos aprendimos los nombres de Ted Bundy, John Wayne Gacy y Jeffrey Dahmer, los «astronautas» del asesinato en serie[139].

Uno de los casos más impactantes de criminales vampíricos saltó a la prensa norteamericana en la semana de Acción de Gracias de 1985, después de que un camionero se viera obligado a detener su vehículo en una carretera a las afueras de Malabar, en Florida, al alumbrar con sus faros a una chica que deambulaba desnuda por el arcén. Iba tapada con una toalla y caminaba con dificultad por culpa de unos grilletes que tenía en los pies. Estaba muy pálida.

—Por favor —susurró la chica con un hilo de voz temblorosa, como si no encontrase fuerzas para expresarse—, no me lleve de vuelta a esa casa.

—Pero ¿qué te ha ocurrido? —le preguntó el hombre.

—Arranque, sáqueme de aquí —balbuceó ella.

La joven estaba muy débil y en estado de *shock*. Algo muy grave le había sucedido.

—¡Quédese con esa casa! ¡Ha sido ahí! ¡Ha sido ahí! —exclamó ella al pasar junto a una construcción de una planta con piscina que se encontraba muy cerca de la carretera. Una de las ventanas estaba abierta de par en par, a pesar del frío de aquella noche de noviembre.

Ya en el hospital, Laura Murphy, de diecinueve años, fue atendida de urgencia. Había perdido entre el 40 y el 45 % de su

139 *Ibid.*

sangre y tenía marcas de ligaduras en el cuello, en las muñecas y en los tobillos[140]. Según uno de los hematólogos que la atendieron, si el conductor del camión no la hubiera ayudado, Laura podría haber muerto en cuestión de horas.

Tras su recuperación, Murphy contó que había estado haciendo autostop para ir a casa de una amiga, cuando la recogió un hombre vestido con un abrigo deportivo. Era relativamente joven, con un rostro común en el que destacaban sus ojos grandes. No había nada sospechoso en aquel tipo, aparentemente. Nada que le hiciera parecer peligroso.

Albert Fish, «el vampiro de Brooklyn», asesinó a varios niños para beber su sangre y alimentarse después de sus cuerpos.

140 Robert Ressler, *Asesinos en serie*, Ed. Ariel, 2018.

A mitad de camino, el tipo dijo que tenía que pasar un momento por su casa a recoger un cuaderno que necesitaba. Pocos minutos después, se detuvo en el camino de entrada a la vivienda e invitó a Laura a acompañarlo. Ella desconfió y le dijo que prefería esperar dentro del coche. Lo siguiente que Laura recordaba es que el hombre se abalanzó por detrás con una cuerda de nailon y que se la enrolló en el cuello hasta dejarla inconsciente.

Cuando se despertó, estaba atada de pies y manos en la cocina de aquella casa. Su agresor la violó mientras una cámara de vídeo en un trípode lo registraba todo[141].

La pesadilla solo acababa de empezar. Tras el abuso sexual, su agresor le clavó agujas en muñecas y brazos, y las conectó a unos tubos de plástico a través de los que le extrajo sangre que iba almacenando en un frasco. Al completar el primero, se lo llevó a la boca y lo bebió, diciéndole que era un vampiro real[142].

Horas más tarde, el autodenominado vampiro la trasladó a la bañera, donde siguió extrayéndole sangre hasta que empezó a sentirse muy mareada, ya a altas horas de la madrugada[143].

El hombre se fue entonces a descansar, pero por la mañana inició una tercera tanda de agresiones sexuales y extracciones de plasma[144]. Cuando estuvo satisfecho, el individuo le dijo a Laura que tenía que marcharse, pero que volvería más tarde.

141 J. T. Hunter, *The vampire next door*, Ed. Pedialaw Press, 2020.

142 «Vampire faces trial in rape, abduction», *The Tampa Tribune*, 18 de diciembre de 1985.

143 «Virginia looking into "vampire rapist" case», *Bristol Herald Courier*, 12 de abril de 1995.

144 «Vampire rapist: "I changed"», *Indian River Press Journal*, 24 de enero de 1997.

—Si intentas escapar —la advirtió—, mi hermano vendrá y te matará.

Laura se quedó en la bañera, aterrorizada ante la amenaza de una muerte inminente, experimentando una gran debilidad que le impedía moverse. Tras varias horas sin escuchar un solo ruido en la casa, intentó escapar. Consiguió soltar las esposas de la bañera y forzó la ventana del baño para arrastrarse así hasta la carretera, donde el camionero la rescató. Una extracción más habría acabado con su vida.

o

Cuando la policía se acercó a la casa señalada por Laura Murphy como el lugar de los hechos, descubrieron que pertenecía a John Brennan Crutchley, un ingeniero informático de treinta y nueve años que había trabajado para la NASA en Cabo Cañaveral y que, de hecho, guardaba una gran cantidad de información secreta sobre armamento naval.

En el registro de su propiedad, los agentes confiscaron varias tarjetas de crédito, documentos de identidad de mujeres desconocidas y más de una docena de collares colgados en un gancho del armario.

Al igual que los ya citados Gacy o Hansen, Crutchley estaba casado y tenía un hijo, y su familia se hallaba de viaje en el momento en que él cometió la violación de Laura Murphy.

Finalmente, los agentes encontraron la cámara que había grabado todo lo ocurrido, y pudieron corroborar la versión de la víctima.

Crutchley fue condenado por secuestro y violación a una pena de entre doce y diecisiete años que, por buena conducta, podría reducirse hasta los cuatro o cinco. En el juicio, intentó defenderse diciendo que, en realidad, no había llegado a beber la sangre porque esta se había coagulado y no pudo tragarla.

A pesar de que tan solo pudo probarse la agresión a Laura Murphy, las autoridades encontraron los cadáveres de cuatro mujeres en los alrededores del condado de Brevard donde residía Crutchley, por lo que sospecharon de él inmediatamente[145]. Y no solo eso, sino que, además, trazando una cronología por los cinco estados en los que había vivido, encontraron puntos en común con más de veinticuatro asesinatos sin resolver hasta ese momento. Coincidía que aquellas mujeres habían desaparecido mientras Crutchley residía allí[146]. Para Robert Ressler, perfilador criminal del FBI, estaba claro:

> Las tarjetas de crédito, cosas como una docena o más de collares de mujeres colgados de un gancho en un armario (en mi opinión, eran trofeos), así como la presencia en la casa del carné de identidad de dos mujeres, me hicieron pensar que el secuestro de la autostopista probablemente no era el primer delito que Crutchley había cometido (...). Insistí en que se investigara el pasado de Crutchley. Averiguamos que en 1978 había sido la última persona que vio a Debbora Fitzjohn con vida. Fitzjohn era una secretaria del condado de Fairfax, en Virginia, y estuvo en la caravana de Crutchley antes de desaparecer. La policía estaba investigando si había alguna conexión, pero nunca se presentaron cargos. Constatamos que en todos los sitios donde Crutchley había residido, como, por

145 «Rapist linked to 4 women who vanished», *Penascola News Journal,* 9 de agosto de 1996.

146 «"Vampire rapist" denies he was involved in 24 unsolved murders in five states», *The Miami Herald,* 28 de mayo de 1996.

ejemplo, en Pensilvania, había casos de mujeres desaparecidas o cadáveres encontrados en lugares remotos, aunque ninguno de esos casos le fue atribuido jamás[147].

Aunque Crutchley siempre negó su implicación en todos esos crímenes, Ressler consiguió que el juez ampliara la condena: entre veinticinco años de cárcel y cadena perpetua, además de cincuenta años de condicional. De este modo, la sociedad podría estar protegida un poco más del Vampiro Violador.

Muere el Vampiro Violador

Crutchley, bautizado como el Vampiro Violador, murió en prisión acusado de secuestro y violación de una joven a la que, además, extrajo su sangre para beberla.

El *Florida Today* publicó, el 2 de abril de 2002, la noticia de la muerte de John Brennan Crutchley, apodado como el Vampiro Violador.

Sin embargo, diez años después de entrar en prisión, Crutchley consiguió la condicional[148]. Reharía su vida en Orlando,

147 Robert Ressler, *Asesinos en serie*, Ed. Ariel, 2018.

148 «"Vampire rapist" free after 10 years in jail», *The Naples Daily News*, 7 de agosto de 1996.

donde los ciudadanos se manifestaron en contra de tener como vecino a alguien como él[149]. Incluso llegaron a advertir a los niños de que tuvieran las puertas de las casas siempre cerradas. La madre de Laura Murphy denunció en los medios que su hija nunca se había recuperado de aquella brutal agresión y que Crutchley debería haber pasado el resto de su vida entre rejas[150].

La divina Providencia hizo que la noche antes de salir de la cárcel, los presos le organizaran una fiesta de despedida en la que hubo marihuana. Y así, en los análisis previos a la salida de prisión, Crutchley dio positivo en consumo de drogas[151]. De manera que a su condena por secuestro y violación se le sumó otra por consumo de estupefacientes, por lo que se le aplicó la popularmente conocida como «ley federal de los tres castigos», en la que se imponen penas mucho más severas a los infractores reincidentes. De este modo, John Brennan Crutchley fue condenado a cadena perpetua[152].

El Vampiro Violador murió en prisión, asfixiado con una bolsa de plástico en la cabeza. Nunca se esclareció si se trató de un suicidio o fue el resultado nefasto de una práctica sadomasoquista[153]. El personal de prisión que le acompañó en los últimos

149 «Shirish Date, "Vampire rapist" on way to Orlando halfway house», *The Stuart News*, 8 de agosto de 1996.

150 «"Vampire rapist" neighbors warn kids to lock the doors», *Penascola News Journal*, 9 de agosto de 1996.

151 «Shirish Date, "Vampire rapist" flunks drug test, back in jail», *The Miami Herald*, 10 de agosto de 1996.

152 «Vampire rapist back in jail after admitting to marijuana use», *The News and Advance*, 10 de agosto de 1996.

153 «"Vampire rapist" kills himself in cell», *The Miami Herald*, 3 de abril de 2002.

años estaba convencido de que Crutchley había asesinado a otras mujeres, aunque con su muerte los casos quedaran sin resolver para siempre. Según el sargento Bob Leatherow, sheriff del condado de Brevard: «Estoy contento de que haya muerto. Es un cierre hasta cierto punto, aunque no lo suficiente. Ahora no sabré todas las partes. Las conozco, aunque no podré probarlas. Era un asesino… Pero no podré probarlo». Por su parte, el sheriff Phil Williams declaró que Crutchley era, junto a Gerald Stano, otro asesino en serie que residía en la misma prisión, el peor criminal que había conocido nunca. Según sus propias palabras:

> No soy una persona supersticiosa ni soy fácilmente asustadizo, pero cuando estabas en su presencia, literalmente se te erizaba el vello de la nuca. Es lo peor que he visto nunca. Debe haber cometido un montón de crímenes más, más crímenes atroces, si es que eso es posible. Pero su muerte en prisión termina con la posibilidad de resolver dichos crímenes[154].

APUNTES DE MADRUGADA

El vampiro es el ser nocturno por antonomasia. No puede vivir a la luz del día y tiene que esperar al ocaso para actuar. Necesita la oscuridad de la noche para hacer el mal.

Quizá por eso ha provocado esta fascinación en personajes que intentaron simularlos a lo largo de terroríficas carreras

154 «“Vampire rapist” dies in prisión serving life term», *Florida Today*, 2 de abril de 2002.

criminales. En el fondo, el vampiro es la extrapolación del asesino en serie al terreno de lo fantástico.

Uno de los últimos vampiros criminales fue Richard Chase, bautizado por los medios como el Vampiro de Sacramento, por asesinar a seis mujeres entre finales de 1977 y principios de 1978 para comerse parte de sus cuerpos y beber su sangre[155], porque creía que la suya se estaba convirtiendo en polvo y tenía que reponerla para evitar la muerte[156]. En el registro de su apartamento, de hecho, se encontraron tres licuadoras llenas de sangre con las que se alimentaba.

Chase, descrito por los medios como un hombre escuálido y excesivamente pálido[157], esquivó de milagro la pena de muerte, pero fue condenado a cadena perpetua y pasó el resto de sus días en la cárcel, donde el personal lo apodó como Drácula[158] por su fijación por el plasma. Murió el 26 de diciembre de 1980, al suicidarse en su celda con una sobredosis de antidepresivos que había estado guardando durante semanas[159].

No es casualidad que, antes de que se acuñara el término «asesino en serie», estos despiadados criminales fueran conocidos como vampiros, hombres lobo o demonios. Lo interesante es que el término «vampiro» continuara utilizándose de ma-

155 «Mother of "vampire killer" testifies», *The Peninsula Times Tribune*, 29 de enero de 1979.

156 Robert Ressler, *Asesinos en serie*, Ed. Ariel, 2018.

157 Iris Yang, «Chase slaying trial: Jury appears mesmerized», *The Sacramento Bee*, 7 de enero de 1979.

158 «Multiple murder suspect's History of mental illness», *The Sacramento Bee*, 31 de enero de 1978.

159 Jaime Diaz, «"Vampire killer" Richard Chase dies in prisión», *The Sacramento Bee*, 27 de diciembre de 1980.

nera tan habitual, especialmente por parte de los medios para referirse a estos monstruos que no solo asesinaban, torturaban o desmembraban a sus víctimas, sino que además creían que estaban afectados por algún tipo de enfermedad que solo podría curarse mediante el consumo de sangre.

Es inevitable que ese líquido que corre por nuestras venas, como la gasolina de una compleja maquinaria, genere tal fascinación.

Durante años, sufrí personalmente cierta fobia a la sangre, hasta el punto de desmayarme siempre que acudía a realizarme una analítica o cuando presenciaba algún accidente en el que se derramaban algunas gotas de más.

Con el tiempo recordé que con diez años me saqué el carné verde de la biblioteca de Ciudad Real, que me permitía acceder a la zona de adultos. Entonces, me fui directo a la sección de terror y cogí un ejemplar de *Drácula*, que tenía los lomos totalmente desgastados y las hojas amarillas por el paso del tiempo. Una tarde, mientras leía cómo el aterrorizado Jonathan Harker exploraba el castillo de los Cárpatos hasta encontrarse con las tres vampiresas que querían alimentarse de él, mi padre se cortó con un cuchillo al preparar la cena. En mi mente, lo que leía en la novela se fusionó con la imagen de la sangre resbalando desde el dedo de mi padre hasta el suelo de la cocina: el rojo intenso contrastaba sobre el blanco inmaculado de las baldosas. Quizá esa gran impresión quedó grabada en mi cerebro infantil para dejar una huella traumática que, con los años, he conseguido sortear.

Posteriormente, durante mis estudios e investigaciones descubrí cómo la sangre había traumatizado y obsesionado hasta límites insospechados a personas de toda condición. La revista *Estampa*, una publicación gráfica y literaria de la actualidad española y mundial, por ejemplo, publicó unas impactantes fotografías, tomadas en agosto de 1933, que mostraban a una multitud de personas que se agolpaban a las puertas del antiguo Matadero Municipal de Legazpi de Madrid para beber la sangre de la matanza, aún humeante:

> Los bebedores aproximan el vaso a sus labios y sin reparo, dominados sin duda por la fuerza de la sugestión, ingieren el contenido. Alguno tiene que hacer un gran esfuerzo para apurar el vaso; el estómago parece oponerse, pero, al fin, sonríe satisfecho, como si con ello hubiera adquirido un poco de la salud que le falta[160].

Lo mismo ocurría en el matadero de París o matadero la Villette y, seguramente, en los del resto de Europa, donde acudían anémicos o enfermos de tuberculosis para intentar paliar sus dolencias.

A lo largo del siglo XX en España, hubo también multitud de crímenes contra niños a los que se los asesinó para extraerles la sangre y vendérsela después a personas pudientes que la compraban porque creían que así podían tratar sus patologías[161]. La cantidad de casos para 1992 era tal, que el psicólogo Richard Noll acuñó el término «síndrome de Renfield» para referirse al también conocido como «trastorno de personalidad vampírica» (VPD), un diagnóstico de vampirismo clínico utilizado para referirse a asesinos como Richard Chase. Renfield, no lo olvidemos, es el devoto ayudante de Drácula, que se alimenta de arañas, moscas y otros insectos,

160 «Los bebedores de sangre en Madrid», *Estampa*, 26 de agosto de 1933.

161 Javier Pérez Campos, *Immaturi*, Ed. Planeta, 2023.

mientras permanece interno en el hospital psiquiátrico del doctor Seward.

El 16 de marzo de 2005 se ajustició en Irán a uno de estos monstruos[162]. Mohammed Bijeh, conocido como «el vampiro del desierto de Teherán», asesinó a más de dieciséis niños de entre ocho y quince años[163]. Durante el juicio, manifestó que se sentía eufórico cuando veía la sangre fluir de los cuerpos de sus pequeñas víctimas.

Más de cinco mil personas se congregaron aquel día en el centro de Pakdasht, una población ubicada al sur de Teherán, para ver cómo la madre de uno de los niños asesinados le colocaba la soga, antes de que una grúa lo levantara por el cuello más de diez metros en una ceremonia colectiva de estacamiento contemporáneo. Mientras moría, los asistentes gritaban y aplaudían exaltados[164]. Con su muerte, finalizaba el caso del último vampiro de la época moderna.

162 Ali Akbar Dareini, «Abuser, murderer of boys executed», *The Des Moines Register*, 17 de marzo de 2005.

163 «Serial child rapist, killer hanged publicly in Iran», *News-Press*, 17 de marzo de 2005.

164 «Serial child rapist and killer hanged in Iraq», *The Bradenton Herald*, 17 de marzo de 2005.

Capítulo 4
EL FANTASMA

Las películas no crean a los psicópatas;
las películas hacen a los psicópatas más creativos.

WES CRAVEN, *Scream*

En este preciso momento, mientras lees este libro (de noche, como se merece), podría tocarte a ti...

... tras leer la primera línea del capítulo cuatro, todavía con el estómago encogido por el pasaje anterior, un ruido te pone en alerta. Es la ventana del salón, abriéndose. Pero tú no estás allí y no hay nadie más en casa.

¡Clac!

De esta forma, lo cotidiano se convierte en extraordinario.

Alguien está entrando, sigiloso, en tu casa. Está profanando tu espacio, violando tu intimidad y, seguramente, querrá acabar contigo.

Nadie nos ha preparado para vivir una situación así, y aunque lo instintivo sería huir, tu cuerpo se queda paralizado y no obedece a ninguna orden. Eres víctima de la inmovilidad tónica, una respuesta motora que se aloja en el córtex prefrontal de tu cerebro desde hace miles de años, cuando un animal herido decidió hacerse el muerto por primera vez ante un depredador[165].

165 James W. Hopper, «Why many rape victims don't fight or yell», *Washington Post*, 23 de junio de 2020.

Tras el sonido de la ventana escuchas unos pasos que se dirigen a tu habitación. El intruso está ya al otro lado de la puerta, esperando el momento en que apagues la luz de tu mesita para atacar.

No dejes de leer, no cierres el libro ahora.

o

Algo similar le sucedió a Kevin Williamson, un vecino de Los Ángeles, cuando una noche de 1994 descubrió que la ventana de su cocina estaba abierta[166]. Ocurrió mientras estaba solo en casa de noche, viendo en televisión un documental[167] sobre un psicópata que asesinó y mutiló a varias adolescentes en una residencia de estudiantes de Florida[168]. El problema es que Williamson recordaba perfectamente haber cerrado esa misma ventana unas horas antes. Entonces, ¿quién la había abierto? El terror natural del descubrimiento se incrementó ante la impresión que le había producido el largo reportaje que acababa de ver en televisión. Tras pasar unos minutos planteándose qué hacer, cogió el cuchillo más afilado del cajón y encendió todas las luces de la casa. Registró cada rincón hasta que terminó asumiendo que, muy probablemente, él mismo se habría dejado abierta la ventana y la sugestión por el maldito documental había hecho el resto.

Esa noche la pasó aterrorizado y tuvo varias pesadillas, y una profunda sensación de miedo le sirvió de inspiración para em-

166 Noel Ceballos, «*Scream* está, lo creas o no, basada en un escalofriante caso real», *Revista GQ*, 7 de marzo de 2023.

167 *Turning Point, Gainesville: The Price of Murder*, 23 de marzo de 1994.

168 *Cuarto Milenio*, Cuatro TV, 23 de enero de 2022.

pezar a escribir el guion de una cinta sobre un asesino en serie enmascarado que se colaba en las casas para asesinar a sus víctimas[169]. A los pocos días, tenía ya el borrador de *Scary Movie*, que terminaría vendiendo por cuatrocientos mil dólares. La película fue dirigida por Wes Craven, quien le cambió el nombre por el de *Scream*. Recaudó ciento setenta y tres millones de dólares en todo el mundo, convirtiéndose en un éxito enorme de público, un fenómeno de masas, así como un referente del género *slasher* o «película de acuchillador»[170]. Por su parte, Kevin Williamson obtuvo el Saturn Award al mejor guion en 1996[171]. La máscara del asesino de la película, conocido como *ghostface* (o «cara de fantasma»), inspirada en la pintura *El grito*, de Munch, sigue siendo toda una referencia hoy día.

Lo interesante es que la propia película, que reflexiona sobre cómo el cine puede inspirar a los asesinos o también inspirarse en ellos, probablemente no habría existido sin el Destripador dc Cainesville, un hombre que afirmó estar poseído por el demonio mientras cometía sus crímenes[172].

Christina Powell y Sonja Larson, de diecisiete y dieciocho años, respectivamente, se hicieron tristemente célebres por convertirse en las primeras víctimas del Destripador de Gainesville[173].

169 Padraic Maroney, *It all began with a scream*, Ed. BearManor Media, 2021.

170 Rubén Higueras Flores, *Slasher Films, violencia carnal*, Ed. Quarentena Ediciones, 2011.

171 Glenn Whipp, «Scream and scream again! Screenwriter Kevin Williamson slashes ahead in rejuvenated horror genre», *The Daily Breeze*, 19 de octubre de 1997.

172 Fran Chico, «La historia real del asesino en serie que inspiró *Scream*... Y el demonio que lo poseyó», *Fotogramas*, 9 de marzo de 2023.

173 «College killer called shrewd, methodical. Firs three victims stabbed to death», *The Hamilton Spectator*, 30 de agosto de 1990.

LAS CINCO VÍCTIMAS Y LA BÚSQUEDA DE UN SOSPECHOSO

BUSCANDO PATRONES COMUNES
Las autoridades que investigan los cinco asesinatos de Gainesville están buscando denominadores comunes en las vidas de las víctimas, con la esperanza de que eso lleve a un sospechoso. La similitud física de las cuatro mujeres es uno de los vínculos que se está estudiando.

Tracey Paules, 23 años. Morena, de complexión pequeña, jugaba al sóftbol y era miembro de la Sociedad Nacional de Honor.

Christina Powell, 17 años. Morena, de complexión pequeña, jugaba al sóftbol y escribía para una revista literaria del colegio.

Sonja Larson, 18 años. Morena, delgada, jugaba al sóftbol y era una estudiante destacada en secundaria.

Christa L. Hoyt, 18 años. Morena, de complexión pequeña, jugadora entusiasta de raquetbol, tenía un trabajo de tiempo completo.

Manuel Taboada, 23 años. De complexión atlética, jugador de fútbol americano, miembro de la Sociedad Nacional de Honor.

Imágenes de las cinco víctimas del Destripador de Gainesville que aparecieron en los periódicos de la época.

Aquel bautismo macabro ocurrió la noche del 24 de agosto de 1990, cuando un desconocido vestido con ropa oscura y camuflando su identidad con un pasamontañas se coló como una sombra en un piso compartido de estudiantes de la Universidad de Florida[174]. Primero acuchilló a Larson, tapándole

174 «Devoun Cetoute, When the "Gainesville Ripper" terrorized a Florida college town with fear and murder», *Miami Herald*, 26 de agosto de 2019.

la boca para ahogar sus gritos. En el piso de abajo dormía Christa, que no escuchó nada hasta que ya era demasiado tarde. Cuando abrió los ojos, el desconocido se tiró sobre ella y la amordazó con cinta adhesiva. Después de violarla, la puso bocabajo y la apuñaló hasta cinco veces en la espalda[175].

Al cabo de unas horas, los padres de Christina y de Sonja llamaron a la policía preocupados porque sus hijas no cogían el teléfono ni habían acudido a clase. Al romper uno de los cristales de la casa para poder registrarla, los policías se encontraron con la peor escena que habían presenciado en toda su carrera[176]: los cuerpos de las jóvenes estaban desnudos brutalmente apuñalados y colocados teatralmente frente a un espejo. En el ambiente —mezclado con la pestilencia de los cuerpos en descomposición— flotaba un intenso olor a vinagre.

A la mañana siguiente, Christa Hoyt, de dieciocho años, entró en su piso del Santa Fe College. Volvía de clase y esperaba poder descansar un poco hasta la hora de comer. Pero un desconocido se había colado por su ventana. Este se lanzó con mucha violencia contra ella, que intentó huir sin éxito. La amordazó con cinta adhesiva y la llevó al dormitorio, donde la violó. Después la empujó hasta ponerla bocabajo y la apuñaló hasta destrozarle la columna vertebral y perforarle la aorta[177]. Hoyt, que soñaba con trabajar en los laboratorios de criminalística del

175 «Curtis Morgan, Gainesville death toll climbs to 5», *The Macon Telegraph*, 29 de agosto de 1990.

176 «Terror in Gainesville: Police believe killer remains in campus town», *The Miami Herald*, 30 de agosto de 1990.

177 «Gainesville killings end bright futures of college students», *South Florida Sun Sentinel*, 29 de agosto de 1990.

FBI, no imaginaba que terminaría formando parte de la historia criminal del país, aunque de un modo distinto al deseado[178].

Los vecinos de la habitación de al lado escucharon los golpes y los gritos, y llamaron a la policía, que se presentó allí a los pocos minutos. Nuevamente, el silencio de la madrugada reinaba en el ambiente, una señal nefasta. Al entrar, los agentes encontraron el cuerpo de Christa sentado sobre la cama, con el abdomen abierto en canal y la cabeza separada de su cuerpo, colocada en una estantería, como contemplando su propio cadáver[179]. Y de nuevo aquel olor a vinagre...

Los agentes que asistieron a estas escenas del crimen quedaron insensibilizados a nivel emocional durante semanas. El sargento John Galbraith, del Departamento de Policía de Gainesville, reconoció no haber visto nunca nada parecido y confesó tener problemas para dormir desde los asesinatos: «Esto hace mella en ti», dijo[180].

En esos primeros días, Ray Lang, agente de policía de Miami, advirtió de que «a veces somos víctimas de nuestro propio clima tropical —las puertas correderas de cristal son parte de la arquitectura de Florida»[181]. Se refería a esas casas que parecen jaulas de vidrio enormes, con grandes ventanales desde el salón hasta la cocina, y con puertas traseras y laterales de cristal

178 «Grieving friends, families bid last farewell to slain students», *South Florida Sun Sentinel*, 1 de septiembre de 1990.

179 Gwen Ifill, «Town gripped by "disturbed calm"», *The Modesto Bee*, 2 de septiembre de 1990.

180 Ron Word, «Investigation leaves officers exhausted», *The Naples Daily News*, 17 de septiembre de 1990.

181 «Thousands of frightened students flee campus; others buy guns, new locks», *The Miami Herald*, 31 de agosto de 1990.

que comprometían la seguridad de los inquilinos. El asesino parecía colarse a través de esas puertas correderas que forzaba, después de abrir un agujero con un cortador de cristal[182].

Inundó entonces la universidad una gran sensación de pánico: multitud de alumnos se marcharon a sus ciudades de origen, otros se encargaron de patrullar por la noche el campus y algunos llegaron a dormir en zonas comunes, mientras se organizaban para hacer guardias. También hubo quienes intentaron bromear con estos crímenes, enviando cartas anónimas a sus amigos en las que fingían ser el asesino o inventando informaciones para alarmar aún más al resto de estudiantes.

Algunos medios se vieron obligados a publicar un listado de rumores falsos para advertir a los vecinos de Gainesville:

Un uniforme de policía ha sido sustraído de una lavandería y está siendo utilizado por el asesino para despistar.

El asesino llama a la puerta vestido como un repartidor de pizza, un técnico de televisión por cable o un reparador.

El asesino aterroriza a las víctimas con llamadas telefónicas.

El asesino hace algunas bromas telefónicas, y se identifica después en otra llamada como un detective, preguntando por bromas telefónicas.

El asesino llamó a la policía, advirtiendo de que había repartido 13 cuerpos por la ciudad[183].

o

182 Peggy Rogers, «Killer may have used sliding doors to enter», *The Miami Herald*, 31 de agosto de 1990.

183 Curtis Morgan, «Terror spans rumors: Fales stories hider probe», *The Miami Herald*, 31 de agosto de 1990.

Muchos de estos rumores macabros se utilizaron después en el guion de *Scream* (en la película, el asesino llama por teléfono a sus víctimas antes de matarlas).

En medio de esta tormenta de informaciones falsas, el psicópata actuó de nuevo. La noche del 27 de agosto de 1990, Manny Taboada, de veintitrés años, dormía plácidamente cuando lo despertó el sonido de alguien manipulando la puerta corredera de cristal de la entrada de su casa. Cuando se incorporó en la cama, un hombre con un pasamontañas se abalanzó sobre él y le acuchilló en el rostro hasta matarlo[184]. A pesar de que Manny era joven, atlético y jugaba fútbol, no consiguió zafarse del desconocido. En la planta de arriba, su compañera de piso, Tracy Pauls, de la misma edad que Taboada, escuchó los golpes y bajó a comprobar qué ocurría. Al entrar en la habitación de su amigo, se encontró con el asesino, y echó a correr aterrorizada a su habitación. Pero el hombre la persiguió y echó la puerta abajo. Acto seguido, la violó y la apuñaló por la espalda. Oficialmente, ambos se habían convertido en la cuarta y la quinta víctima del Destripador de Gainesville[185].

Phil Donahue, el conocido presentador estadounidense de televisión, llegó al campus para retransmitir delante de mil personas en vivo un programa especial sobre los crímenes que se estaban produciendo, entrevistando a los familiares de las víctimas. La emisión generó una enorme polémica sobre la falta de sensibilidad de los medios de comunicación e incluso

184 Barbara Walsh, «Police warn Gainesville: Don't let down guard», *South Florida Sun Sentinel*, 2 de septiembre de 1990.

185 Lisa Getter, «Gainesville police: Task force retrieved promising evidence», *The Miami Herald*, 8 de septiembre de 1990.

hubo altercados después de que varias personas cortaran los cables de algunas cámaras, dejándolas sin señal[186].

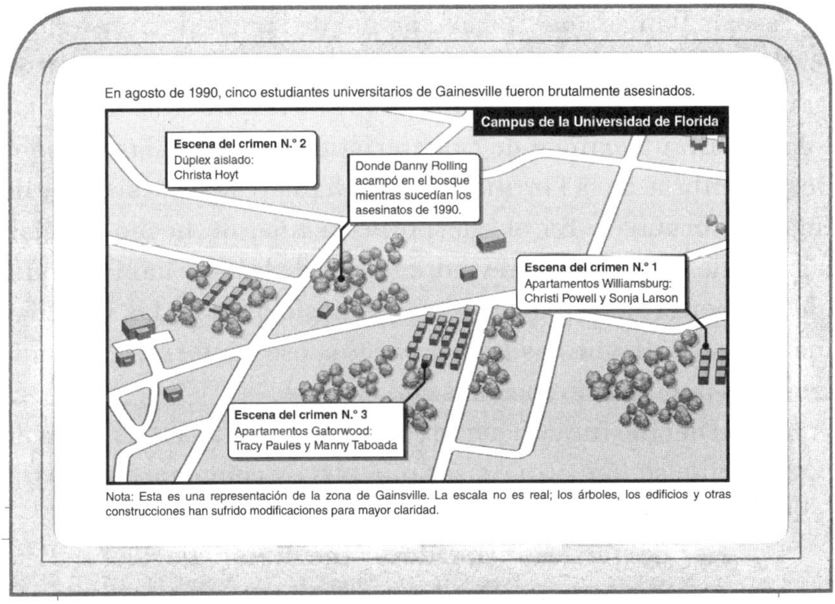

Ubicación de los lugares en los que se cometieron los crímenes, en el campus de la universidad de Florida

o

Hasta ese momento, Gainesville había sido un lugar tranquilo en el que nunca había ocurrido nada similar, por lo que las vías de investigación avanzaban de forma lenta. Las autoridades incluso aceptaron como válidas informaciones ofrecidas por mentalistas que llamaron a la centralita ofreciendo su

186 John Donnelly, «Cables to Donahue TV show on five slayings snipped», *The Miami Herald*, 8 de septiembre de 1990.

ayuda e incluso de personas que compartieron algunos sueños extraños en los que creían identificar al asesino[187].

A los pocos días llegó el primer avance de peso para resolver el caso: la llamada del Departamento de Policía de Shreveport, en Luisiana, a más de mil kilómetros de allí. A pesar de la distancia, comentaron los agentes, unos meses antes se había cometido allí un crimen de características muy similares: todos los miembros de la familia Grissom habían sido asesinados de manera brutal[188]. En el cuerpo de la hija, de hecho, habían aparecido unas marcas de mordeduras de las que habían podido extraer el ADN del agresor. Las posiciones de las víctimas habían sido dispuestas para crear una escena terrorífica y sus cuerpos habían sido rociados con vinagre.

Aquel detalle fue suficiente como para que las autoridades de Gainesville se tomaran en serio la pista y comparasen el ADN encontrado en las diferentes escenas del crimen.

Después de que los resultados coincidiesen, llegó el indicio definitivo: una vecina de los Grissom alertó de un vecino muy raro llamado Danny Rolling, que había cometido varios delitos en el barrio, que tenía amenazados a los vecinos y que algunas noches había estado espiando por las ventanas de las casas. Rolling alardeaba de ser fan de Ted Bundy, uno de los asesinos en serie más mortíferos de la historia criminal de Estados Unidos.

Durante una de las inspecciones de los enormes bosques que bordean el campus de la universidad, encontraron una tienda de campaña abandonada. En su interior había unas cintas de casete

187 «Classes resume; police revisit crime scenes with high-tech device», *The Daily News Leader*, 5 de septiembre de 1990.

188 «Shreveport murder like fla. Student Murders», *Abbeville Meridional*, 7 de septiembre de 1990.

en las que se escuchaba una voz de hombre, que luego fue identificada con la del propio Rolling, que describía con todo lujo de detalles cómo había perpetrado los asesinatos[189].

Rolling fue localizado y detenido, y en 1994 se declaró culpable de todos los cargos[190]. El 25 de octubre de 2006, a las seis y diez de la tarde, el asesino entonó un himno religioso con el siguiente estribillo: «Nadie más grande que tú, oh, Señor», tal y como declararon haber escuchado los funcionarios de prisiones. Tres minutos más tarde, Danny Rolling fue declarado muerto por inyección letal[191].

Scream no solo se inspiró en hechos reales, sino que también propició que otras muchas cosas *reales* ocurrieran: en el año 2001, Thierry Jaradin, un joven transportista belga de veinticuatro años invitó a casa a su vecina Alisson Cambier, con quien estaba completamente obsesionado en secreto. Cuando la joven de quince años acudió a la cita para intercambiar unas películas de terror, Jaradin le pidió que esperase unos minutos en el salón. Este necesitaba prepararse para la ocasión porque poco después apareció vestido como el asesino de *Scream,* con una túnica negra y su máscara blanca, sujetando dos cuchillos enormes de cocina. Alisson debió pensar que aquello era una broma, hasta que Thierry se lanzó sobre ella, le puso una mano en la boca para ahogar los gritos y la acuchilló treinta veces por todo el cuerpo[192]. Después colo-

189 «Rolling confirmed as prime suspect», *News-Press,* 26 de enero de 1991.

190 «Guilty plea in 5 murders could net death sentence», *Fort Worth Star-Telegram,* 16 de febrero de 1994.

191 «Florida serial killer sings before death», *CBS News,* 25 de octubre de 2006.

192 Andrew Osborn, «"Scream" movies are blamed by teenage girl's copycat killer», *The Observer,* 18 de noviembre de 2001.

Cine de terror bajo escrutinio: asesino adolescente culpa a las películas de «Scream» por crimen brutal en Bélgica

Bruselas

Una comunidad francófona de Bélgica se encuentra consternada tras un espeluznante asesinato inspirado en la saga cinematográfica *Scream*. El autor del crimen, Thierry Jaradin, un solitario camionero de 24 años, confesó haber matado a sangre fría a la joven Alisson Cambier, de tan solo 15 años, alegando que su acto fue premeditado e influenciado por la trilogía de culto.

Según la reconstrucción de los hechos, Alisson —vecina de Jaradin en la localidad de Gerpinnes— se acercó a su casa para intercambiar unas cintas de video y conversar. En un momento, el hombre intentó acercamientos amorosos que fueron rechazados por la adolescente. Acto seguido, Jaradin se retiró por unos instantes a otra habitación, donde ya lo aguardaban un disfraz completo de *Scream* y dos cuchillos de cocina.

Vestido con la icónica máscara inspirada en *El Grito* de Edvard Munch y cubierto de pies a cabeza con una túnica negra, regresó, inmovilizó a la joven tapándole la boca y la apuñaló 30 veces, causando graves heridas en su costado izquierdo. Luego colocó el cuerpo bañado en sangre sobre su cama, le puso una rosa en una mano y llamó a su padre y a un colega para confesar el crimen. Más tarde, declaró ante la policía que todo había sido planificado, motivado por las películas.

El crimen ha causado un profundo impacto en Gerpinnes. «Alisson era una adolescente encantadora, alegre y cariñosa. El 16 de noviembre habría cumplido dieciséis años», comentó una vecina visiblemente afectada.

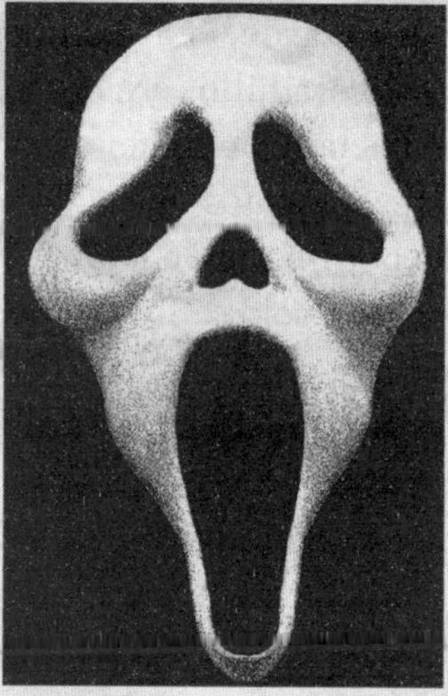

La familia de la víctima también ha desmentido versiones que sugerían una supuesta relación amorosa entre la joven y su asesino. «Esas afirmaciones son falsas. La gente está malinterpretando todo», afirmó Jean-Jacques Cambier, padre de Alisson, al diario *La Dernière Heure*.

Las autoridades confirmaron que Jaradin no tenía antecedentes penales ni historial de trastornos mentales, lo que aumenta el desconcierto y la preocupación por la influencia de ciertos productos culturales sobre los jóvenes más vulnerables.

Recorte del diario *The Observer,* que en 2001 recogió la historia de un crimen inspirado en la película *Scream.*

có el cadáver sobre la cama, le puso una rosa en las manos, como en la secuela *Scream 3*, y llamó al padre de la joven para confesarle el crimen[193].

Los investigadores del caso se quedaron estupefactos con que Thierry Jaradin, un hombre sin antecedentes penales ni ningún tipo de historial psiquiátrico, pudiera haber cometido un asesinato tan brutal, asegurando haberse inspirado en su película de terror favorita: *Scream*[194]. Jaradin fue condenado a cadena perpetua.

Recordemos, en este sentido, que un juez de Estados Unidos describió la película de Wes Craven como «un buen recurso para aprender cómo matar a alguien»[195]. En 1998, ya se había cometido otro crimen, en teoría, inspirado en la misma saga. El asesino fue Mario Padilla, de dieciséis años, que con la ayuda de su primo Samuel Ramírez apuñaló a su propia madre cuarenta y cinco veces[196]. Los chicos dijeron haberse inspirado en el *slasher* de moda, que habían visto en el cine en varias ocasiones[197], y reconocieron que querían comprar unos disfraces de *ghostface* y unos sintetizadores de voz como los que aparecen en la pantalla. El suceso empezó a ser conocido como el

193 Paul Bertrand, «L'assassin était un fan de *Scream*», *Le Parisien*, 25 de noviembre de 2001.

194 Aitor Fernández, «Conoce la historia del horrible asesino en serie que se inspiró en las películas de *Scream*», *La Vanguardia*, 21 de mayo de 2017.

195 Andrew Osborn, «"Scream" movies are blamed by teenage girl's copycat killer», *The Observer*, 18 de noviembre de 2001.

196 «Stabbed 45 times, mom calls 911: Movie crazed killers confess», *The Winnipeg Sun*, 29 de junio de 1999.

197 «Some blame Scream for grisly murder», *Tulsa World*, 28 de junio de 1999.

«Caso Scream»[198], aunque posteriormente John Cheroske, el juez que llevaba la investigación, ordenó eliminar cualquier referencia a la película, por lo que pudiese difundir la prensa[199].

Ashley Murray, de trece años, también fue apuñalado en repetidas ocasiones en la mejilla, en el cráneo y en la espalda por Daniel Gill, de catorce años, y Robert Fuller, de quince, que le dieron por muerto y huyeron[200]. Pero Murray sobrevivió. Los dos menores que intentaron asesinarlo reconocieron haber visto *Scream* de forma enfermiza. Además, entre sus pertenencias encontraron dibujos de la máscara de *ghostface*. También dijeron haber tonteado con magia negra[201], y terminaron siendo conocidos en los medios como «los atacantes de *Scream*».

El colofón final a toda esta criminalidad alrededor de la franquicia *Scream* ocurrió el 20 de abril de 1999, cuando Eric Harris y Dylan Klebold se colaron en su instituto armados, y la situación terminó con veintiún heridos graves y doce estudiantes y un profesor muertos[202]. Los asesinos se suicidaron después.

La matanza de Columbine se produjo pocos meses antes del estreno de *Scream 3*, y las productoras exigieron para entonces que los cineastas graduasen la violencia en sus películas, razón

198 Linda Deutsch, «Trial of teens obsessed with movie begins», *The Fresno Bee*, 28 de junio de 1999.

199 Linda Deutsch, «Judge: "This is not to be called the Scream murder case"», Enterprise-Record, 28 de junio de 1999.

200 «Six years for boys who stabbed friend after watching horror film», *The Guardian*, 23 de octubre de 1999.

201 «Scream attackers given six years», *BBC News*, 22 de octubre de 1999.

202 Joseph B. Verrengia, «Victims in high school massacre had big dreams», *Bryan Times*, 23 de abril de 1999.

por la que se convirtió en la única cinta de la saga en la que no moría ningún adolescente[203].

Resulta paradójico que una saga como *Scream*, que aborda la relación entre los asesinos en la vida real y los de las películas, no solo estuviera inspirada en unos crímenes auténticos, sino que además terminara motivando, de alguna manera, un reguero de asesinatos.

La gran pregunta es: ¿habrían apuñalado igualmente estas personas a sus víctimas de no haber existido un asesino ficticio como *ghostface?* Personalmente, creo que es muy posible que hubieran terminado encontrando su inspiración en otros medios y formatos.

APUNTES DE MADRUGADA

La matanza de Columbine fue un hecho traumático internacional, especialmente para Estados Unidos, como es natural, donde muchos dirigieron su mirada hacia la cultura que podría haber influido a Eric y a Dylan. Es muy significativo que siempre se trate de culpar a los videojuegos, al cine, a los cómics o a los libros de este tipo de sucesos.

Uno de los señalados principales en este caso fue el juego *Doom*, que fue pionero y polémico desde su aparición en 1993. Está considerado como uno de los primeros *shooter*, o videojuego de disparos de la historia, hasta el punto de que se vendieron muchos ordenadores gracias a él.

203 Víctor M. González, «*Scream 3*: 20 años de la película más polémica de la saga y *El padrino* de las terceras partes», *Revista GQ*, 5 de febrero de 2020.

El videojuego contaba la historia de un marine enviado a Fobos, una de las lunas de Marte, donde tenían lugar una serie de asesinatos sangrientos. En 1997, Michael Carneal, un jugador muy activo de *Doom* y *Quake*, asesinó a tres compañeros e hirió a cinco del instituto de Paducah, en Kentucky[204], y un grupo de padres y de familiares de las víctimas llegaron a reunirse para presentar una demanda judicial por un importe de ciento treinta millones de dólares contra varias empresas de videojuegos porque aseguraban que ellas eran las culpables de la matanza[205].

Durante la investigación de Columbine, dos años más tarde, se descubrió que Eric y Dylan eran grandes fans del *Doom*, especialmente Eric, que era conocido en el mundo virtual como RebDoomer[206] y que incluso había creado algunos escenarios para el juego. Algunos medios llegaron a afirmar que uno de aquellos escenarios era una recreación del instituto Columbine y que le sirvió como ensayo para la matanza[207].

Pero la realidad siempre es mucho más compleja, y tanto Michael Carneal como Eric Harris también tenían en sus taquillas y mochilas un ejemplar del libro *Rabia* (o *Getting It On* y luego *Rage)*, publicado por Stephen King en 1977 con el seudónimo de Richard Bachman, años antes de que ambos perpetraran las matanzas en sus respectivos centros de estudios.

204 Stephen Braun y Judy Pasternak, «3 students dead, 5 hurt in shooting», *Hartford Courant*, 1 de diciembre de 1997.

205 Jack Thompson, «Video games hard-wire young players brains to commit murders», *The News Tribune*, 13 de abril de 2003.

206 Greg Miller, «Young killers but a drop-in internet's ocean of hate», *Los Angeles Times*, 22 de abril de 1999.

207 David Kushner, *Maestros del Doom*, Ed. EsPop, 2018.

Rabia cuenta la historia de Charlie Decker, un joven que una mañana acude armado a su instituto para asesinar a todo el que se interponga en su camino. Desde su publicación, otros asesinos que intentaron llevar a cabo matanzas similares afirmaron haber leído la novela. Uno de ellos fue Jeffrey Lyne Cox, un estudiante en San Gabriel High School de California, que entró en su escuela con un rifle semiautomático y secuestró a más de sesenta alumnos durante varias horas[208], hasta ser desarmado por Rubén Ortega, otro estudiante, que fue después premiado por su valentía[209]. Tal y como publicaron algunos medios:

> ADOLESCENTE OBSESIONADO CON UNA NOVELA DE STEPHEN KING
> Cox estaba obsesionado con *Rabia*, una novela de Stephen King en la que un estudiante secuestra a una clase entera. Jeff se obsesionó con la novela y decidió hacer lo que Stephen King escribió[210].

En 1989, Dustin L. Pierce, un estudiante de Jackson County en McKee, Kentucky, se encerró en su clase de álgebra tomando como rehenes a todos sus compañeros durante más de nueve horas[211]. Llevaba una escopeta y dos pistolas. El asunto terminó sin heridos y la policía encontró también un ejemplar de *Rabia*

208 «Teen convicted for holding hostages», *Thousand Oaks Star*, 20 de diciembre de 1989.

209 «Two to be honored for bravery», *Winston-Salem Journal*, 11 de septiembre de 1989.

210 Kathy Braidhill, «Trial begins for student who held class hostage», *Monrovia News-Post*, 6 de diciembre de 1989.

211 «Youth gives up hostages», *Evening Express*, 19 de septiembre de 1989.

en la habitación de Pierce, que podría haber sido fundamental, según las autoridades, para la planificación del crimen:

> EL DETECTIVE BOB STEPHENS DIJO QUE PIERCE PODRÍA HABER USADO EL LIBRO *RABIA*, DE STEPHEN KING, COMO GUÍA PARA LA TOMA DE REHENES[212]

El revuelo montado con la novela *Rabia* fue tal que el propio Stephen King dio un discurso en la Vermont Library Conference/VEMA Annual Meeting donde pedía disculpas por la publicación de este libro, y comentó que había pedido a la editorial que dejase de reimprimirse:

> *Rabia* había sido mencionado en al menos otro tiroteo escolar, y a raíz de ese, un agente del FBI me preguntó si podía entrevistarme sobre el tema, con el objetivo de configurar un perfil informático que ayudara a identificar a adolescentes potencialmente peligrosos. El incidente de Carneal fue suficiente para mí. Le pedí a mi editor que retirara *Rabia* de las imprentas [...]. ¿Creo que *Rabia* puede haber provocado a Carneal, o a cualquier otro joven desajustado, a recurrir a las armas? Es una pregunta importante, porque va al corazón de la discusión sobre quién tiene la culpa [...]; reconozco el hecho de que una novela como Rabia puede actuar como un acelerador en una mente problemática; uno no puede separar la presencia de mi libro en el casillero de ese niño de lo que hizo [...]. Y el asunto es que no quiero ser parte de esto. Una vez que supe lo que había sucedido, tiré de la palanca del asiento

212 Jim Griesch, «Jackson High hostage crisis ends quietly as juvenile surrenders», *Mount Vernon Signal*, 21 de septiembre de 1989.

de eyección en esa pieza de trabajo en particular. Retiré *Rabia*, y lo hice con alivio en lugar de arrepentimiento[213].

Años más tarde, en su ensayo *Guns,* King reflexionó también sobre el problema de las armas en Estados Unidos y su relación con la cultura y el poder[214]. A día de hoy, *Rabia* es la única novela del autor que no ha vuelto a reeditarse.

213 Discurso de apertura de Stephen King. Conferencia de la Biblioteca de Vermont, 26 de mayo de 1999.

214 Stephen King, *Guns,* Ed. Philtrum Press, 2013.

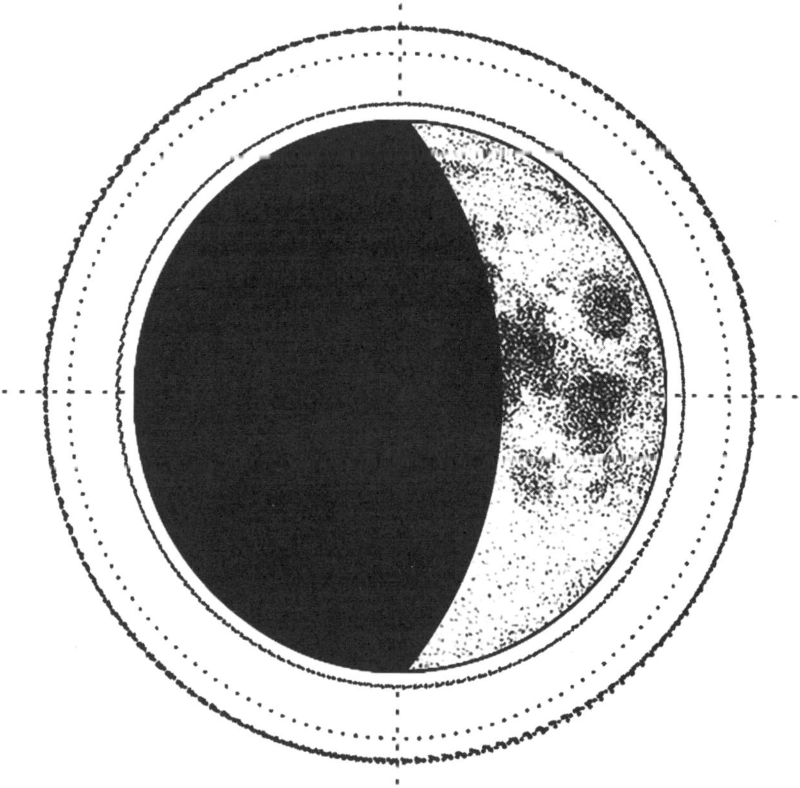

SEGUNDA PARTE

CONCUBIO

(Cuando los hombres duermen)

Los depredadores acechan en la noche. Se aprovechan de las sombras para actuar con impunidad y ganar terreno a sus indefensas víctimas. El siguiente grupo de casos de asesinos en serie son un buen ejemplo de ello. Muchos actuaban de madrugada, cuando sus vecinos dormían, para no despertar sospechas.

Las torturas, los asesinatos y otros actos atroces como el canibalismo o la necrofilia se llevaban a cabo en las horas comprendidas entre el anochecer y el amanecer, como si las consecuencias de esta actividad oculta se diluyeran con la llegada de los primeros rayos del sol.

Las tinieblas tienen también otro tipo de aliados, más allá de estos salvajes. Figuras oscuras, luces inexplicables o procesiones espectrales han salido al paso de multitud de testigos a lo largo de la historia, en todas partes del mundo.

Puede que durante el día nuestros sentidos interpreten la realidad de otra forma y que en la noche nuestro radar se agudice para alertarnos de los peligros que acechan entre las sombras. Quizá sea esa antena sensible la que nos permite captar imágenes de otro tiempo o de otra realidad. O tal vez se trate de simples alucinaciones, de nuestro cerebro intentando rellenar los huecos que nos deja la oscuridad.

En cualquier caso, muchos de estos testigos huyeron espantados de los escenarios en los que se produjo el encuentro. Yo he podido entrevistarme con cientos de ellos, regresando durante la noche a los lugares en que todo ocurrió e intentando reproducir las condiciones exactas en las que su vida cambió para siempre.

En muchos casos, estas personas, normales y corrientes, y que no se conocían de nada, me describieron con exactitud un mismo fenómeno producido segundos antes del encuentro: en plena noche, todo quedaba enterrado bajo un silencio forzado. Enmudecían los grillos, el viento dejaba de soplar, los pájaros cesaban su canto... La naturaleza moría por unos segundos. Algunos antropólogos lo han llamado «campana de irrealidad» o «efecto Oz».

Un silencio, quizá, como este mismo. Apenas el roce de tus dedos sobre estas páginas que ahora lees.

Capítulo 5
EL CORREGIDOR

Al día siguiente del dramático suceso, se colocó en el muro la Cruz que allí perdura, dando frente al callejón. Aquella se llamó y se llama por los pocos que conocen el sangriento episodio, la Cruz del Fantasma.

Juan Álvarez Guerra, *La Cruz del Fantasma*

Año de Nuestro Señor de 1750.

El fantasma apareció cuando las campanas de Santa María la Mayor marcaron la medianoche. Lucas, que había terminado su turno, se topó con él a las afueras del pueblo, mientras regresaba a su casa en la zona de las huertas.

Las callejuelas estaban en penumbra, apenas iluminadas por la luz de la luna que emergía de entre las nubes, y por las velas de los frailes del convento de San Francisco. Entre las sombras que gobernaban la calle de la Trinidad apareció una visión flamígera, como un espectro iridio. Instintivamente, Lucas se llevó la mano a la espada, pero pronto comprendió que poco podría hacerle a aquel recién llegado del ultramundo, a aquel demonio que le retaba con sus ojos encendidos que brillaban dentro de su calavera.

El aparecido caminaba hacia él desde la lejanía con decisión, dispuesto a cumplir con diligencia su cometido de arrastrarlo hasta el averno.

A pesar de ser un hombre de ley, encargado de mantener el orden en la villa, Lucas no reprimió ese terror nunca antes experimentado, que surgía de sus entrañas y que provocaba un efecto inmediato en sus carnes, que temblaban sin ningún control.

—¡Largo de ahí, villano, y pronto![215] —tronó la voz del fantasma, rompiendo el silencio de la medianoche.

Aquella espantosa orden fue suficiente para que Lucas echara a correr a terreno sagrado sin mirar atrás hasta llegar a la ermita del Cristo de Villajos, a pocos kilómetros del núcleo urbano de Alcázar de San Juan, donde se guareció, esperando con desesperación las primeras luces del alba.

El corregidor, don Juan de Silva, no se extrañó cuando Lucas, uno de los mejores hombres de su guardia, le relató lo vivido hacía escasas horas. Ya eran muchos los vecinos que habían denunciado esta presencia que surgía siempre cuando el pueblo dormía y que obligaba a todo el mundo a cerrar postigos y ventanas.

Las habladurías decían que se trataba de un ánima del purgatorio, que no había recibido sus correspondientes misas. O quizá fuera el fantasma de algún pastor al que habían matado para robarle, y cuyo cadáver debía de estar pudriéndose en alguna acequia.

En cualquier caso, fuera cual fuera su motivación, no producía misericordia sino espanto y una necesidad imperiosa de tirar millas, siempre en dirección contraria.

Una vecina de la parroquia de Santa Quiteria que tuvo al espanto a menos de un metro, afirmó que medía más de cinco

215 Rafael Mazuecos, *Hombres, lugares y cosas de La Mancha, Apuntes para un estudio médico-topográfico de la comarca*, fascículo I, junio de 1951.

brazas de altura[216], y coincidió en el detalle de que sus ojos llameaban como si a través de ellos se filtrase el mismísimo fuego del infierno.

Una noche, el corregidor, harto de esta situación, ordenó a sus mejores hombres, Lucas y Andrés, que lo esperaran en el pórtico de la ermita del Cristo de Villajos. Lucas, que ya había visto al fantasma, evitó expresar sus reticencias en voz alta para que no lo tomaran por cobarde. Pero pidió a su compañero que le recogiera en la puerta de casa, ya que estaba a pocas calles de la suya, para hacerse compañía.

Era una noche de perros, y mientras los relámpagos dividían el cielo en lontananza, los hombres del corregidor atravesaron juntos las tinieblas, afligidos por un frío que hacía tiritar el alma.

Aunque Lucas ya había relatado su experiencia con todo lujo de detalles, Andrés se mantenía escéptico en torno a lo que estaba ocurriendo, incapaz de aceptar que la presencia del asaltante nocturno pudiera tener algo de sobrenatural.

—Recuerda que hace cinco años ya vivimos algo parecido. La gente encerrándose en sus casas, y las calles desiertas cada noche... —dijo Andrés—. Al final, el fantasma desapareció, sí, pero lo hizo con la preciosa hija del hidalgo don Lope.

Lucas puso sus ojos en blanco, pero, por fortuna para él, la oscuridad ocultó su gesto de obstinación.

—Lo vi y nadie puede negármelo. ¿Cómo podría tener una altura tan desmesurada? Por no hablar de sus ojos en llamas o su voz de ultratumba.

216 Una braza, como unidad de longitud basada en la antigua vara castellana, equivale a 1,6718 m, por lo que la descripción de 5 brazas de altura equivaldría a más de 8 m de altura.

—Yo no creo en esas cosas de brujas ni duendes. Desengañaos: fantasmas en puerta, es sabido que robo, cortejo o amorío está cerca[217] —concluyó Andrés cuando sus pies alcanzaron por fin el empedrado que conducía a la ermita.

Apoyado en el muro de piedra los esperaba un tercer corchete que iba a acompañarlos en la caza del espectro.

—¡Buenas noches! —se le escuchó saludar desde el pórtico—. He de decir que no entiendo por qué se nos ha citado aquí, pero debe ser cosa seria, pues grande era el enfado de nuestro señor.

—Poco bien hizo nuestro rey, don Fernando, en nombrarlo corregidor de este pueblo. Un hombre inflexible y duro como su vara que quiere hoy dar caza al fantasma —explicó Andrés.

Lucas se santiguó a escondidas.

—Pues vamos a helarnos en esta noche inhóspita si el corregidor o el fantasma no aparecen pronto —dijo con resignación el tercer hombre.

Como respondiendo a una invocación, el corregidor se personó embozado en su capa negra, protegiéndose del viento que zarandeaba, violento, las ramas de los álamos y los olivos.

—Vuestro señor todo lo oye, todo lo ve y todo lo sabe. Acércate, y ya se nos presentará ocasión de ver si tienes el brazo tan largo como la lengua —bramó el corregidor.

Los tres hombres obedecieron sin mediar palabra, evidenciando con exageración su respeto impuesto.

—Que el santo Cristo de Villajos nos acompañe en nuestra noble labor —rogó el corregidor antes de iniciar el camino abajo, por la senda que conducía hasta la parroquia de Santa Quiteria.

217 Juan Álvarez Guerra, «La Cruz del Fantasma», *Por esos mundos*, agosto de 1905.

Al llegar a la calle de San Andrés, la comitiva redujo su marcha hasta detenerse por completo. El barrio estaba gobernado por el mismo silencio incómodo de los camposantos, esa calma excesiva y eterna.

Los cuatro agentes se guarecieron en un rincón, convertidos en un mismo cuerpo, con sus latidos sincronizados y con la respiración agitada, a pesar de la contención.

—Esta es la hora —dispuso el corregidor—. Si viene uno solo, estaos quedos. Si son varios, mano a la espada y conmigo, y a ellos[218].

El gobernador se apartó la capa y mostró dos enormes pistolones que llevaba colgados del cinto de cuero, intentando transmitir seguridad a sus hombres.

Aguardaron allí, bajo un fino manto de lluvia que procedía de la sierra de Herencia, hasta que el forastero de ultratumba apareció, con su altura temible y sus ojos ardientes, acercándose a ellos desde el inicio de la calle.

—Señor, ¡es el fantasma! —alertó Lucas, reviviendo con espanto la misma escena de hacía unas noches, pero sintiendo cierto alivio al estar en compañía de tres hombres aparentemente cuerdos.

Don Juan de Silva, dispuesto a acabar con aquel mal que inquietaba al pueblo, sacó sus dos pistolas y abrió fuego contra el fantasma.

«¡Pam! ¡Pam!», sonaron, secos los dos disparos.

Inmediatamente después, el ensabanado cayó al suelo en silencio.

«¿Se puede matar a un fantasma?», se preguntaba el corregi-

218 Rafael Mazuecos, *Hombres, lugares y cosas de La Mancha, Apuntes para un estudio médico-topográfico de la comarca*, fascículo I, junio de 1951.

dor mientras corría hacia el bulto que yacía tendido en el suelo, en medio de un charco de sangre que se agrandaba por momentos.

—¡Luz, luz! —exigió con nerviosismo el corregidor a sus subordinados.

Cuando los candiles iluminaron la escena, el corregidor abrazó al fantasma con desesperación, emitiendo un gemido que se escuchó hasta en el último rincón del pueblo.

—¡Es mi hijo! ¡Es mi hijo del alma! ¡¡Es mi hijo del alma, y he sido yo su matador!!

Algunos vecinos salieron a las puertas de sus casas y otros se asomaron, medio adormilados, a través de los ventanucos.

—¡HE MATADO A MI PROPIO HIJO! —se lamentaba el corregidor, meciendo entre sus brazos al supuesto fantasma que, durante semanas, había mantenido aterrorizada a toda la población de Alcázar de San Juan[219].

La leyenda, recogida magistralmente en 1905 por el periodista Juan Álvarez Guerra, concluye con que, aquella noche, «invadieron la calle la piedad y el comadreo, la pena y la murmuración, la chusma y el pueblo, no habiendo lengua parada, ni farol, candil o velón que no alumbrara»[220].

Al día siguiente del desgraciado suceso, alguien colocó una cruz de madera sobre el muro de la iglesia parroquial, como recuerdo del horror y de la tragedia. Un emblema que aún resiste y que es conocido por todos como la Cruz del Fantasma.

219 Benigna Conscience, «Presente y leyenda», *Lanza*, 4 de septiembre de 1975.

220 Juan Álvarez Guerra, «La Cruz del Fantasma», *Por esos mundos*, agosto de 1905.

APUNTES DE MADRUGADA

La historia de la Cruz del Fantasma sucedió en una época de oscuridad de la que existen registros auténticos de personas que se disfrazaban de fantasmas utilizando zancos para aparentar más estatura o que se servían de cacerolas agujereadas con una vela en su interior para hacer creer que se estaba ante un cráneo iluminado por el fuego del infierno. De hecho, esto es lo que describían los personajes de la leyenda recogida por el periodista Juan Álvarez Guerra en Alcázar de San Juan.

En muchas poblaciones rurales se denominaba a estas criaturas extrañas o trampantojos como «pantarujas», «mantarujas» o «marimantas». Eran, en definitiva, espantajos encapuchados, es decir, un individuo con un secreto: una aventura con una mujer casada, un robo o alguna fechoría de la que no sentir orgullo. Para evitar el señalamiento del pueblo, estos personajes se hacían pasar por espíritus del más allá, consiguiendo así dos cosas: la primera, y más importante, salvaguardar su identidad; la segunda, conseguir que todos los vecinos se quedaran en sus casas para tener así vía libre y poder campar a sus anchas por las calles.

Yo mismo investigué la leyenda de la Cruz del Fantasma en Alcázar de San Juan, en Ciudad Real, y descubrí que la historia se repetía en Chinchilla de Monte-Aragón, un municipio en la provincia de Albacete, donde también contemplé una cruz sencilla grabada en la piedra y el encalado de la parte trasera del palacio de Barnuevo, un edificio histórico del siglo XVII, donde, supuestamente, ocurrió la tragedia exactamente igual. La calle, de hecho, se llama hoy calle de la Cruz, en alusión a la leyenda del corregidor que asesina, sin saberlo, a su propio hijo mientras intenta dar caza a un fantasma[221]. Es especialmente fácil imaginar el miedo de los vecinos ante la historia del fantasma en un pueblo como este, encaramado en lo alto del cerro o cerrillo de San Blas, con unas callejuelas estrechas y serpenteantes de trazado medieval, que van a desembocar en la iglesia parroquial de Santa María del Salvador.

El grabado «Lo que puede un sastre», de Francisco de Goya (1797 y 1799), ilustra de manera magistral el mundo de las pantarujas y los disfraces de aparecidos que generaban pesadillas y ensoñaciones a quienes se topaban con ellos.

221 Arturo Tendero, *Chinchilla mon amour,* Ed. La Siesta del Lobo, 2016.

Este tipo de hechos luctuosos vinculados a fantasmas extracorpóreos (que no extracorpóreos) se repitió en multitud de poblaciones españolas. Por ejemplo, en Extremadura, tal y como me refirió mi buena amiga Israel J. Espino, la periodista y antropóloga, un caso de pantaruja terminó como el rosario de la aurora cuando, a finales de agosto de 1817, un vecino de Cáceres decidió asustar al pueblo disfrazándose de un modo similar, con fines no muy claros:

> Al rebasar el arco de la Estrella, vieron avanzar por un callejón del adarve, que conduce desde la casa del conde de la Enjarada a la plaza, un fantasmón de colosal estatura, vestido con blancas y flotantes sábanas, llevando por cabeza una enorme olla con hendiduras que figuraban ojos, bocas y narices, y en cuyo interior ardía una luz que irradiaba por aquellos agujeros fatídicos destellos[222].

En este caso, llegó a provocar una estampida que terminó con la muerte de una mujer llamada María de Mendoza, con el aborto de otra llamada Carmen Cornejo y con multitud de vecinos afectados por fracturas de muy diversa índole.

Pintores de la talla de Francisco de Goya dejaron incluso referencias a estos espantos en algunos de sus caprichos y grabados en el siglo XIX, pero fue Ángel Lizcano Monedero el pintor que, explícitamente, representó la leyenda de la Cruz del Fantasma. El artista, nacido en Alcázar de San Juan, Ciudad Real, en 1846, conocía la historia a la perfección, y realizó una obra que luego regaló a un particular. Pero durante mi investigación pude

222 Publio Hurtado, *Recuerdos cacereños del siglo XIX*, Ed. Alfonso Artero Hurtado, 2000.

contemplarla personalmente en aquella localidad ciudadrealeña. La escena plasmaba el momento exacto en que el corregidor acababa de disparar al fantasma, y este caía hacia atrás con los zancos asomando ya bajo las sábanas con que se camuflaba.

El pintor Ángel Lizcano dibujó su versión de la leyenda de la cruz del fantasma.

Este es el único documento gráfico que representa rotundamente un fenómeno recurrente en las noches de la Ilustración. Con todo, aunque las pantarujas y marimantas dejaron de aparecerse, los espantajos nunca nos han abandonado del todo: solo perdieron el pudor y ahora siguen delinquiendo, aunque ya sin máscaras.

Capítulo 6
EL MANTO

Yo empecé a acelerar el paso, y aquello iba detrás de mí. Empecé a ir más deprisa, y aquello más deprisa. Y me empezó a perseguir. Mi cuerpo me decía que algo fallaba; me entró un escalofrío, los pelos se me pusieron de punta y el corazón se me acelcró. Y algo dentro de mí, en mi cerebro, me dijo: Corre.

Testimonio de José Ignacio Larragán,
fotógrafo. Archivo del autor

José Ignacio Larragán se había desplazado hasta Bakio, un municipio de la provincia de Vizcaya, para cenar con un grupo de amigos. Llevaban días sin verse y la larga conversación hizo que la velada se prolongase más de lo esperado, hasta que José Ignacio se dio cuenta de que el último autobús que podía llevarlo de regreso a su pueblo ya habría salido hacía un buen rato.

—No importa —tranquilizó a sus amigos—, puedo volver andando.

Tendría que recorrer unos siete kilómetros a través del bosque, pero el cielo estrellado y la luna llena iluminando el monte lo animaron a emprender una ruta que, además, ya había hecho otras veces.

Se despidió y empezó su caminata hacia Larrauri, prestando atención a los estímulos del entorno: la estridulación de los grillos, el baile de las copas de los árboles mecidos por el viento o el canto lejano de algún ave nocturna. Es hermoso el lenguaje nocturno de la naturaleza, como si hablase susurrando para respetar el sueño de sus moradores. Incluso el crujido de las hojas bajo sus pies parecía acorde a la sinfonía contenida de la madrugada.

José Ignacio había caminado cuatro kilómetros cuando de golpe se percató del silencio en el que estaba sumido. Ya no había grillos, ni búhos, ni ramas mecidas por el viento. La campana de irrealidad producía en el joven la misma sensación que antecede a la llegada de una tormenta eléctrica, cuando el ambiente se carga de iones positivos y el cuerpo reacciona con vehemencia ante los estímulos invisibles.

Entonces algo gimió desde la copa de un árbol cercano. Era algo grande, algo distinto, algo nuevo, algo que asustaba.

No pudo disimular el estupor cuando sus ojos distinguieron, al otro lado de la carretera, en una explanada sin vegetación, una figura negra como flotando, elevada a unos centímetros del suelo. Tenía la forma de un poste envuelto en unas telas fúnebres que ondeaban al viento, pero sin aleteo; no llevaba a cabo ninguna maniobra para mantenerse en el aire.

«¿Qué es esto?», pensó, paralizado por el miedo, sabiendo que tendría que pasar por delante si quería llegar a casa.

Reanudó la marcha a paso ligero, tratando de no hacer ruido, cuando el bulto cambió ligeramente de forma, se extendió como un manto oscuro, y se desplazó trazando una hipérbola para, en décimas de segundo, terminar colocándose a su espalda.

José Ignacio aceleró el paso, pero el bulto reaccionó con astucia y agilizó sus movimientos, como si se tratara de un pez raya capaz de moverse por el aire. Al darse la vuelta y verlo tan cerca, el joven empezó a correr, aterrorizado. La criatura comenzó entonces a perseguirlo en silencio; eso sí, recortándole cada vez más distancia.

El chico corría con desesperación, como si de una pesadilla recurrente propia de la infancia se tratase. Salvo que, en esta ocasión, no despertaría para encontrarse en la seguridad de su dormitorio, al calor de sus padres. Por increíble que pareciera, aquella era la realidad. Otra realidad, quizá. La que no obedece a los teoremas de física, la que no se cita en los libros de biología, la que solo existe en la ficción. La que no sucede nunca, nos dicen. Sin embargo, allí estaba José Ignacio, intentando dejar atrás a un ser fluctuante y más oscuro que la noche.

El chico sintió alivio al comprobar que, después de pasar varias curvas, empezó a sacarle cierta distancia a aquella visión espantosa.

Pocos segundos después, el sonido de un motor a sus espaldas, acompañado de la luz de los faros de un coche, lo hicieron sentir a salvo momentáneamente. Se giró y con los brazos extendidos hacia arriba dio el alto al matrimonio, de unos cincuenta años, que iba a bordo del vehículo.

El ser, colocado en este punto de la carretera IB-2101, se movió como en una hipérbola y se colocó detrás del testigo, para empezar a perseguirlo.

—¿Qué te pasa, chaval? ¿Has tenido un accidente? —preguntó el conductor al comprobar el estado de nerviosismo de José Ignacio.

—¡No! Por favor, arranca, arranca, arranca —repitió con ansiedad.

—¿Qué ha pasado? —quiso saber la esposa del conductor.

—¡Mira detrás! ¡Que viene! —alertó Larragán, señalando por la luna trasera del coche.

Tras hacer lo que el muchacho les indicaba con apremio, el matrimonio vio una figura oscura que se deslizaba en el aire a pocos metros de su coche, iluminada por el resplandor rojizo de las luces traseras.

—Pero ¿qué es eso? ¿¡Qué es eso!? —gritó la mujer, impresionada por aquello que estaba a punto de colocarse sobre el maletero.

—¡Vámonos ya, por favor! —suplicó José Ignacio.

El conductor embragó el coche, puso la primera marcha y pisó a fondo el acelerador, para meter la segunda con brusquedad y acelerar aún más. Al cambiar a tercera, ya a sesenta kilómetros por hora, el bulto quedó atrás.

o

Cuando conocí a José Ignacio Larragán habían pasado doce años desde aquel suceso. Sin embargo, todavía le temblaba la voz al rememorar algunos pasajes de ese día y aún se le ponía la piel de gallina cuando me acompañó al lugar de los hechos: un descampado que se abre en el arcén derecho de la carretera BI-2101, una zona solitaria y de bosque frondoso rodeada por varios arroyos, a unos kilómetros antes de que esta llegue a las localidades de Zubiaur, en Orozco, Vizcaya, o Goitisolo, en Bakio, también Vizcaya.

—Ya tienes valor para venirte andando de noche a solas, cruzando este sitio —le dije.

—Ten en cuenta que estoy muy acostumbrado a recorrerme esta zona. Además, esa noche intenté coger un taxi, pero tampoco me fue posible. Si quería dormir en casa, no tenía otro remedio —me explicó.

Larragán, fotógrafo de profesión, me pareció un hombre honesto y cordial, dispuesto a colaborar para esclarecer lo que le ocurrió aquella madrugada de 2009. No buscaba notoriedad ni protagonismo de ningún tipo. Solo quería saber si alguien más había visto algo parecido en esa zona.

El autor junto a José Ignacio Larragán en el lugar exacto en el que se produjo el encuentro con una figura negra y ondeante que persiguió al testigo durante varios metros.

En varias ocasiones me insistió en el silencio estremecedor que antecedió a su experiencia, y que sirvió para ponerlo en alerta.

—Al subir una pequeña cuesta, en esta explanada, fue cuando vi aquella cosa negra. Al principio pensé que era un toldo. Una cosa negra de pie, elevada del suelo a unos cincuenta centímetros. No tenía una apariencia humana, pero sí que tenía forma de pivote, y aquello se movía... Yo pensé, ya te digo, que era un toldo sujetado por algo como por detrás. Pero entonces me fijé en que no tenía nada detrás, ningún apoyo, no se sujetaba a nada, y ahí fue cuando pensé: «¿Qué demonios es esto?».

—Ya sé que es muy difícil de describir, pero ¿podrías darme más detalles? Por ejemplo, ¿recuerdas si te pareció corpóreo? —le pregunté.

—Pues es curioso, porque daba la sensación de que lo único que ondeaba eran los extremos de esa cosa. Pero en el centro se encontraba totalmente inmóvil. Me recordó a las películas de los agujeros negros, cuando todo se mueve alrededor, pero dentro solo ves algo muy oscuro... Más que todo lo demás. Algo de un color tan negro que yo no he visto nunca nada igual —precisó con dificultad, buscando los términos específicos en su cabeza.

—¿Te sentiste amenazado en ese momento?

—Ahí no tanto, pero cuando aquello se movió hacia mí... la cosa cambió.

—¿Cómo fue ese desplazamiento? —le consulté, mientras cruzábamos al arcén derecho de la carretera, por donde él caminó aquella noche.

—Mira, yo iba por aquí, y aquello estaba frente a mí... Cuando lo rebaso, noto que se empieza a mover, y entonces hace como un arco y se pone detrás de mí. Mientras hacía ese arco, cambiaba de forma, en silencio, pero cambiando... Fue como si se abriera, parecía un plástico que volase por el aire y fuera moviéndose —me explicó.

Me parecían muy interesantes las comparaciones que hacía el testigo en sus intentos por hacerse entender y ganarse nuestra credibilidad. En aquella entrevista me acompañaba Enrique Echazarra, un buen amigo con el que he recorrido el País Vasco entrevistando a multitud de testigos de encuentros aparentemente sobrenaturales. Pero, sin duda, este era de los más extraños con los que nos habíamos topado. Ambos compartimos en nuestras conclusiones que la gran paradoja de este caso era que la verosimilitud del testigo residía, precisamente, en lo inverosímil del suceso. No se trataba de una manifestación arquetípica, como la chica de la curva o el aparecido de los caminos. No. Era algo tan extraño que, de hecho, el testigo requería de un esfuerzo mental adicional para explicarse. No tenía referentes previos, no había nada parecido en el cine ni en la televisión. Era, sencillamente, algo muy difícil de entender.

—¿Había viento esa noche? —Con esta pregunta quise descartar si pudo tratarse de una confusión producida por algún elemento que volase.

—No había viento, era una noche de verano muy cálida y clara. Al principio, de hecho, yo pensaba que se trataba de unos plásticos o de un toldo… Pero lo descarté rápidamente cuando comprobé que aquello se movía siguiendo una lógica, que me perseguía y giraba las curvas intentando alcanzarme. Siempre iba como elevado a medio metro de la carretera… Yo aceleré el paso, mientras aquello iba detrás de mí. Empecé a ir más deprisa y aquello aceleró también el paso, y comenzó a perseguirme. Mi cuerpo me decía que algo fallaba. Me entró un escalofrío, los pelos se me pusieron de punta y el latido del corazón se me disparó.

—Me has hablado del matrimonio que te ayudó aquella noche. ¿Ellos también lo vieron?

—Sí, los dos. Eso también me ha ayudado muchas veces a contar esto sin reparos, porque lo vimos tres personas. Si lo hubiera visto yo solo, podría haber pensado que lo había imaginado, pero los tres pasamos mucho miedo aquella noche.

—¿Recuerdas lo que hablasteis en el coche? —le pregunté mientras comprobaba que mi grabadora de audio seguía registrando nuestro encuentro.

—Recuerdo que ella estaba más alterada que el marido, y dijo que teníamos que ir a la Ertzaintza a denunciar lo que nos había pasado.

Abrí los ojos como platos.

—Sí, pero el marido preguntó: «¿Y qué vamos a decir? ¿Qué les vamos a contar? Que hemos visto… ¿el qué?» —aclaró José Ignacio.

—¿Os intercambiasteis los teléfonos?

—Qué va, estábamos muy alterados. Ellos eran de Bilbao, venían de arreglar una casa que tenían en alquiler y se les había hecho tarde. Eso es todo lo que recuerdo de ellos. Pero se portaron muy bien conmigo, me llevaron hasta la puerta de mi casa, y aunque la mujer insistía en que fuéramos a la policía, el marido se cerró en banda.

—¿Cómo fue esa noche? ¿Estabas solo en casa?

—Lo pasé muy mal. Vivo en un piso bajo, no tengo que subir escaleras, pero aun así encendí todas las luces del pasillo y las de casa. Recuerdo que me quedé en el sofá, con todas las luces encendidas y con la tele puesta. Ni siquiera dentro de casa me sentía a salvo —concluyó el hombre.

Finalmente abandonamos el lugar antes de que cayera la noche y cenamos temprano en el restaurante asador Ametza Larrauri, a las afueras de Mungía. Mientras compartíamos unos entrantes, me pregunté qué habría ocurrido si el coche del matrimonio nunca hubiera aparecido y José Ignacio hubiera seguido solo en aquel paraje, sin la ayuda de nadie que lo socorriera.

El técnico Luis Uriarte colocó varias cámaras en nuestro vehículo para intentar registrar cualquier anomalía que pudiera aparecer en el lugar del avistamiento.

La entrevista de José Ignacio Larragán nos impresionó enormemente, pero lo que estaba a punto de ocurrirnos no se quedaría atrás. Esa misma noche, unas horas más tarde, recogimos a nuestro compañero Aldo Linares, sensitivo del grupo Hepta que nos acompaña habitualmente en nuestras investigaciones, siempre con la premisa de no tener ningún dato previo del sitio al que vamos. Aldo no solo desconocía toda la información sobre el caso en sí, sino que además evitamos proporcionarle detalles sobre las ubicaciones donde se desarrollaría la investigación, para que todos los resultados fueran siempre lo más asépticos posibles, ya que nos movemos dentro del terreno de lo irracional, de lo subjetivo y casi de lo filosófico.

Al recoger a Aldo en el hotel, le expliqué que lo llevaría a un sitio y le pedí que me alertara si percibía algo durante el trayecto. Además, nuestro compañero, el infatigable Luis Uriarte, especializado en la parte técnica de investigaciones de este tipo, había colocado varias cámaras en el exterior de nuestro vehículo para poder captar lo que se cruzara delante de nosotros: cámaras de trescientos sesenta grados, otras de visión nocturna y algunas térmicas que recogen la temperatura de todos los elementos en tiempo real.

Atravesamos las localidades de Derio, Atxuri y Mungia, cuyas calles estaban vacías a esas horas. Una llovizna caía sobre los cristales del coche, mientras Aldo parecía totalmente relajado. Miraba a través de la ventanilla del copiloto con curiosidad, pero sin mediar palabra. En la parte trasera nos acompañaba Enrique Echazarra, que observaba a Aldo con la misma curiosidad. De vez en cuando intercambiábamos miradas cómplices y nerviosas por el retrovisor. Sabíamos que era muy difícil que nuestro compañero pudiera aproximarse al misterio que perseguíamos en esta ocasión.

—En este punto, noto un cambio… —dijo Aldo repentinamente, pocos kilómetros después de atravesar Larrauri.

—¿A qué te refieres? —le pregunté.

—Percibo como círculos que se van agrandando… Como si estuviéramos llegando a un punto repleto de trompicones.

No sé bien por qué me vinieron a la cabeza esas ondas que deja una piedra en el agua cuando la lanzas con fuerza para hacerla saltar sobre la superficie.

Al girar una curva, vi el descampado a lo lejos, abriéndose a la derecha del arcén. Continué conduciendo relajado, fingiendo que...

—El cambio se hace ahora más grande. Se hace más grande, sí. —La voz de Aldo interrumpió mis pensamientos.

Estábamos ya a pocos metros del punto exacto en el que Larragán se había encontrado con el manto. Me hice el sorprendido, claro.

—Aquí, Javi. Aquí, aquí —recalcó Aldo mientras con el dedo golpeaba el cristal de su ventanilla, señalando al descampado.

—¿Qué notas? —le dije sin aminorar la velocidad, intentando confundirlo un poco.

—Es ahí, nos lo estamos pasando. Hay que parar. Ahí se nota mucho y aquí se diluye —me explicó.

—Voy a dar la vuelta —fingí no tener ningún interés por esa ubicación en particular, para evitar que eso pudiera condicionarlo. Era muy pretencioso por mi parte, pues Aldo ni siquiera se estaba fijando en mis reacciones; él seguía pendiente del punto que acabábamos de rebasar.

Continué hasta llegar a la entrada de un caserío donde maniobré para cambiar de sentido y regresar a la explanada. Cuando nos estábamos acercando de nuevo, Aldo volvió a ponerse tenso.

—Es que se nota un montón, se nota un montón.

Estaba ligeramente conmocionado por el hecho de que mi buen amigo hubiera marcado el lugar exacto, después de haber recorrido varios kilómetros en los que no había comentado nada.

Detuve el coche y me quedé en silencio.

—Justo donde hemos parado está el punto caliente —indicó Aldo, quitándose el cinturón y lanzándose al bosque—. Es aquí, Javi, toda esta franja... Aquí hay algo, seguro. Seguro —dijo tocándome con su mano helada, para mostrarme el cambio brusco de temperatura en su cuerpo.

—¿Y qué notas?

—A veces, cuando noto este frío lo relaciono con la muerte, pero aquí hay algo más. Como si hubiese algún tipo de... De reverencia por algo —soltó.

Notaba que a Aldo le costaba encontrar las palabras, estaba haciendo un esfuerzo por compartir sus percepciones, tal y como le había sucedido a José Ignacio Larragán unas horas antes, mientras intentaba explicarnos lo que él había visto.

—Esta zona tiene algo muy especializado, muy concreto —dijo dirigiéndose al otro extremo del terraplén dando grandes zancadas. Perseguía algo que los demás no contemplábamos.

Enrique Echazarra, escritor e investigador de anomalías en el País Vasco, aguarda en el lugar de los hechos.

Se giró hacia Enrique y hacia mí:

—Esto es como la realidad daimónica, como si fuera algo tradicional o cultural, algo más... antiguo.

Aldo nunca había empleado el concepto «realidad daimónica», que hacía referencia a una obra del escritor inglés Patrick Harpur sobre cómo lo sobrenatural se manifiesta a veces en nuestro mundo a través de seres ancestrales y legendarios, como fantasmas, aparecidos de los caminos o viejos dioses que han sido interpretados como emisarios desde la antigüedad más remota[223]

—Entonces, lo que estás viendo..., ¿no parece un fantasma al uso? —quise aclarar.

—No, no. Pero si hablamos de fantasma, sí, pero tiene otro ribete. Yo estoy viendo algo marrón o negro, y una mirada muy fuerte, pero como... hueca. Como si fuese hueca, sí. Y, claro, esto genera miedo, pero no porque él quiera provocar aquello... Si no porque es otra cosa —intentó explicarse.

Se quedó mirando unos minutos al vacío y nos regaló otra analogía:

—Sé que parecen tonterías, pero es que es como un túnel en movimiento, porque tiene profundidad, de hecho. Perdona que no sepa explicarlo, es que nunca había visto algo así.

—Y lo que tú ves..., ¿nos está *viendo* a nosotros?

—Claro, claro. Pero es esquivo, se mueve muy rápido. Antes estaba aquí, pero ha hecho así...

Aldo dibujó entonces un arco con su mano, como si el ente se hubiera desplazado exactamente tal y como había descrito José Ignacio: de delante hacia atrás, alejándose cuando debió pasar en paralelo a nosotros. Después especi-

223 Patrick Harpur, *Realidad daimónica*, Ed. Atalanta, 2022.

ficó que era una figura de extraña forma, sin piernas, densa y corpulenta.

Durante más de media hora intentamos obtener nuevos datos, pero fue imposible. La extraña criatura, según Aldo, se mantenía esquiva y recelosa ante nuestra presencia, y terminó marchándose a través de la oscuridad que se abría tras unos matorrales.

o

A la mañana siguiente, regresamos para tomar unas fotografías de día y para saber si aquella hipotética entidad seguía allí. En esta ocasión, Aldo no pudo verla. Sin embargo, dijo percibir su presencia de algún modo, pues aquel era *su* lugar.

Esto es algo curioso. Desde la antigüedad han existido los dioses y los seres sobrenaturales asociados a un entorno concreto, como guardianes o viejos custodios[224]; pienso en los apus de los Andes, en los lares romanos encargados de cuidar los hogares o en otras deidades que funcionaban casi como encarnaciones de la propia noche. Seres cuya existencia está documentada desde tiempos inmemoriales, cuando aún no habíamos cerrado la puerta a la realidad daimónica.

Cuando Larragán escuchó la experiencia de Aldo, se quedó sobrecogido, pues coincidía en gran medida con lo mismo que él había vivido, y que jamás olvidaría.

224 Javier Pérez Campos, *Los Guardianes*, Ed. Planeta, 2019.

APUNTES DE MADRUGADA

Meses después de conocer el testimonio de José Ignacio Larragán, intentamos, sin éxito, averiguar algo más del matrimonio que lo había auxiliado aquella noche de agosto de 2009. Todo transcurrió tan deprisa, y en una situación de tanta tensión, que no cayeron en intercambiar los teléfonos ni otros datos personales. Sin embargo, Larragán tuvo conocimiento de una empleada de la zona que una noche, mientras regresaba del trabajo, vio exactamente la misma figura cruzando la carretera. Por desgracia, a pesar de la insistencia de Enrique Echazarra, la mujer prefirió no hablar públicamente por miedo a que la tomaran por loca.

Desde luego, la zona no es ajena a este tipo de leyendas ancestrales, como las de las ánimas errantes que, según la tradición, deambulan por esos mismos bosques en busca de alguna persona viva que las conduzca hasta el islote de San Juan de Gaztelugatxe, entre Bakio y Bermeo, donde podrían descansar en paz[225].

o

Este tipo de aparición, tan poco habitual, me recordó levemente a los avistamientos de Mothman, documentados entre 1966 y 1967 en la pequeña población norteamericana de Point Pleasant[226]. Los primeros reportes hablaban de una figura bípeda,

225 Enrique Echazarra, *50 lugares mágicos del País Vasco*, Ed. Cydonia, 2014.

226 «Mothman is witnessed in river Hamlet», *The Opelika-Auburn News*, 1 de diciembre de 1966.

de unos dos metros de altura y con dos grandes alas en la espalda. En esas fechas, muchos testigos de West Virginia escucharon un grito similar al que describía Larragán, y que interpretaron como el anuncio de algo que estaba a punto de presentarse ante ellos[227]. Aunque la extraña entidad de Point Pleasant fue bautizada por los investigadores como el Mothman («hombre polilla»), porque parecía un humanoide con dos alas a su espalda, los primeros testigos lo describieron como una forma poco definida y volátil que se desplazaba a gran velocidad y que, en ocasiones, llegaba a perseguirlos[228]. Los reportes del Mothman terminaron abruptamente el mismo día en que se produjo un horrible accidente en el pueblo, cuando colapsó el puente Silver Bridge que conectaba Point Pleasant con Gallipolis, a través del río Ohio[229]. La muerte de cuarenta y seis personas[230] hizo que los periodistas y los medios de la época interpretaran que el Mothman había sido una especie de profeta que intentaba alertar de la tragedia que se cernía sobre la localidad[231].

Existe documentación de otros casos similares en el mundo en el que se han descrito seres que se deslizaban por el aire[232] y que, con el tiempo, se interpretaban como hombres-pájaro o

227 Donnie Sergent y Jeff Wamsley, *Mothman: The facts behind the legend*, Ed. Mark S. Phillips, 2002.

228 Jeff Wamsley, *Mothman, behind the red eyes*, Ed. Mothman Press, 2020.

229 Gray Barker, *The silver bridge*, Ed. Saucerian Books, 1970.

230 Frederick H. Treesh, «Tale of a bridge and its victims», *The Ironton Tribune*, 18 de diciembre de 1967.

231 John Keel, *Las profecías del Mothman*, Ed. Reediciones Anómalas, 2022.

232 Mike Clelland, *The messengers: owls, synchronicity and the ufo abductee*, Ed. Richard Dolan Press, 2015.

pájaros-fantasma, que anunciaban su llegada entre alaridos agudos[233].

En España, el periodista Iker Jiménez investigó y divulgó la historia de José Saiz, un constructor de San Román, en Asturias, que tuvo a un ser volador a un palmo de su Renault 4 mientras circulaba por el puerto de Alisas, en Cantabria. El hombre regresaba a su domicilio a altas horas de la noche después de supervisar unas obras, circulando a unos cincuenta kilómetros por hora, cuando al pasar una curva vio un objeto suspendido en el aire:

> En un principio pensé que era una manta, ¡una manta volando llevada por el viento! Me extrañó que fuese tan alta, como a unos dos metros del suelo y en pleno centro de la carretera. Hice un cruce de cortas y largas y aminoré un poco la marcha, metí la tercera y me acerqué al parabrisas... Aquello era un hombre. En unos segundos pensé en una medusa, en una bolsa de basura revoloteando por el viento, pero era alguien con brazos, con un cuerpo absolutamente humano [...]. Poco a poco fue yéndose a la derecha y bajando con el pecho y las piernas en paralelo al suelo[234].

José Saiz nunca pudo olvidar a aquel pájaro humano, como lo denominó después. Sin embargo, José Ignacio Larragán no percibió ningún rasgo humano ni tampoco animal en la figura de Bakio. Tampoco Aldo. Solo un objeto oscuro que se desplazaba con astucia, desafiando al sentido común.

233 Nick Redfern, *Mothman & Other Flying Monsters: Nuclear Nightmares & Armageddon*, Ed. Lisa Hagan Books, 2023.

234 Iker Jiménez, *Enigmas sin resolver II*, Ed. Edaf, 2000.

También en la población hurdana de Ladrillar se registró en 1902 la aparición de un ser que sobrevolaba el cementerio, emitiendo unos chillidos estridentes y que pasó a ser conocido como el duende de Ladrillar.

Capítulo 7
LA SOMBRA

Apareció una sombra de unos dos o tres metros de altura, una sombra muy oscura, pero que se distinguía aun siendo de noche. De pronto atravesó el muro y vino a por mí…

Del testimonio de Víctor Gómez, archivo del autor

Algunos viejos tratados herméticos cuentan que cuando uno es observado por *lo otro,* nunca vuelve a ser el mismo. Algo similar debió ocurrirnos a todo un equipo de televisión que, tras la búsqueda de una oscura sombra que había atemorizado a las buenas gentes de Malpartida de Plasencia, en Cáceres, nos vimos afectados por una serie de infortunios.

Nos habíamos desplazado hasta una necrópolis medieval conocida como la Tumba de la Princesa, en el cerro de los Castillejos. En el verano de 2011, un joven llamado Víctor Gómez se reunió allí en una finca cercana con un grupo de amigos para pasar la noche…

Ya entrada la madrugada, Víctor salió a tomar el aire. Caminó por el sendero de tierra que discurría entre los árboles y se sentó tras llegar a un pequeño murete de piedra que delimitaba los terrenos de la finca.

Pensaba en sus cosas mientras la agradable brisa nocturna de agosto acariciaba su rostro. Disfrutaba de esos minutos de soledad y tranquilidad, cuando se dio cuenta de que algo extraño sucedía a su alrededor. Al igual que en el caso de Bakio, de pronto hubo un silencio sepulcral. La brisa cesó y el bosque contuvo la respiración. Entonces, a pocos metros del muro, apareció frente a él una sombra de entre dos y tres metros de altura, embozada en una túnica negra.

En el verano de 2011, Víctor Gómez vivió un insólito encuentro en estos terrenos de Malpartida de Plasencia, Cáceres.

Creyendo que se trataba de algún efecto óptico producido por la oscuridad, Víctor cerró los ojos y volvió a abrirlos. Así descubrió que la sombra había avanzado unos metros en ese lapso de tiempo y ahora se encontraba más cerca.

El joven saltó al suelo y empezó a correr hacia la casa, pero al mirar hacia atrás comprobó cómo el guardián de la noche se deslizaba, flotando sobre el suelo, para después traspasar de manera imposible el murete en el que él había estado sentado unos segundos antes. El ensotanado tenía la capacidad de atravesar la materia y se desplazaba a gran velocidad. Si Víctor no corría más rápido, aquello iba a darle caza muy pronto. Así llegó a la casa, dando enormes zancadas, con el corazón desbocado.

Abrió la puerta de un fuerte golpe, provocando una gran preocupación en todos los allí presentes, que se quedaron mirándolo en silencio. Tenía la cara desencajada, como si hubiese visto al diablo.

—Pero ¿qué te ha pasado? —le preguntaron casi al unísono.

Él no era capaz de articular ni una sola palabra, y necesitaba estar en un sitio iluminado y rodeado de gente. Además, no sabía cómo explicarles lo que acababa de ver. Así que se puso a señalar al bosque. El grupo salió corriendo hacia fuera, pero allí no había nada. No entendían qué podía haberle sucedido a su amigo.

Cuando Víctor pudo al fin explicarse, su relato resultó tan convincente que los amigos peinaron la zona en la noche, y tampoco vieron nada.

Ellos en ese momento no lo sabían, pero Víctor no había sido el único que se había topado con un ser de estas características en esta región.

o

Una noche de octubre de 1972, Fermín Martín Cartas regresaba a casa junto a su mula cargada de leña. Al pasar junto al cementerio, una sombra oscura brincó de manera imposible por encima de una tapia de más de tres metros de altura. Fermín siempre la describió como «una figura de gran altura, vestida toda de negro, con un sombrero y una capa». Además, no había humanidad en su rostro, solo una negrura espesa.

Fermín no era miedoso, pero cogió un tronco de madera

para defenderse de aquello. De todos modos, no le hizo falta, porque la sombra desapareció a los pocos metros. Al llegar a casa, contó la historia a su mujer, pero prefirió no dar demasiados detalles, no fuera que lo tomara por loco, y el episodio se convirtió en un secreto familiar. Por fortuna, uno de sus descendientes tuvo a bien contármela en su domicilio, en compañía de mi buen amigo Gonzalo Pérez Sarró, que me acompañó en aquella investigación. Gonzalo conocía bien este tipo de apariciones, pues a lo largo de su impecable carrera había recogido casos prácticamente idénticos en otros puntos de Extremadura como Saucedilla, La Vera, Vegas de Coria, Garganta la Olla, Belvís de Monroy, Navalmoral de la Mata, Valdehúncar, Los Ibores o en la comarca de Campo Arañuelo[235].

La descripción de aquel ser también me resultaba familiar, ya que había recogido experiencias similares en otras zonas de España como Córdoba, donde varios testigos de la talla del poeta y escritor andaluz Alejandro López Andrada, miembro de la Real Academia de las Letras de Córdoba, se habían topado con el Enlutao, una figura errática que se confundía con la oscuridad y que muchos asociaban a un mal presagio[236].

Después de entrevistarme con Víctor Gómez en el precioso palacio de Carvajal, en Plasencia —donde también, por cierto, me contaron algunos empleados que había un fantasma que deambulaba por algunas habitaciones de la primera planta—, me desplacé hasta el lugar en el que se había producido el encuentro del 2011.

o

235 Gonzalo Pérez Sarró, *Huellas de otra realidad*, Ed. Edaf, 2006.

236 Javier Pérez Campos, *Los Otros*, Ed. Planeta, 2016.

Era un día cercano a Navidad, y una lluvia incesante asediaba los campos, dejando el suelo lleno de barro. Mucho antes de llegar a Tejeda de Tiétar, en Cáceres, tomé un desvío que me obligó a abandonar la asfaltada EX 203 para adentrarme en un sendero lleno de socavones por el que corrían regueros de agua formados por la tormenta que entonces bramaba. Apagué la música y disfruté del fuerte repiqueteo de la lluvia sobre la carrocería. Los árboles estaban pelados, era pleno invierno y un puñado de rocas, que parecían los caparazones de enormes tortugas prehistóricas, estaban dispersas alrededor del camino, junto a los restos de viejas tumbas prerromanas —algunas de ellas, infantiles.

Aparqué cerca de un murete de piedra, similar al que Víctor había utilizado para sentarse aquella noche de verano, ya tan lejana, y recorrí la zona para hacer unas fotografías bajo mi impermeable.

En lo alto de un cerro nos topamos con la joya del lugar, la que da nombre al entorno: la Tumba de la Princesa, un sarcófago tallado en granito que los historiadores relacionan con el enterramiento de una persona influyente o con un altar ceremonial. Para encontrarla tuve que escalar un poco por unas piedras envueltas en musgo, lo que me complicó algo el ascenso. Era un terreno muy resbaladizo y la lluvia abundante no ayudaba. Pero pude finalmente aproximarme a ella y contemplarla durante unos minutos en respetuoso silencio, preguntándome a quién cobijó aquel paraje, cuánta gente murió allí y por qué eligieron ese entorno para enterrar a varios miembros de la comunidad.

Me pregunté también si todas esas muertes, si todas esas sepulturas que se dispersaban por el terreno tendrían alguna relación con la figura de gran tamaño que Víctor había avistado.

El autor en el cerro de los Castillejos, en Malpartida de Plasencia, una necrópolis vetona en la que muchas personas afirman haberse topado con una sombra oscura de grandes dimensiones.

Mientras regresaba al coche apareció por allí un pastor que conducía a su rebaño de ovejas hacia una finca próxima. Aproveché para acercarme y entrevistarlo con disimulo.

—Soy Javi, encantado de conocerlo —me presenté.

—Máximo —correspondió él, más por cortesía que por verdadero interés.

—Vengo a conocer la zona, había leído información en internet… —me descolgué con generalidades, pensando cómo podría preguntarle por el misterio que me interesaba.

—Pues no ha elegido usted el mejor día —respondió con parquedad, y sin quitar ojo a las ovejas.

—Verá, soy periodista, no quiero entretenerlo mucho —me

rendí bajo el inminente nubarrón que se aproximaba—. ¿No habrá visto usted luces extrañas en el cielo?

Hice esa pregunta porque suele ser una buena forma de entrar en el terreno de las cuestiones extrañas para alguien acostumbrado a trabajar de noche en el monte. Es bastante habitual que, a lo largo de los años, hayan visto cosas misteriosas atravesando el cielo o que conozcan alguna historia de sus abuelos. De hecho, esta pregunta me ha ayudado a romper el hielo en muchas ocasiones y me ha dado pie a conversar con más confianza sobre estos asuntos. Pero, en este caso, no funcionaría.

—Solo he visto el satélite ese que va en línea y que parece un autobús por el cielo —respondió, pensativo.

—El Starlink, de Elon Musk —respondí automáticamente, decepcionado.

—Pero si te interesan esas cosas raras, lo que sí se ha visto aquí es al fantasma ese —añadió, como sin darle demasiada importancia.

—¿A qué fantasma se refiere? —lo interpelé, casi sin dejarlo terminar.

—Yo no lo he visto, pero hay gente por la noche que sí...

—¿Y qué le han explicado?

El pastor guardó silencio durante unos segundos y echó a andar hacia el interior de la finca. Al otro lado, había una puerta metálica que se anclaba en los dos extremos de un muro de piedra coronado con alfombras de musgo.

—Eso son cosas del demonio... Es mejor no mentarlas, no traen nada bueno.

Se despidió con la mano en alto y el gesto adusto, avanzando con sus botas embarradas.

Esa misma tarde regresé antes del anochecer a la Tumba de la Princesa en compañía de mis amigos Aldo Linares, Luis Uriarte, Gonzalo Pérez Sarró, el investigador David Silva y el operador de cámara Armando Rey, uno de los tipos más valientes que conozco, acostumbrado a trabajar en condiciones de alto riesgo por medio mundo.

Queríamos poner a prueba, una vez más, las capacidades de Aldo, que llegaba completamente virgen a aquel entorno.

Bajó del coche en silencio y se dirigió con decisión hacia los riscos escarpados. Armando y yo lo seguíamos cada vez a mayor velocidad. Cuando Aldo entraba en esa especie de trance, caminaba más rápido, repetía términos o frases poco habituales en él y se rompía la cabeza buscando metáforas con las que hacerse entender, y eso era exactamente lo que empezó a ocurrir en aquel lugar, mientras una niebla espesa iba rodeándonos por momentos.

—Es en esta parte, Javi, en esta parte —dijo aproximándose al murete que separaba el yacimiento de una finca próxima.

—¿Qué notas?

—Es algo que no tiene que ver con hechos luctuosos ni con apariciones en la carretera. Esto otra historia... Es otra historia —explicó.

Se paró en seco y volvió sobre sus pasos, mientras Armando y yo lo perseguíamos bosque a través.

—¿Sabes qué me viene mucho a la cabeza? Triángulos, algo con forma de triángulo. No me viene una cara... Es algo como con esta forma —alzó sus brazos al frente, por encima de su cabeza, y con sus manos dibujó en el aire una figura triangular.

Volvió a pararse y se apartó a un lado, como si estuviera esquivando algo que solo podía ver él.

—Viene hacia mí muy rápido, así. —Acercó la mano derecha a su pecho y, desde ahí, la desplazó a gran velocidad hacia el frente, simulando algo que se movía recto y con mucha velocidad—. Es como si tú estás ahí y viene, así, a por ti.

Aquellos dos gestos que hizo Aldo (el de la forma triangular y el del desplazamiento) eran exactamente los mismos que Víctor había utilizado horas antes para intentar explicarme la forma y el movimiento de la enorme sombra que lo persiguió.

Yo había vuelto a ponerme en la piel del jugador de póquer que evita gesticular para no ofrecer ninguna pista, pero me impresionaron esas coincidencias.

—Esto no es una persona, Javi... No sé qué es —enfatizó Aldo en un estado de frustración en el que no le había visto nunca.

—¿Por qué dices que no es una persona? —le pregunté.

El autor entre Aldo Linares (izquierda) y Gonzalo Pérez Sarró (derecha), buscando el misterio en el cerro de los Castillejos, en Malpartida de Plasencia.

—Porque es como una persona cubierta con una gabardina o un abrigo largo, pero no es eso, no es eso... Parece que está cubierto, pero no lo está. No sé qué rayos es, pero viene rápido, así, a por mí —explicó, volviendo a hacer gestos con las manos.

—¿Y está vigilándonos?

—Sí, pero sobre todo me tiene a mí en el punto de mira, porque vosotros no lo veis. Además, no camina, no... No tiene piernas, es como un triángulo, no es una forma humana y ha venido directo a por mí.

¿Ha ido rápido?

—Sí, pero no caminando, no caminando. Perdona que me repita, es que es una movida no poder explicar bien las cosas —se justificó.

—Aldo, te veo más impresionado que otras veces...

—Es que no tiene hostilidad, pero viene muy rápido, y es como si estuviera vigilando. Pero no es alguien, es algo. Tiene además masa, densidad y presenta un comportamiento inteligente; no es errático... Viene hacia mí.

En ese momento, vi que Armando soltaba la cámara, la dejaba en el suelo y se llevaba la mano a la rodilla.

—¡Uf! —se quejó.

—¿Qué te ha pasado? —le pregunté mientras Aldo, que no se había percatado de nada, seguía andando hacia uno de los peñascos.

—He apoyado mal y me he hecho daño en la rodilla —respondió Armando, mientras movía la pierna hacia un lado y hacia el otro, como intentando valorar la magnitud del accidente. Gonzalo y Uriarte le sujetaron la cámara, mientras él se recolocaba.

—Paramos la grabación —sugerí.

—No, tranquilo... Es raro, pero puedo seguir.

Armando continuó porque la lesión aún estaba caliente.

—Es más de lo que dice y de lo que cree —me dijo Aldo cuando reparó en lo que había ocurrido.

—¿Es una predicción de sensitivo o una interpretación como amigo? —bromeé.

Pero lo cierto es que Aldo llevaba razón. Aquel movimiento en apariencia poco significativo, pues ni siquiera había terminado en caída, era una contusión leve en la rótula que, sin embargo, llevaría a Armando al quirófano unas semanas más tarde.

En el desayuno del día siguiente, Aldo nos hizo una confesión:

—Creo que aquello se comunicaba conmigo, pero no con vosotros... Mi sensación es que quería decirme: «Yo te he visto a ti, pero con ellos tonterías las justas». No le gustaba que estuvierais allí.

Esa mañana, regresando a Madrid en el coche junto a Armando, Aldo nos contó que intentó hacer algunas fotos a la Tumba de la Princesa, pero su móvil, que tenía un noventa y cinco por ciento de batería, bajó a un diez por ciento cuando se colocó delante de la sepultura, y todas las fotos habían salido negras. No pudo fotografiarla y su flamante iPhone se apagó poco después.

Íbamos divagando sobre todo esto cuando sonó mi móvil. La voz entrecortada de Gonzalo Pérez Sarró sonó a través del sistema de manos libres:

—Javi, estoy bien, pero he tenido un percance... —me adelantó.

Los tres ocupantes del coche nos miramos, intuyendo que algo malo había sucedido, y así fue. Gonzalo nos explicó entonces que su vehículo había perdido el control en el punto en que la autovía A-1 de Extremadura se desviaba hacia la A-5, mientras regresaba a Navalmoral de la Mata, donde vive. Se quedó a pocos metros de un precipicio, pero por suerte una valla lo había frenado y él estaba bien, más allá del susto y del disgusto.

—Joder, parece que estamos un poco gafados —pensé en voz alta, mirando a Armando.

Mis compañeros se rieron ante la ocurrencia, y aunque podía parecer una frivolidad, es bastante habitual que mucha gente nos pregunte si no tenemos miedo de que, al investigar estos temas, nos pueda perseguir alguna mala energía después.

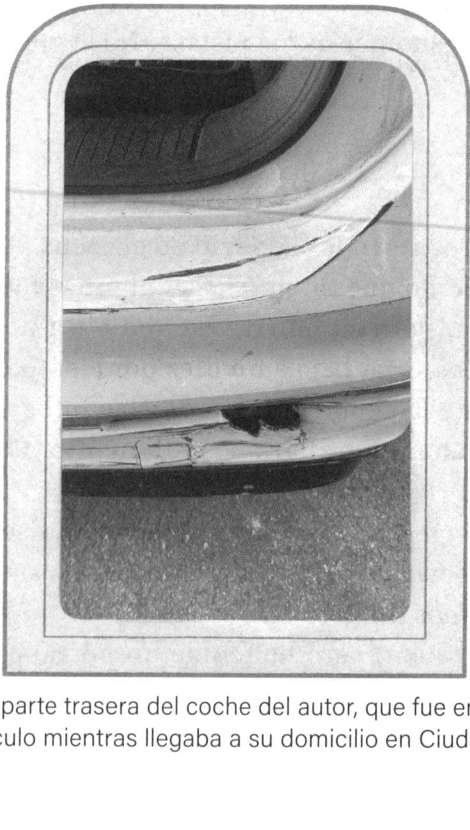

Detalle de la parte trasera del coche del autor, que fue embestido por un vehículo mientras llegaba a su domicilio en Ciudad Real.

Yo, ante esto, siempre había respondido negativamente, incrédulo, pero reconocí que aquí tenía una anécdota que podría compartir la próxima vez que alguien sacara este tema a colación, y eso que el malditismo aún no había terminado, porque mientras llegaba ese mismo día a mi casa en Ciudad Real, otro vehículo apareció a gran velocidad y sin frenar impactó contra la parte trasera de mi coche. Por suerte, no sufrí ningún daño físico, pero antes de bajar del vehículo pensé en la rodilla de Armando y en el coche de Gonzalo. La puerta del maletero estaba hundida, el paragolpes trasero estaba colgando y la carrocería se había desquebrajado.Más tarde supe que también Luis Uriarte había sufrido un esguince en el tobillo durante la noche de autos, mientras montaba un dispositivo de grabación en la Tumba de la Princesa, que no registró ningún resultado llamativo. Fue la cuarta víctima de aquella pequeña maldición que se había cebado con todos los presentes, excepto con Aldo, que salió indemne de todo aquello. Recordé entonces las palabras del sensitivo durante la experiencia: «Mi sensación es que quería decirme: "Yo te he visto a ti, pero con ellos tonterías las justas"».

Capítulo 8
LOS VELADORES

Iban los encamisados murmurando entre sí con una voz baja y compasiva. Esta extraña visión, a tales horas y en tal despoblado, bien bastaba para poner miedo en el corazón de Sancho y aun en el de su amo.

Miguel de Cervantes, *Don Quijote de la Mancha*

A las afueras de Villarrubia de los Ojos, un municipio de Ciudad Real, se extiende un paisaje árido y amarillo en la superficie pero fértil en sus profundidades, que fue codiciado por los íberos, los romanos, los árabes y los visigodos. En la Edad Media existió allí un poblado conocido como Xétar, y cuando moría algún vecino, los señores y monjes de la comunidad recorrían en comitiva fúnebre un estrecho sendero que comunicaba con el santuario en la montaña para velarlo. Todavía hoy, en algunos mapas antiguos aparece el sendero desde la llanura hasta el monte denominado Camino de los Veladores, aunque con el tiempo el término se fue deformando hasta convertirse en «volanderos».

La construcción de la CM-4120, una carretera comarcal, cortó en perpendicular la vereda centenaria, creando allí, sin pretenderlo, un cruce de caminos. Muchas culturas han construido monumentos religiosos en estas encrucijadas para protegerlas de las ánimas, ya que consideraban que eran territorios vulnerables en los que los vivos podían encontrarse con los muertos.

Durante uno de mis viajes a Rumanía, por ejemplo, pude

fotografiar los *troite*, unas grandes cruces de madera que servían para amparar a los viajeros durante la noche[237]. En Galicia, mucho más cerca, tenemos por ejemplo los *cruceiros*, generalmente construidos en granito[238]. Incluso en La Mancha, desde época prerromana, se apilaban cantos y piedras del terreno en zonas donde se había producido una muerte traumática, para erigir unos túmulos conocidos como *majanos de ánimas* o *majanos de difuntos*[239]. Cuenta el periodista Marcel Félix de San Andrés Sánchez que, en Los Navalucillos, en Toledo, murió un pastor fulminado por un rayo y que, desde entonces, los vecinos empezaron a dejar una piedra en el olivar donde el hombre había muerto para protegerse del fantasma. A partir de ese momento, quedó allí uno de estos majanos de ánimas, que recuerda la leyenda de la Oliva del Tío Macario[240].

Quizá la ausencia de alguno de estos monumentos de carácter profiláctico en el cruce del Camino de los Veladores ha propiciado que, a día de hoy, muchos viajeros aseguren haberse topado con una procesión de monjes que atraviesan la carretera algunas noches, haciendo que los vehículos se detengan repentinamente para luego desaparecer en la montaña con las últimas brumas del invierno.

237 Javier Pérez Campos, *Los Otros*, Ed. Planeta, 2016.

238 Carmelo Lisón Tolosana, *La Santa Compaña*, Ed. Akal, 2004.

239 Pedro R. Moya-Maleno, *Majanos y difuntos: túmulos en la Hispania Céltica desde una perspectiva de Larga Duración. Sacra Saxa: creencias y ritos en peñas sagradas.* Actas del Coloquio Internacional celebrado en Huesca del 25 al 27 de noviembre de 2016 (pp. 34-65).

240 Marcel Félix de San Andrés Sánchez, *Cocos, fantasmas y otros mitos de Castilla-La Mancha*, Ed. Océano Atlántico, 2024.

Uno de esos testigos fue Agustín, un vecino de Villarrubia de los Ojos, que una noche de 1994 regresaba a casa con su padre en su Citroën C15, después de revisar el sistema de riegos de su finca. Tal y como él mismo me contó durante mi investigación:

> Aquella noche íbamos por la carretera que va desde Fuente el Fresno a Villarrubia de los Ojos. Llegué al cruce y puse los intermitentes porque íbamos a girar al que llaman Camino de los Veladores. Y acercándonos ya al camino noté que la furgoneta perdía fuerza, perdía fuerza, perdía fuerza... Miré a mi padre y le dije: «¿A que se frena la furgoneta?». Y así fue. A los diez metros, se quedó parada.
>
> Estábamos en esas, intentando arrancarla, cuando mi padre me dijo: «¡Mira! ¡Mira! ¡Mira!». Y entonces nos quedamos los dos con la boca abierta. Empezaron a pasar varias sombras, como de frailes o monjes, con un capuchón. Yo conté como ocho o nueve. No se les veía cara, ni rasgos; nada. Eran todo sombras.
>
> Como era una noche de verano, llevábamos las ventanillas bajadas, y cuando pasaban, se escuchaban unas voces masculinas susurrando. Yo los escuchaba repetir: «... encia..., encia..., encia». Mi padre interpretó que decían «penitencia».

Cuando el cortejo terminó de pasar, la furgoneta recuperó su fuerza y Agustín pisó el acelerador a fondo como si le fuese la vida en ello.

A punto estuvo de salirse de la carretera.

Treinta años después de aquel encuentro, durante la entrevista, el hombre se descubrió el brazo para mostrarme la piel de gallina. Su padre lo recordaba exactamente igual. Fue como si la luna, con su luz mortecina emulando el efecto de un viejo proyector, hubiera reproducido sobre la oscuridad de la noche una escena ocurrida allí mismo, cientos de años atrás.

En muchos países se colocan cruces protectoras, para guarecer a los viajeros de la noche, en caminos considerados vulnerables, como estas *troite* que hay repartidas por diferentes territorios de Rumanía.

—Aquello fue jodido. Fue muy jodido. Me tiré casi dos meses pensando en ello y, de hecho, no he vuelto más por allí a esas horas —concluyó antes de despedirnos a las afueras del pueblo.

El destino último de estas supuestas apariciones es el Santuario Virgen de la Sierra, que se construyó entre 1958 y 1972, aunque su influencia como terreno sagrado podría remontarse al año 700, tal y como reza el cartel acerca de la historia de aquel emplazamiento y que ha colocado allí la Archicofradía de Nuestra Señora de la Virgen de la Sierra:

> El origen de este lugar pudo ser un pequeño santuario del pueblo de Xétar antes del año 700, de origen visigodo o tardorromano, de ahí el nombre de Carril de los Veladores, mal llamado «de los Volanderos», porque los visigodos empiezan a enterrar a los fallecidos dentro de las iglesias y en los alrededores, situando debajo de los altares a aquellos de mayor estatus social. A los difuntos los subían desde Xétar a enterrar al santuario; era un lugar privilegiado.

El autor junto al cartel del Camino de los Volanderos, una deformación del nombre original, Camino de los Veladores.

Durante las obras de remodelación de dicho santuario, y durante unos corrimientos de tierra provocados por unas lluvias intensas, aparecieron huesos sueltos y hasta algunos esqueletos completos de época visigoda, que demostraban el uso del entorno como necrópolis[241].

El historiador Pablo Gutiérrez, un amabilísimo joven que conoce bien la historia de su pueblo, me facilitó algunos datos sobre estos hallazgos:

—En los años setenta se hicieron unas obras para remodelar el patio y la entrada al santuario. Justo a dos metros de la entrada principal, en una escalera, apareció un enterramiento de alguien que debía ser bastante importante, pues se encontraba muy cerca del pueblo. Aquella intervención se hizo con poco cuidado y los restos desaparecieron. Pero en el año 2010 o 2011, a raíz de unas precipitaciones muy fuertes, apareció una tumba en el aparcamiento. En este último caso, sí se hizo un estudio arqueológico, pues era un sarcófago en piedra. Los restos apuntaban a un varón de época visigoda de cierta importancia que debía ser un jinete, principalmente por el desgaste de los huesos de las piernas.

—¿Y se sabe algo de esos veladores del camino desde Xétar hasta el santuario? —le pregunté.

—Pensamos que era un grupo de fieles, procedentes del poblado de Xétar o incluso frailes calatravos.

—Supongo que como historiador es difícil asimilar que algunas personas puedan encontrarse con estos caballeros me-

241 Honorio Javier Álvarez García, Luis Benítez de Lugo Enrich, Jaime Moraleda Sierra, «La necrópolis visigoda del santuario de la Virgen de la Sierra. Aportaciones desde la arqueología a un periodo poco conocido de nuestra historia», *Desde el árbol gordo (revista cultural)*, n.º. 4, diciembre de 2009.

dievales —le lancé un órdago en ese momento— tanto tiempo después de su desaparición…

Punto exacto de la intersección del Camino de los Veladores con la CM-4020, donde los vehículos se paran solos antes de que una procesión de monjes cruce la carretera.

—Bueno, eso dicen algunos vecinos. De hecho, yo mismo conozco un caso. Una persona cercana cuenta que, viniendo una noche en coche, su compañero y ella vieron una luz que empezó a ir en paralelo a su coche, y que los acompañó durante un buen tramo, hasta llegar a la entrada del pueblo —aceptó así el órdago, y lo ganó.

Este dato me sorprendió enormemente, pues durante algunas de mis investigaciones en busca de la Santa Compaña, en Galicia, algunos testigos la describían, simplemente, como un *rastro de lume*, es decir, un rastro de fuego que los acompañaba o le salía al paso de modo fugaz[242].

—¿Cómo interpretas tú estas visiones? —me interesé.

—Bueno, de alguna manera el supuesto reposo eterno que estas personas iban a tener hasta el día del Juicio Final ha tomado otro rumbo... Así que, ¿quién sabe? —dejó así la puerta abierta al misterio.

No es de extrañar que muchos hayan visto una clara relación entre estos enterramientos y el uso como lugar de culto, desde la más remota antigüedad, con el enigma de los veladores, que parecen seguir manifestándose, ajenos a nuestra realidad.

Fue Andrés Gómez, otro vecino de Villarrubia de los Ojos, quien me contó cómo otros habitantes habían tenido encuentros con estas figuras:

—Hubo años de sequía y la gente subía al santuario a coger agua de la fuente. Al final, por necesidad, se decidió restringir las cantidades que la gente podía llevarse. Pero algunos acudían de noche, ya tarde, para llevarse un poco más. Sé que a muchas de aquellas personas también se le paró el coche durante la subida del santuario y que vieron a los monjes.

Antonio José Moreno López, otro historiador y buen amigo, me dio una clave sobre cómo estos espectros medievales podrían haber permeado incluso a grandes autores de la literatura española. Desde Gonzalo de Berceo, poeta medieval y uno de los máximos exponentes del mester de clerecía, hasta Francisco de Quevedo, escritor español del Siglo de Oro, introdujeron en sus obras a personajes como Estantigua (nombre con el que se conoce, precisamente, a la Santa Compaña en algunas regiones de Galicia[243]),

242 Javier Pérez Campos, *Los Otros,* Ed. Planeta, 2016.

243 Carmelo Lisón Tolosana, *La Santa Compaña,* Ed. Akal, 2004.

embozados en túnicas oscuras que simulaban ser apariciones. Pero la referencia más clara y evidente aparece en el capítulo diecinueve de la primera parte de *Don Quijote de la Mancha,* en el que Miguel de Cervantes relata el encuentro de don Quijote y Sancho Panza con una comitiva fúnebre a la que, en un primer momento, confunden con una procesión de almas:

> Yendo pues, desta manera, la noche oscura, el escudero hambriento y el amo con gana de comer, vieron que por el mesmo camino que iban venían hacia ellos gran multitud de lumbres, que no parecían sino estrellas que se movían. Pasmose Sancho en viéndolas, y don Quijote no las tuvo todas consigo; tiró el uno del cabestro a su asno, y el otro de las riendas a su rocino, y estuvieron quedos, mirando atentamente lo que podía ser aquello; y vieron que las lumbres se iban acercando a ellos, y mientras más se llegaban, mayores parecían; a cuya vista Sancho comenzó a temblar como un azogado, y los cabellos de la cabeza se le erizaron a don Quijote, el cual, animándose un poco, dijo:
>
> —Esta, sin duda, Sancho, debe de ser grandísima y peligrosísima aventura, donde será necesario que yo muestre todo mi valor y esfuerzo.
>
> —¡Desdichado de mí! —respondió Sancho—; si acaso esta aventura fuese de fantasmas, como me lo va pareciendo, ¿adónde habrá costillas que la sufran?[244]

Precisamente, al final de la obra maestra del genio Miguel de Cervantes se hace referencia a los académicos de la Argamasilla, un pueblo ubicado a un poco más de cincuenta kiló-

244 Miguel de Cervantes, *Don Quijote de la Mancha,* Ed. Destino, 2024.

metros de Villarrubia de los Ojos. La casualidad quiso que, mucho antes de iniciar esta investigación, durante una Feria del Libro de Ciudad Real, descubriera un pequeño recopilatorio de leyendas en la caseta del Instituto de Estudios Manchegos, firmado por Pilar Serrano Menchén, presidenta de los Académicos de la Argamasilla, una asociación cultural que homenajea a la referenciada por Cervantes en 1605.

Pilar Serrano de Menchén, presidenta de los Académicos de Argamasilla, recogió varias historias de apariciones similares a los veladores a cincuenta kilómetros de distancia de Villarrubia de los Ojos.

En el libro, Pilar recoge de manera magistral una historia que ella misma escuchó contar a uno de sus tíos. El relato me impresionó tanto que decidí visitarla y mantuvimos una charla en la cueva-prisión de Medrano, en Argamasilla de Alba, donde se dice que estuvo encerrado Miguel de Cervantes (el círculo se iba cerrando)[245]. Pilar me sorprendió por su oratoria. En el ambiente húmedo y de penumbra de la cueva, la mujer fue desarrollando su narración hasta transportarme a una noche oscura del año 1900:

> —Un tío de mi padre nos contó que una vez fueron a trabajar él y sus hermanos con los carros y las galeras... Se levantaban muy temprano porque tenían que ir al campo. De pronto, al llegar al cortafuego del Pozo del Ahorcado, ocurrió algo. Era el mes de noviembre, época de los difuntos. Se acuerda porque en esa fecha hay mucha niebla. En un momento dado, las mulas dejaron de caminar. Mi tío decía, literalmente, que parecía que les habían anudado las patas[246].

En la oscuridad de los últimos días del otoño, vieron aparecer unas túnicas blancas que portaban luminarias, como candiles o velas. Este contraste del color de los ropajes es llamativo, y aunque el negro ominoso de las túnicas de los veladores o de la Santa Compaña se torna blanco en estas apariciones, este color vuelve a estar relacionado con la muerte. Según la tradición, este es el blanco de los sudarios con que se enterraba a los difuntos.

245 Las causas por las que Miguel de Cervantes estuvo preso en Medrano son bastante difusas. Algunos historiadores afirman que pudo tener problemas con la Corona como recaudador; otros que fue víctima de una conspiración urdida por un marqués, Rodrigo de Pacheco, que quería evitar que el escritor mantuviera una relación con su hermana (o con su prima, según otra versión de la historia).

246 Pilar Serrano de Menchén, *Leyendas, ritos y sucesos de Argamasilla de Alba*, Ed. Soubriet, 2018.

Estas ánimas eran conocidas popularmente como las «aparecidas», y venían para pedir oraciones o para recordar la importancia de tener una vida plena, como un *memento mori* en movimiento.

—A ellos les habían advertido que, si alguna vez se encontraban con las aparecidas, tenían que pronunciar una oración y santiguarse o hacer una cruz en el aire con su mano —continuó Pilar—. Pero las mulas no avanzaban y ellos estaban paralizados por el miedo también. Así que tuvieron que darse la vuelta y volver a casa. Desde entonces, cada vez que volvían a trabajar en el Pozo del Ahorcado, lo hacían de día.

o

Pilar escuchó esta historia muchas veces a lo largo de su infancia con enorme impresión, muchas de ellas sentada frente a la lumbre en las noches tormentosas. Quizá por eso aún la seguía transmitiendo con la misma pasión.

Las personas más mayores de Argamasilla recordaban incluso una oración para protegerse de estas ánimas:

Han llegado las aparecidas
con sudario blanco.
El señor se las lleve hacia el cielo
sin hacernos daño.
Virgen, Madre Santa,
rezo esta oración
a tu Divino Hijo
con gran devoción.
Señor, por tu Madre,
la Virgen María,

por todos los ángeles,
rezo con porfía.
Han llegado las aparecidas
con sudario blanco.
El señor se las lleve hacia el cielo
sin hacernos daño.
Amén.

o

Con el tiempo, Pilar descubrió que el paraje en el que se aparecían estas figuras, conocido como el Pozo del Ahorcado, se mencionaba también en el Quijote apócrifo, de Alonso Fernández de Avellaneda, en la segunda mitad del 1614. El misterioso autor, cuya identidad se desconoce todavía hoy, contaba que en ese paraje se erigía una venta y que allí el tabernero asesinó a un huésped para robarle todo lo que llevaba encima. Cuando lo descubrieron, ahorcaron al asesino y el suceso luctuoso dio nombre al paraje. Quizá esa relación con la muerte lo convirtió en un escenario liminal, propicio para este tipo de encuentros.

Aquella noche, antes de volver a casa, me desplacé hasta el asentamiento medieval de Xétar, donde las siluetas de dos casuchas ruinosas recortaban el cielo estrellado. Estas eran testigos mudas, aún en pie contra todo pronóstico, de un enigma centenario que se debatía entre lo histórico y lo literario, entre lo sobrenatural y lo humano.

Imaginé entonces a los vecinos aterrorizados de Villarrubia de los Ojos, ante una serie de escenas que parecían de otro tiempo en ese mismo paraje. También pensé en los hombres de campo que, por un lado, habían compartido sus experiencias con rotunda honestidad y, por el otro, habían preferido callar algunas cosas por miedo a ser tomados por locos. Entre todos, sumaban más de una docena.

Recorriendo el Camino de los Veladores, concluí que todas estas apariciones que nos han desafiado desde hace siglos en el bosque, en el extrarradio de algunas comarcas o en terrenos sagrados como cementerios o eremitorios, son personificaciones de la noche misma; heraldos de una oscuridad tan vasta que nos aterra. Quizá porque en esa infinidad taumatúrgica solo quede ver nuestro propio reflejo, despojado ya de toda máscara.

APUNTES DE MADRUGADA

Durante esta investigación, el ya mencionado Antonio José Moreno me dio una clave que desconocía por completo y que aportaba una nueva luz antropológica y lingüística a este universo de apariciones. En algunas localidades se denominaba «gente quedada» a estos moradores de la noche. El lenguaje del campo tiene en este sentido una rotundidad y una fuerza que no se parece en nada a la terminología más académica. Gente quedada hace referencia a personas que habían muerto y que, al no poder trascender por diversos motivos, se habían quedado en este plano. El término hablaba por sí mismo.

Para el historiador francés Jean Delumeau, estas apariciones se producían porque faltaba un rito de paso, o bien porque este no se había celebrado o bien porque había resultado fallido[247]. Otro historiador francés, Emmanuel Le Roy Ladurie, bautizó a

247 Jean Delumeau, *El miedo en Occidente*, Ed. Taurus, 2012.

este estadio como la esclusa[248]; un espacio estanco donde el alma queda atrapada durante un tiempo. Así lo han creído todas las culturas y tradiciones a lo largo de la historia. Precisamente por eso, tal y como reflexiona el medievalista Claude Lecouteux, cuando antiguamente se escribía en una sepultura Requiescat in pace, no se hacía como una fórmula vacía o una retórica florida, sino con todo el sentido imperativo de la expresión, que funcionaba como un conjuro: «Descansa en paz».

Al igual que en Villarrubia de los Ojos, los veladores aparecían en una antiquísima lindo, lo mismo se ha registrado en la antigua dehesa de Torrovilla, en Bolaños de Calatrava, a cincuenta kilómetros de Villarrubia de los Ojos, donde existe una senda conocida como el Carril del Fraile, porque es un camino de época romana que comunicaba con la sierra del Pardillo y que discurría junto a un monasterio en ruinas, el convento jesuita del Pardillo. Muchas personas afirmaban haberse cruzado en esa zona con un grupo de monjes[249]. Curiosamente, al igual que en Villarrubia de los Ojos todo sucede en los alrededores del Santuario de la Virgen de la Sierra, en Bolaños ocurre junto al Santuario de Nuestra Señora de las Nieves. Ambos santuarios son dos adoratorios marianos, escenario de comitivas espectrales.

Muchas de las procesiones que supuestamente aparecen en esta zona de humedales de Ciudad Real estaban relacionadas con la presencia de los caballeros de Calatrava, una orden militar y religiosa que erigió fortalezas como la de Calatrava la Nueva, en lo alto del cerro del Alacranejo. Precisamente allí tam-

248 Claude Lecouteux, *Fantasmas y aparecidos en la Edad Media*, Ed. José J. Olañeta, 1999.

249 Marcel Félix de San Andrés Sánchez, *Cocos, fantasmas y otros mitos de Castilla-La Mancha*, Ed. Océano Atlántico, 2024.

bién he entrevistado a multitud de personas que se han topado con comitivas similares que portaban antorchas y que vestían con túnicas oscuras. El primer reporte de estas apariciones fue publicado en el diario *Lanza* en el año 1955. Bajo el titular «¿Fantasmas en Calatrava la Nueva?» se recogía el testimonio de Doroteo Cañaverales, Fulgencio Sánchez y otros vecinos de Aldea del Rey y Calzada de Calatrava, localidades cercanas al castillo, que habían visto con sus propios ojos a estas figuras:

> Los fantasmas son varios y van cubiertos con una especie de hábito monacal, con picuda capucha que les cubre el rostro por completo y alumbrándose con antorchas o cirios de gran dimensión.
>
> El llamado Doroteo asegura que una noche, sobre las tres de la madrugada, en que tuvo que salir del caserío en busca de una cabra descarriada, escuchó cánticos funerarios, como si las voces viniesen de otro mundo. Doroteo entonces salió corriendo y, marchando a la casa, dio cuenta al mayoral y demás obreros de lo ocurrido, los que saliendo fuera comprobaron que era cierto lo que se les había explicado.
>
> Estas noticias han sido confirmadas por personas de solvencia social de ambas localidades[250].

A raíz de estas informaciones, solicité los permisos pertinentes a la Junta de Castilla-La Mancha y al ayuntamiento de Aldea del Rey para pasar dos noches investigando dentro del castillo. Fueron jornadas inolvidables recorriendo esta fortaleza ubicada a novecientos metros de altura, construida sobre la misma roca de la montaña que guardaba, además, sus propios enigmas.

250 «¿Fantasmas en Calatrava la Nueva?», *Lanza*, 28 de diciembre de 1955.

Muchos testigos han observado una procesión de monjes espectrales en los alrededores del castillo de Calatrava la Nueva.

El castillo se construyó para albergar a los caballeros calatravos tras la batalla de las Navas de Tolosa en 1212. Para entonces, la orden cambió el color negro de su cruz al rojo, como homenaje a la sangre de los caídos en la batalla. Era una orden creada a imagen y semejanza de los templarios, que en este caso debían proteger el cristianismo de la invasión musulmana. La ubicación del castillo, por lo tanto, tenía la función de defender la entrada del Reino de Castilla desde Andalucía[251].

251 Jesús de las Heras, *La orden de Calatrava*, Ed. Edaf, 2008.

La fortaleza tiene su propio cementerio, al que se trasladó tierra de Jerusalén para que sus caballeros pudieran ser enterrados así en Tierra Santa. Sin embargo, durante las obras de rehabilitación para colocar un pararrayos, aparecieron los esqueletos de tres niños y una mujer. ¿Qué hacían allí enterrados si era una comunidad enteramente masculina?

Otro misterio apareció al excavar en la sala capitular, donde se tomaban las decisiones más importantes. Allí, bajo el suelo empedrado, reposaban los cuerpos de seis personas del siglo XIII. Algunos historiadores creen que se trata de miembros importantes de la orden que fueron enterrados en un lugar de honor, diferente del resto.

En la sala capitular del castillo de Calatrava la Nueva aparecieron enterrados seis cuerpos que debieron pertenecer a personas importantes de la Orden de Calatrava.

Al mirar fijamente sus cuencas vacías, sus cráneos desnudos y sus huesos despojados de sangre y de tejidos desde hace siglos, con sus manos colocadas sobre sus caderas en una postura honorífica, reflexioné en profundidad sobre qué habría sido de esos hombres. ¿Dónde estaban sus pensamientos, sus principios, sus recuerdos...? ¿Es posible que una parte de ellos estuviera merodeando por los alrededores del castillo? De ser así, ¿sería una parte consciente o quizá solo una reminiscencia, como la luz de estrellas extinguidas?

Una vecina de Aldea del Rey a la que pude entrevistar no tenía ninguna duda. Su historia transcurrió una noche del año 2000, cuando regresaba al pueblo en coche junto a otras tres chicas. Al pasar por el camino que asciende al castillo, vieron una comitiva de frailes encapuchados. Caminaban pegados a la carretera, y las cuatro jóvenes pudieron verlos perfectamente. El episodio duró apenas unos segundos, porque cuando aumentaron la velocidad y los adelantaron, aquellos monjes desaparecieron. Tras ello, sintieron tanto miedo que decidieron no volver a hablar del tema.

Por suerte, la mujer confió en mí para compartir su historia, con la promesa de no revelar su identidad.

Algunos trabajadores del castillo también han experimentado sensaciones excepcionales. Pablo Naranjo, técnico del ayuntamiento de Aldea del Rey, me contó que, en alguna ocasión, a la hora del cierre, había escuchado voces dentro del recinto y al ir a buscar a las personas que podrían haberse quedado dentro, se había dado cuenta de que estaba completamente solo. Lo mismo me refirió Antonio Caballero, otro empleado que en más de una ocasión ha tenido que hacer una inesperada ronda en busca del origen de esas extrañas voces.

El profesor e historiador Antonio José Moreno López, minutos antes de iniciar su experiencia de aislamiento en el castillo de Calatrava la Nueva.

La última noche de mi investigación le propuse a Antonio Moreno, profesor e historiador, que se quedara unos minutos en el interior de la sala capitular, junto a los cuerpos de los seis caballeros. Pensé que declinaría mi oferta, pero la posibilidad única de estar solo en un sitio histórico de estas características le hizo aceptar de buena gana. Mi compañero Luis Uriarte había monitorizado cada rincón del castillo, lo que nos permitiría ver a Antonio en tiempo real, desde un centro de control ubicado en la entrada, a varios metros de distancia del lugar donde él se encontraba.

Tras la medianoche, dio comienzo la experiencia de aislamiento que sería, también, un momento de impresionante comunión con el misterio.

Observamos expectantes a Antonio a través de la imagen en blanco y negro obtenida por las cámaras. Al principio, no ocurrió nada, pero después de un largo intervalo de calma, Antonio empezó a mostrarse nervioso y nos preguntó por el *walkie-talkie* si estábamos hablando fuera de la sala.

Nos miramos extrañados, pues allí no había nadie, solo nosotros en un silencio de lo más absoluto. Así se lo hicimos saber, y su inquietud aumentó, porque estaba oyendo a varias personas murmurar. Se movió por la sala, buscando el origen de aquel sonido, pero fue incapaz de encontrarlo. Desde la zona de control, también nosotros escuchamos algunos golpes que se colaron a través de los sistemas que captaban el sonido de la sala capitular. Fueron instantes de impacto, que vivimos con la emoción de estar rozando algo intangible que acostumbra a escaparse entre los dedos. Aquellos golpes y murmullos pudieron registrarse en nuestros sistemas de grabación. Pero, de pronto, todo volvió a quedar en silencio, como si el misterio se hubiera diluido en la noche. La normalidad se había impuesto y la realidad volvía a regir el orden de las cosas. Ya no había lugar para las voces y los golpes inexplicables, si es que alguna vez fueron tal cosa.

A pesar de todo, Antonio salió de aquella sala ligeramente transformado, como si se hubiera enfrentado a un rito de paso ancestral; como si la oscuridad de la noche le hubiera brindado la oportunidad de ver un poco más allá.

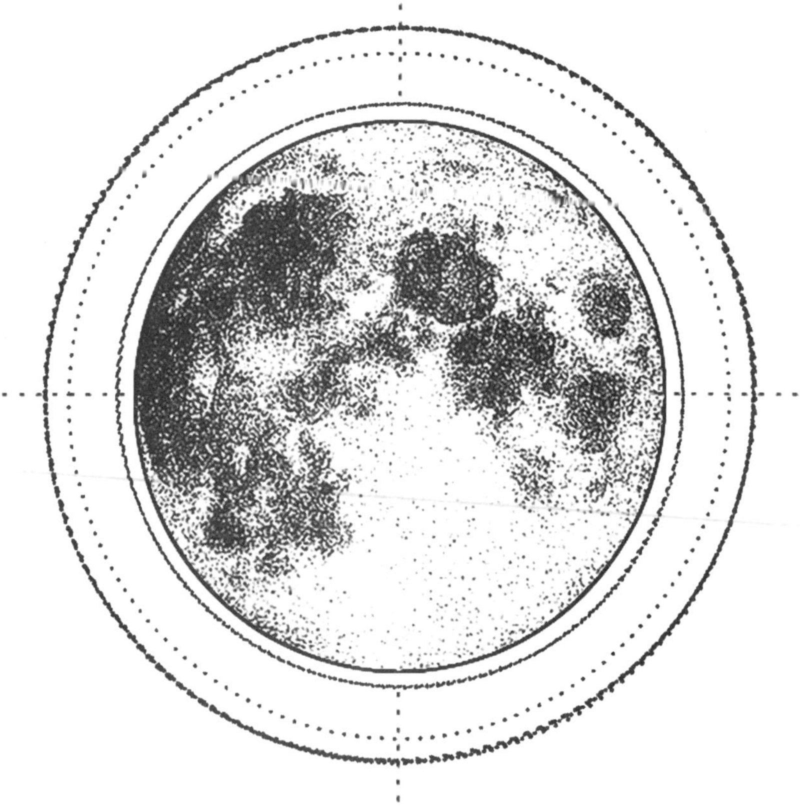

TERCERA PARTE

INTEMPESTA

(Cuando los animales descansan profundamente)

Llegamos al momento que más incomodidad ha provocado en casi todas las culturas: la intempesta es el centro mismo de la oscuridad, muy entrada la noche. Así nos alejamos del anochecer y del amanecer y nos adentramos en las horas *intempestivas*. Para ese momento, los animales duermen, y quien permanece despierto se expone a enemigos potencialmente peligrosos para los seres diurnos.

Muchas reuniones clandestinas se celebraban a esta hora, o bien para cometer actos atroces y pavorosos o bien para invocar a seres noctívagos.

En esta franja horaria es importante no transitar por los caminos en soledad ni atender llamadas de voces lejanas y antiguas.

Muchos de los sucesos que ocurren aquí tienen que ver con el maligno, con el ángel caído, con el anverso de la luz, con el Lucifer. Para algunas doctrinas satanistas, las tres de la mañana se considera como la hora del diablo, por ser la oposición de las tres de la tarde, hora en la que Jesucristo fue crucificado[252].

252 David Edelstein, «Demons, out!», *Slate*, 8 de septiembre de 2005.

Los aquelarres, los seres demoníacos que cabalgan bajo la luna o las damas capaces de matar de miedo a sus víctimas con solo descubrir lo que esconden bajo sus túnicas luctuosas tienen lugar en este preciso instante, acaso el más peligroso de todos.

En el cielo incluso los astros tiemblan, en medio del silencio de millones de galaxias.

Más nos valdría que nada rompiera ese silencio. Pero entonces alguien nos llama.

Parece la voz de un anciano. ¿La escuchas?

Capítulo 9
LA VOZ

Solo se sabe que distintas personas, en distintos momentos, sufrieron transformaciones tan profundas que quienes las rodeaban creían estar tratando con otras personas. No solo se alteran la voz, las facciones y los movimientos característicos, sino que el sujeto se considera incluso totalmente distinto de la persona original, con un nombre —sea humano o diabólico— y una historia propios.

William Peter Blatty, *El exorcista*

—Tengo setenta y dos años. He vuelto del cementerio de Durrants Park. Todos mis amigos íbamos al bar, y esta era mi casa. Cuando estaba vivo me quedé ciego... Y nunca tuve un perro. Morí de una hemorragia... Soy Bill Wilkins... Morí hace quince años. Y mi mujer murió hace cuatro...[253]

La voz grave, gutural y seca emergía a través de un sistema de sonido ubicado en el despacho de Maurice Grosse. Se trataba de una entrevista realizada en los últimos días del año 1977, cuando el frío y la niebla invernal se habían apropiado de las calles de Londres.

El señor Grosse escuchaba con atención mientras transcribía la entrevista en un cuaderno de anillas, desgastado y lleno de anotaciones, sobre la mesa de su despacho. En la grabación, junto con la voz del anciano que aparentemente llevaba quince años muerto, se escuchaba la voz de Richard, el hijo de Maurice que lo había acompañado durante aquella insólita entrevista:

253 Dr. Melvyn Willin, *The Enfield poltergeist tapes*, Ed. White Crow, 2019.

Richard Grosse: ¿Y qué ocurrió cuando moriste? Tanto antes como justo después.

Bill Wilkins: Antes de morir me quedé ciego y entonces tuve una hemorragia... Y me dormí. Entonces morí sobre la silla que hay bajo las escaleras.

RG: Cuando tuviste la hemorragia..., ¿estabas en el hospital?

BW: No, no.

RG: Bill, ¿dónde estabas entonces?

BW: En casa, en la silla.

RG: ¿Cómo te sentiste al morir?

BW: Lloré y lloré, y quería volver para ver a mi esposa.

RG: ¿Y puedes volver ahora para verla?

BW: Si estuviera viva, podría verla.

RG: ¿Y dónde está ahora tu esposa, Bill?

BW: Muerta, en la tumba.

El tono de Bill Wilkins parecía seguro y, a pesar de la trascendencia de la confesión, no había solemnidad en su voz. Sí había en cambio cierta brusquedad y una ligera sensación de desafío en todo lo que decía, registrado en la cinta de bobina abierta.

Aquel era el mayor desafío a la lógica al que Maurice Grosse se había enfrentado. Alguien, aparentemente desde el otro lado, estaba dándole información que sería muy valiosa y relevante. Llevaba meses buscando con la insistencia propia de la desesperación, y por fin podría haber hallado un modo de encontrar respuestas.

Grosse era un hombre pragmático que había estudiado en la Universidad Politécnica de Regent Street en Londres y que sirvió después en la Artillería Real (Royal Artillery) en la Segunda Guerra Mundial evacuando a los soldados atrapados en las playas de Dunkerque. A su regreso, conoció a Betty Yasny, con quien terminaría casándose.

En aquellos años felices posteriores a la guerra, se convirtió en inventor y patentó, con enorme éxito, unas máquinas que vendían alimentos y otras dispensadoras de periódicos. También registró una valla publicitaria giratoria, que tuvo una gran repercusión internacional y que le reportó unos importantes beneficios económicos con los que fundó su propia consultora de ingeniería, a través de la que lanzó cientos de patentes más. Fue entonces cuando nacieron sus dos hijas y su hijo. Grosse tomaba fotos de todos los momentos familiares: instantáneas en las que él aparecía sonriente, con su bigote perfectamente recortado al estilo inglés y sus ojos curiosos tras unas gafas cuadradas de pasta. Adoraba a sus hijos, especialmente a Janet, que había sido la primera y que había cambiado su vida para siempre. Con su nacimiento, la pequeña lo había ayudado a dejar atrás el terror vivido durante la Segunda Guerra Mundial. Fue como un anestésico para el dolor y un regalo que afianzó aún más su adorado matrimonio. Maurice se calmaba con solo verla dormir y conoció la verdadera plenitud cuando Janet, con dos años, empezó a corresponder a ese amor inmenso a través de sus abrazos y de sus primeros besos, siempre tan generosos como cargados de saliva. Betty nunca había imaginado que su marido pudiera ser un padre tan afectuoso y tan comprometido. Había recuperado, al fin, una felicidad casi infantil que, hasta ese momento, parecía perdida en las costas del mar del Norte.

—Es un puto idiota. —La voz del viejo Wilkins, emergiendo a través del Nagra, trajo a Grosse de nuevo al presente.

Inmerso en sus propios recuerdos, había perdido el hilo de la entrevista, por lo que tuvo que detener la grabación y girar la rueda hacia la izquierda para retroceder unos segundos. Retomó entonces el trabajo.

Escanea este código QR con tu *smartphone* para escuchar un fragmento de la entrevista que mantuvo Richard Grosse con la voz de un anciano llamado Bill Wilkins.

RG: Paul está sujetando una letra del abecedario en su mano. ¿Podrías decirnos cuál es?

BW: Después.

RG: ¿Por qué no nos lo dices ahora?

BW: Porque es un puto idiota.

Lo que estaba transcribiendo había ocurrido pocos días antes en el 284 de Green Street, en Londres. Allí, una familia llevaba cuatro meses siendo acosada por unos fenómenos aparentemente inexplicables. El último de ellos era la supuesta posesión de la hija más pequeña de la familia. Maurice Grosse no pudo evitar sentir un escalofrío cuando recordó que la voz áspera del anciano que sonaba a través del magnetófono pertenecía, en realidad, a la garganta de una niña de once años.

En un primer momento, evidentemente, todos pensaban que la niña estaba impostando aquellos sonidos para intentar impresionar a los adultos, casi como una broma interna entre ella y su hermana mayor. Pero lo que empezó a extrañarles es que la pequeña podía pasarse horas hablando así, sin que eso le afectase a su garganta. No había ni tos ni ronquera. Lo más inquietante, además, es que había empezado a dar datos concretos de un supuesto anciano que había muerto allí unos años atrás y que la usaba ahora para manifestarse a través de sus cuerdas vocales.

Maurice detuvo la grabación y avanzó unos segundos para continuar transcribiendo fragmentos de aquella cinta. En esta ocasión, era su propia voz la que intervenía en la entrevista:

> Maurice Grosse: ¿Y dónde estás ahora?
> BW: Soy invisible.
> MG: Así que eres invisible… ¿Por qué eres invisible?
> BW: Porque soy un fantasma.

Si Bill Wilkins era un fantasma hablando a través de la garganta de una niña, eso solo podría significar que su querida hija, la preciosa Janet, tendría que estar también en algún lugar. Grosse investigaba la casa de una familia desconocida, pero era a ella, a Janet, a quien buscaba. Lo había hecho durante un año, desde aquella maldita noche en que su novio, Adam, había decidido llevarla a cenar en su moto, y aunque Maurice odiaba ese trasto, no pudo prohibírselo a Janet. Al fin y al cabo, su pequeña, la misma a la que había dormido en sus brazos, a la que había abrazado en infinidad de ocasiones, a la que siempre amaría sobre todas las cosas, tenía por entonces veintidós años y ya había vivido un año en Sudáfrica, haciendo gala de una madurez impropia para alguien de su edad. Por su parte, Adam Mark, su novio, estudiante de medicina, debió ser de los primeros en llegar cuando Dios repartió la prudencia. Por eso Maurice y Betty lo trataban como si fuese un hijo más.

—… y cincuenta y ocho perros me protegen.

Maurice había vuelto a alejarse del presente a través de su memoria. Le ocurría habitualmente desde aquel 5 de agosto de 1976. Acababa de cumplirse el primer aniversario y, con la Navidad a la vuelta de la esquina, el dolor crecía. Aquellas fechas eran una pesadilla para su familia. La sonrisa que solía encontrarse siempre bajo su bigote se había transformado ahora en una mueca sombría.

Al ir a cambiar de página, un recorte de periódico cayó al suelo. Parecía una de esas múltiples señales que había recibido desde el trágico suceso. Lo recogió y volvió a colocarlo en su sitio, al final del cuaderno. No necesitaba leer el texto, lo llevaba grabado a fuego en su memoria.

> MUERE VÍCTIMA DE ACCIDENTE
>
> Una periodista en prácticas de un periódico semanal con sede en Caerphilly murió en el hospital el pasado jueves, después de haber sufrido un accidente de tráfico en Cardiff ese mismo día.
>
> El conductor de la moto en la que ella circulaba también murió en el accidente, que se produjo en el cruce de North Road y el boulevard de Nantes.
>
> La señora Janet Grosse, de 22 años, de Salisbury Road, Cathays, Cardiff, fue trasladada al hospital Cardiff Royal con graves heridas en la cabeza, y murió después en la unidad de cuidados intensivos.
>
> El conductor de la motocicleta era el señor Adam Mark Speller, de 22 años, un estudiante de medicina de Coburn Street, Cathays.
>
> La señora Grosse fue al colegio de Muswell Hill, al norte de Londres [...]. La policía está pidiendo a los testigos que se pongan en contacto con la oficina del jefe de Policía de Bridgend, en el 55555 o en cualquier oficina de la policía.
>
> El accidente ocurrió sobre la 1.30 a. m.[254].

254 «Accident victim dies», *Weekly Argus*, 12 de agosto de 1976.

Fallece aprendiz de periodista tras accidente vial en Cardiff

Cardiff, jueves

Una periodista en formación, que trabajaba en un semanario con sede en Caerphilly, falleció este jueves en el hospital tras verse involucrada en un grave accidente de tráfico ocurrido más temprano en la ciudad de Cardiff.

La joven, identificada como Janet Grosse, de 22 años y residente de Salisbury Road, en el barrio de Cathays, viajaba como pasajera en una motocicleta cuando ocurrió la colisión fatal en el cruce entre North Road y el Boulevard de Nantes. El conductor del vehículo también perdió la vida en el acto.

Grosse fue trasladada de urgencia al Hospital Real de Cardiff con graves lesiones en la cabeza. A pesar de los esfuerzos médicos, murió más tarde en la unidad de cuidados intensivos.

Recorte de prensa que recogió la muerte de Janet Grosse en un accidente de moto el 12 de agosto de 1976.

Al ver el cadáver de Janet, en la memoria de Maurice Grosse se solaparon un montón de imágenes de la manita de su hija con apenas tres días, una manita del tamaño de la falange distal de su propio dedo índice. Él no imaginaba por aquel entonces que toda esa felicidad inconmensurable le reservaba, en realidad, momentos de horror. Todos aquellos años habían sido un regalo envenenado. Los recuerdos se transformaron en un dolor tan intenso que parecía insoportable, y el único consuelo llegó pocos meses después, gracias a la famosa Sociedad para la Investigación Psíquica (SPR)[255], una organización sin ánimo de lucro que llevaba trabajando en Reino Unido desde su fundación en 1882, integrada por químicos, físicos, filósofos, biólogos, psiquiatras y otros científicos que intentaban dar respuesta a la gran pregunta de la humanidad: ¿qué hay más allá de la muerte?

La casualidad quiso que pocos días después de ingresar en la SPR, Maurice fuera elegido para dirigir la investigación de uno de los casos más sugerentes que había recibido nunca. Y allí estaba, en su despacho, catalogando e intentando dar sentido a toda la información que había obtenido a través de una entrevista a una niña de once años que hablaba como un anciano muerto, según él (o según ella) en esa misma casa.

Sus divagaciones lo obligaron a retroceder, de nuevo, la grabación, para seguir anotando:

MG: Quiero que me digas quién eres.

BW: Soy Bill Wilkins y cincuenta y ocho perros me protegen.

MG: Dime algo más sobre ti.

BW: Morí y voy a quedarme aquí durante una buena temporada. No quiero hablar más contigo.

MG: ¿Por qué?

BW: [Ladrido].

MG: Di mi nombre.

BW: [Ladrido].

MG: Déjame oír cómo dices mi nombre.

BW: [Ladrido] ¡Maurice!

MG: Di mi nombre otra vez.

BW: Señor Grosse… [ladridos y gemidos ininteligibles].

255 https://www.spr.ac.uk/

Escanea este código QR con tu *smartphone* para escuchar un fragmento de la entrevista que mantuvo Maurice Grosse con el supuesto espíritu de Bill Wilkins, que se manifestaba a través de la garganta de una niña de once años.

Maurice apagó el reproductor y, masajeándose las sienes, se preguntó si realmente estaba hablando con un anciano llamado Bill Wilkins, si estaba siendo víctima de una broma infantil muy elaborada o si se estaba comunicando con algo mucho peor.

Para más inri, la niña que estaba produciendo estos sonidos se llamaba Janet, como su difunta hija.

El 284 de Green Street se mantiene hoy prácticamente idéntico al de 1977, año en el que comenzaron a producirse estos sucesos. Se trata de un semiadosado de dos plantas, con un acceso lateral que comunica con el patio trasero y una fachada de ladrillo y una monocapa de piedra de color terrosa en la planta superior.

Ubicada en el distrito de Enfield, al norte de Londres, en esta promoción de inmuebles vivían en los años setenta familias humildes de clase trabajadora. Concretamente, en el 284 vivía Peggy Hogdson, madre de cuatro hijos: Margaret, de trece años, Janet, de once, Johnny, de diez y Billy, de siete. Su padre los había abandonado tiempo atrás y la mujer se había visto obligada a sacar a sus hijos adelante sin ningún tipo de ayuda.

Una noche de agosto, mientras todos dormían en la planta superior, Peggy se despertó al escuchar los gritos aterrorizados de Janet y Margaret, procedentes de su habitación. Al entrar, en la penumbra del dormitorio tenuemente iluminado por la luz de una farola de la calle, Peggy vio un bulto delante de la cama de las niñas, que permanecían tapadas con las sábanas sobre sus camas.

—¡¿Qué ha pasado?! —gritó la madre, presa de un ataque de nervios.

Al pulsar el interruptor, la luz del techo reveló que lo que había en el centro de la habitación era un pesado baúl que solía estar colocado contra la pared.

—¡Mamá, alguien ha movido nuestras camas! —gritaron las niñas al unísono, abalanzándose sobre Peggy, que las abrazó instintivamente.

—¿Quién ha movido vuestras camas? —preguntó la mujer, agachándose para comprobar que no había nadie debajo.

Los otros dos niños se acercaron, expectantes, para ver qué estaba ocurriendo, y asomaron sus cabecitas por la rendija de la puerta.

—¿Qué pasa, mamá? —preguntó el menor.

—Mamá, no lo sé, pero ha sido algo así —intervino Margaret mientras zarandeaba con fuerza el somier de madera.

Peggy preguntó quién había movido el baúl que se encontraba en medio de la habitación, pero las hermanas tampoco supieron responder. Estaban aterrorizadas.

Cuando Peggy devolvió el mueble a su sitio se percató de que las niñas no podrían haberlo arrastrado hasta allí, pues pesaba como mil demonios. Pero entonces... ¿quién lo había hecho?

—Chicas, vamos a tranquilizarnos. Seguro que ha sido un pequeño terremoto, algo sin importancia —intentó desdramatizar la madre—. Vamos a dormir, que ha sido un día muy largo y mañana hay colegio.

—Pero tenemos miedo, mamá —suplicó Janet.

—No va a volver a pasar, confiad en mí. Todo está bien —las tranquilizó.

Unos minutos más tarde, Peggy había convencido a los cuatro niños para que regresaran a sus camas, y ella bajó a la cocina a beber un vaso de agua. En su cabeza, los pensamientos intrusivos se confundían con su raciocinio.

—Si hubiera sido un terremoto, tú también lo habrías sentido. E igualmente los niños —se escuchó pensar.

Desde el abandono de su marido, otra Peggy solía ponerse a sí misma contra las cuerdas, ganándole terreno a la original. Esta se cuestionaba de modo constante como madre, como mujer y ahora como persona teóricamente cuerda. Ya se sentía suficientemente fracasada en sus aspiraciones familiares como para encima perder también esa batalla contra sí misma, así que desterró esos pensamientos a lo más profundo de su mente. Dejó el vaso en el fregadero y regresó a su cama, donde se cubrió con las sábanas hasta el cuello.

En la tranquilidad de la noche, convivían pequeños ruidos como el goteo de un grifo que perdía agua en el baño de la planta baja, el movimiento de las agujas del reloj del salón o algún crujido de la madera de la escalera. Eran esa clase de sonidos naturales, domésticos, a los que el cerebro se acostumbra, tras un rato, hasta incorporarlos a su sentido del silencio.

Pero, de repente, los gritos de sus hijas volvieron a romper esa calma. Esta vez, sus chillidos iban acompañados de un estruendo, como si la habitación se estuviera viniendo abajo. En el pasillo, Peggy se encontró con los niños, que corrían asustados hacia ella. Los tres juntos abrieron la puerta del dormitorio de Janet y Margaret. Una vez más, el baúl se había desplazado hacia el centro de la habitación y una silla giraba todavía entre las camas de las niñas. Desde el fondo del pasillo, empezaron a sonar unos tremendos golpes contra las paredes, como si alguien estuviera avanzando hacia ellos.

(De izquierda a derecha) Margaret, Billy, Johnny, Janet y Peggy posan ante las cámaras del *Daily Mirror* una noche de agosto de 1977.

—¡Vámonos de aquí, ya! —gritó Peggy mientras sujetaba las manos de sus hijos con fuerza y corría hacia la escalera, con los golpazos persiguiéndolos a través de la oscuridad.

En la calle silenciosa los recibió una brisa de verano y el sonido lejano del televisor de algún vecino, que se habría quedado dormido en el sofá con la ventana abierta. Peggy intentaba disimular los temblores que le provocaba el miedo. Se suponía que ella encarnaba la figura protectora y racional, y, sin embargo, había huido delante de sus hijos, fomentando en ellos un temor infundado y absurdo.

El número 284 de Green Street fue el escenario de uno de los supuestos casos *poltergeist* más extraños de la historia.

La situación no podía ser más disparatada. Una madre en la calle con sus cuatro hijos en plena noche, huyendo de unos golpes desconocidos. ¿A quién podía pedir ayuda, sin riesgo de terminar en un psiquiátrico?

Miró hacia la casa de los Nottingham, el matrimonio que

vivía a su lado. Vic y Peggy eran los únicos que se habían preocupado por ella en los últimos meses, y seguramente podrían ofrecerle su ayuda[256].

—Lamento haberos despertado, sabéis que no lo habría hecho si no fuera un asunto... urgente —se disculpó Peggy ante sus vecinos.

Los Nottingham, que llevaban años viviendo en aquel barrio, nunca los habían molestado con una llamada a la puerta a esas horas de la noche. Por eso entendieron que ocurría algo anómalo[257].

—¿Y si ha entrado alguien en tu casa para gastarte una broma? Alguien que quiera asustaros o haceros daño —planteó Vic, tras escuchar el relato de Peggy, con su habitual templanza.

—Te juro que no hemos visto a nadie —se justificó la mujer.

—Quedaos aquí —la tranquilizó Vic alzando la palma de su mano derecha.

El hombre se adentró en la penumbra del domicilio y encendió la luz del pasillo. Inspeccionó la planta de abajo sin encontrar a nadie. Pero cuando iba a subir la escalera, escuchó unos mazazos estridentes, como si un objeto contundente estuviera golpeando las paredes del segundo piso[258]. Disimulando el miedo lo mejor que pudo, volvió sobre sus pasos y salió a la calle.

○

256 *1977: The Enfield Poltergeist*, BBC Archive, 23 de noviembre de 1977.

257 Jodi Guglielmi, «The Enfield Poltergeist: Inside the Real Story that Inspired *The Conjuring 2*», *People*, 30 de octubre de 2024.

258 George Fallows y Douglas Bence, «The house of strange happenings», *Daily Mirror*, 10 de septiembre de 1977.

Media hora más tarde, se personó allí una pareja de la policía metropolitana, atendiendo a la llamada desesperada de los Hodgson. La agente Carolyn Heeps fue la siguiente en entrar en la casa, en compañía de la familia. Su primera impresión fue que la calidez de la noche de verano se desvanecía nada más cruzar el umbral de la puerta. Dio unos pasos, iluminando con el haz de su linterna el salón vacío. Los niños se agolpaban a su espalda, buscando protección.

La agente Heeps, llevaba, pese a su juventud, varios años trabajando en la Policía Metropolitana de Londres, y estaba excepcionalmente preparada para situaciones que requerían de una actuación rápida y eficaz. No obstante, mientras subía por la escalera que conducía a los dormitorios, se preguntaba qué era lo que estaba buscando con exactitud. La habían instruido para mediar en riñas vecinales, para resolver robos o para evitar agresiones. Pero ¿qué podía hacer en una casa en la que se estaban produciendo unos ruidos extraños? Ella misma se convenció de que haría una ronda de reconocimiento, diría que no había nadie más en el inmueble e intentaría tranquilizar a la familia, antes de volver al servicio de guardia.

Al llegar a la segunda planta, hizo un barrido por la habitación de la madre, donde las sábanas aún calientes se desparramaban por encima de la cama, lo que evidenciaba que la mujer había abandonado su descanso bruscamente. Abrió de forma rutinaria el armario, para descartar la presencia de algún intruso, y siguió con la inspección.

El suelo enmoquetado amortiguaba sus pasos mientras avanzaba por el pasillo hasta la habitación del fondo, donde un baúl de grandes dimensiones bloqueaba ligeramente la puerta, por lo que tuvo que entrar de perfil. La familia la seguía con interés.

La luz encendida revelaba un desorden evidente, con sábanas y almohadas tiradas por el suelo y una silla medio volcada en el centro de la habitación. Hizo un barrido visual: armario cerrado, una cómoda cerrada, la ventana cerrada, la silla... ¿flotando?[259].

Un escalofrío tremendo erizó su piel.

La silla, antes caída, se había levantado a un palmo del suelo y había empezado a desplazarse unos centímetros, avanzando hacia ella, hasta detenerse con brusquedad[260]. Hubo un revuelo general y Carolyn ordenó guardar silencio a los presentes. Aquello, obligatoriamente, debía tener una explicación. Haciendo gala de su profesionalidad (y también de su sangre fría), buscó algo redondo entre los juguetes de las niñas, hasta encontrar una caja llena de canicas. Cogió un par y las colocó en el suelo para comprobar la inclinación del terreno. Las canicas no se movieron. Volvió sobre la silla, ahora quieta y sometida a las leyes físicas.

Extrañada, volvió a incorporarse y caminó hasta el mueble, buscando algún cable o hilo que hubiera permitido ejecutar algún truco, pero no halló nada. De pronto, unos golpazos terribles volvieron a escucharse por el pasillo y un estruendo hizo vibrar los tabiques, obligando a los agentes de policía y a la familia a correr en busca de refugio.

Unas horas más tarde, ya en la comisaría de Ponders End[261], la agente Carolyn Heeps firmó una declaración jurada deta-

259 *El desconcertante caso del «fantasma de Enfield», el fenómeno paranormal mejor documentado de Reino Unido*, BBC, 23 de junio de 2018.

260 «What it's like to meet a poltergeist», *The Reunion*, BBC Radio 4, 13 de abril de 2018.

261 «Pearson Phillips, «Knock, knock, and a poltergeist calls», *The Observer*, 6 de noviembre de 1977.

llando todo lo que había ocurrido. Días después, lo contó ante las cámaras de la cadena británica BBC[262].

Esa noche daba comienzo el caso Enfield, considerado el *poltergeist* mejor documentado de la historia, debido al número de testigos y a la cantidad de fenómenos que pudieron registrar los equipos de televisión y de sonido[263].

o

Maurice Grosse llegó al 284 de Green Street a los pocos días de producirse los supuestos fenómenos. Para entonces, él llevaba apenas un mes en la Sociedad para la Investigación Psíquica, motivado por su interés en dilucidar si Janet podía existir en algún plano de nuestra realidad. La muerte de su hija había sido traumática no solo por el terrible accidente, sino también por una serie de señales que se sucedieron los días posteriores y que hicieron tambalear los cimientos de su mente analítica y racional. El más impactante de todos tuvo que ver con una felicitación que la propia Janet había enviado por correo postal a su hermano Richard, pocos días antes del accidente. El cumpleaños de él fue el mismo día del accidente, y esa mañana, junto con la trágica noticia, recibieron también la postal, que pretendía ser cómica pero terminó siendo profética. En ella aparecía una mujer con un vendaje alrededor la cabeza, bajo un texto que decía: «Iba a enviarte un bote de colonia por tu cumpleaños…». Y en la parte trasera, se leía la continuación de la frase: «… pero me cayó en la cabeza. ¡¡Feliz Cumpleaños!!». En

262 Danny Penman, «Suburban poltergeist: A 30-year silence is broken», *Daily Mail*, 5 de marzo de 2007.

263 Gerald Daniel Brittle, *The Demonologist*, Ed. Prentice-Hall, 1980.

la parte inferior, Janet había terminado escribiendo con su propia letra: «No queda mucho para esto. Con cariño, Jan».

La familia Grosse quedó enormemente impresionada porque muchos habían experimentado sueños y pesadillas sobre la muerte de alguien cercano, pero, sin duda, esta fue la experiencia más sobrecogedora. Tal y como relata el escritor Guy Lion Playfair, que acompañó a Maurice Grosse durante los tres años de investigación en el caso Enfield:

> La tarjeta de cumpleaños fue la coincidencia más impactante. De hecho, predecía la muerte, aunque de forma jocosa; (Janet) tenía la cabeza vendada cuando la vieron en su lecho de muerte, igual que el personaje de la caricatura. El casco debió jugar un papel importante, de alguna manera, en las lesiones que le causaron la muerte, y después de escribir «No queda mucho para esto», Janet dibujó una flecha que apuntaba a la palabra impresa «cabeza»[264].

Con esa carga a sus espaldas, el señor Grosse se implicó en el caso Enfield, después de que el reportero Douglas Bence, del *Daily Mirror,* acompañado de su fotógrafo, Graham Morris, solicitaran la ayuda de la SPR[265]. Los periodistas habían conocido el caso después de que Vic Nottingham, el vecino, reclamara la presencia de los medios para hacer un llamamiento público a diferentes expertos que pudieran ayudar a su angustiada vecina. La noche en que entrevistaban a la familia y fotografiaban la casa, los propios miembros del *Daily Mirror* fueron testigos

264 Guy Lion Playfair, *This house is hounted,* Ed. Souvenir-Press, 1980.

265 Lydia Veljanovski, «Enfield Poltergeist photographer reveals what really happened on night he snapped hauntings», *Mirror,* 26 de octubre de 2023.

de los fenómenos paranormales, cuando una pieza de Lego salió disparada del baúl de los juguetes y golpeó con fuerza el rostro de Graham Morris[266].

Maurice Grosse se involucró personalmente durante años para investigar los fenómenos extraños que ocurrieron, aparentemente, en el 284 de Green Street, en el distrito de Enfield, en Londres.

La información apareció en la portada del *Daily Mirror* del día siguiente, bajo el titular «La casa de los fenómenos extraños»[267]:

266 Clara Tahoces, *El gran libro de las casas encantadas*, Ed. Luciérnaga, 2015.

267 George Fallows y Douglas Bence, «The house of strange happenings», *Daily Mirror*, 10 de septiembre de 1977.

> Una familia está viviendo atemorizada ante los extraños sucesos que están expulsándolos de su propio hogar. Desde hace dos semanas, sus miembros se han visto amenazados por objetos que salían disparados por el aire de manera inexplicable o muebles que se movían sin razón aparente. Dos sacerdotes han bendecido la casa, pero los fenómenos no han hecho más que incrementarse. La policía está desconcertada y otros agentes están demasiado asustados para volver. Durante cuatro días, los reporteros del *Mirror* George Fallows y Douglas Bence, y los fotógrafos David Thorpe y Graham Morris han sumado sus esfuerzos a un psíquico. Ellos mismos han vivido fenómenos que no pueden explicar.

Esta fue la primera intervención de Maurice Grosse para la SPR, aunque después pasó más de treinta años investigando junto a ellos. Sin embargo, ningún caso tuvo la relevancia pública y personal de este. Durante los últimos meses de 1977, todas las cabeceras británicas informaron de lo que estaba ocurriendo en Green Street, y relataban episodios de objetos que salían despedidos por el aire, de muebles que se desplazaban solos, de enseres de cocina que se materializaban de manera imposible o de ruidos de procedencia desconocida[268]. El matrimonio de investigadores de lo paranormal, Ed y Lorraine Warren (conocidos por la saga cinematográfica *Expediente Warren*), compararon el caso Enfield con el famoso caso Amityville, ocurrido en Estados Unidos tres años antes[269]: «El caso Enfield convierte a Amityville en un juego de niños, pues los Lutz pudieron mudarse después de veintiocho

---

268 Pearson Phillips, «Knock, knock, and a poltergeist calls», *The Observer*, 6 de noviembre de 1977.

269 Javier Pérez Campos, *Immaturi*, Ed. Planeta, 2023.

días de terror, pero en este caso la familia no podía mudarse por razones económicas y tuvieron que convivir con estas perturbaciones durante tres *años*»[270].

Lo interesante es que la mayoría de los fenómenos parecían centrarse en la pequeña Janet Hodgson, de once años. En muchas ocasiones, se despertaba en mitad de la noche pidiendo ayuda, porque la cortina de la ventana se deslizaba como una serpiente hasta terminar enredándose en su cuello[271]. También era arrastrada al suelo por unas manos invisibles y gélidas que tiraban de sus tobillos mientras dormía[272], o igualmente se despertaba en lugares insospechados: en lo alto de un mueble o bajo el fregadero de la cocina.

Lo más perturbador tuvo lugar los últimos días del año, cuando Janet empezó a hablar con la voz gutural de un anciano. Recientemente, la misma Janet ha manifestado que aquellas voces no procedían de su interior, sino de detrás de ella, como si estuviera siendo manejada por un ventrílocuo invisible[273].

A veces Janet ladraba como un perro durante horas; otras se comunicaban con esa voz de anciano, exhibiendo una personalidad distinta y utilizando un lenguaje que nada tenía que ver con el de una niña de su edad, en el que hacía incluso referencias obscenas y sexuales sobre algunos de los presentes en aquellas sesiones. Maurice Grosse mantuvo un diálogo con los

270 Gerald Daniel Brittle, *The Demonologist*, Ed. Prentice-Hall, 1980.

271 Dr. Melvyn Willin, *The Enfield Poltergeist Tapes*, Ed. White Crow, 2019.

272 Guy Lion Playfair, *This house is hounted*, Ed. Souvenir-Press, 1980.

273 Emma Pietras, «My mum disowned me after I was possessed by Enfield Poltergeist which tried to strangle me to death… it's never left me». *The Sun*, 27 de octubre de 2023.

ruidos de la casa, a través de un sistema conocido como *tiptografía*, que consistía en hacer preguntas que, en lugar de responderse con un «sí» o un «no», eran respondidas por medio de uno o de dos golpes:

Maurice Grosse: Da un golpe para decir «No» y dos para decir «Sí». ¿Me has entendido? Un golpe es «No», dos golpes es «Sí».

[Silencio].

MG: ¿Eres un espíritu masculino?

[Golpe. Golpe].

MG: Eres un hombre, de acuerdo. ¿Viviste en esta casa?

[Golpe. Golpe].

MG: ¿Fue hace más de cincuenta años?

[Golpe. Golpe].

MG: ¿Moriste en esta casa?

[Golpe. Golpe].

MG: ¿Por qué estás molestando a esta familia? ¿Disfrutas haciéndolo? ¡Márchate!

[Golpe].

MG: ¿Me entiendes? Por favor, vete.

[Golpe].

Escanea este código QR con tu *smartphone* para escuchar un fragmento de la voz de Janet Hodgson, de once años, emitiendo gruñidos animalescos.

Con el paso de los meses, la relación entre Maurice Grosse y la familia Hodgson fue estrechándose, y su implicación fue tal que llegó a dormir en la casa, tratando de presenciar todos los fenómenos posibles.

Según algunos investigadores, como el alemán Hans Bender, Janet y Margaret, las hijas de Peggy, encontraron en Maurice su figura paterna ausente. Quizá también el señor Grosse encontró cierto alivio a su pérdida en las evidencias que allí obtenía. Porque durante los catorce meses que allí estuvo investigando, Maurice Grosse fue testigo de las levitaciones de Janet, de la extraña voz, del sonido de unos pasos invisibles que ascendían por la escalera y de una luz que aparecía de madrugada en lo alto de esa misma escalera. Según Grosse: «Puedo decir con certeza que al menos un 95 % de los eventos que han tenido lugar mientras yo estaba presente han sido genuinos»[274].

Con todo, un caso de gran calado social como este no estuvo exento de polémica. Aparte de investigadores de lo paranormal, también desfilaron por el lugar escépticos y expertos en diferentes áreas que intentaron explicar lo que sucedía de manera natural. Uno de ellos fue el ventrílocuo británico Ray Alan, que contaba por entonces con varios programas de televisión en la BBC y que lanzó la teoría de que las niñas estaban sugestionadas por *El exorcista*, estrenada cuatro años antes, y que debía haber dejado una profunda impronta en su mente infantil, especialmente en la de Janet, que parecía estar repitiendo algunos fragmentos de la película. Sin embargo, la familia negó en todo momento haber visto la obra de William Friedkin. Alan también

274 Dr. Melvyn Willin, *The Enfield poltergeist tapes*, Ed. White Crow, 2019.

lanzó la hipótesis de la ventriloquía inconsciente: quizá sus cuerdas vocales estaban vibrando de manera involuntaria o quizá se tratara directamente, de algún tipo de truco vocal[275].

Pero la más escéptica de todos fue Anita Gregory, que era también miembro de la SPR, y que publicó que en ocasiones tanto Janet como Margaret habían falsificado algunos de los fenómenos y que incluso habían sido pilladas *in fraganti:*

> Más tarde me mostraron un vídeo en el que se ve a una de las niñas sola en su dormitorio, doblando una cuchara y una barra de metal de una manera demasiado normal, y saltando de un lado a otro en una cama [...]. Tampoco puedo decir que nos presentaran ninguna prueba que demostrara firmemente que había algo tan profundamente anormal en las voces de Enfield que un par de jóvenes no hubieran podido producir sin demasiados problemas[276].

El problema con el material al que hizo referencia Anita Gregory es que nunca vio la luz, y ningún investigador apoyó la hipótesis de esas supuestas filmaciones a las que ella decía haber tenido acceso. Poco antes de su muerte, Maurice Grosse afirmó que Anita Gregory, en su planteamiento, había obviado los fenómenos extraños que ella misma había presenciado en primera persona y que había forzado sus conclusiones para dar veracidad a su tesis: «No quiero hablar mal de los muertos

275 Deborah Hyde, «The Enfield "Poltergeist": a sceptic speaks», *The Guardian*, 21 de mayo 2015.

276 Anita Gregory, *Problems in investigating psychokinesis in special subjects* (Polytechnic University of North London).

—concluyó el señor Grosse—, pero Anita Gregory era una mentirosa, no hay duda»[277].

Recientemente, a los cuarenta y cinco años, Janet reconoció que, tanto su hermana como ella, se habían inventado aproximadamente un 2 % de los fenómenos[278], ya que, como estos ocurrían de manera aleatoria, habían fingido algunos intentado impresionar a los investigadores que no habían presenciado anomalías. Para algunos psicólogos que también intervinieron, esto también pudo deberse al hecho de que las dos niñas habían descubierto que aquellos fenómenos las ponían en el centro de un foco de atención que no habían experimentado nunca antes, y en el que se debían sentir, quizá por primera vez en sus vidas, especialmente valoradas.

Pero uno de los detalles fundamentales que evidencian la angustia de la familia es que, una vez que se señaló a Janet como principal vector de los fenómenos, su madre la paseó por diferentes hospitales para que la sometieran a pruebas físicas y psicológicas, sin que se obtuvieran resultados relevantes. De hecho, hace poco tiempo Janet contó en una entrevista durísima que su madre había intentado, incluso, deshacerse de ella por el miedo que le producía esta situación:

> Yo fui la oveja negra. Mi madre no me quería porque yo era un problema, era parte del problema de lo que nos estaba sucediendo. Cuando salí del hospital, un trabajador social me recogió y me llevó por diferentes orfanatos, tratando de en-

277 Will Storr, *Will Storr Vs. The Supernatural: One man's search for the truth about ghosts,* Ed. Harper Collins Publishers, 2006.

278 Joe Nickell, *Enfield Poltergeist, Skeptical Inquirer,* vol. 35, n. º 44, julio-agosto de 2012.

contrarme un hogar. No pudo hacerlo porque todos estaban completos, así que al final me llevó de vuelta a casa con mamá y, al ver su cara, me di cuenta de que no me quería en casa. Creo que tenía mucho miedo de que todo comenzara de nuevo cuando regresé[279].

También en el colegio, tanto Janet como sus hermanos, sufrieron acoso escolar. Los niños les ponían gusanos en el pelo, les tiraban piedras y se burlaban de Janet llamándola la «niña fantasma»[280].

A nivel económico, los Hodgson recibieron importantes ofertas. Si reconocían que todo había sido un burdo fraude, su situación cambiaría[281]. Los medios querían tener la exclusiva con la respuesta definitiva. A pesar de la necesidad, nunca aceptaron nada. De hecho, en la actualidad los principales protagonistas siguen manteniendo que lo ocurrido no fue fruto de ningún engaño. Paul Burcombe, primo de las niñas que vivía unas casas más abajo, relató que él mismo fue testigo de cómo un sofá de dos plazas giró hasta ponerse bocabajo. Todavía hoy, Paul cree que Janet tiene algún tipo de capacidad extrasensorial que hizo que esos fenómenos explotasen[282].

279 Emma Pietras, «My mum disowned me after I was possessed by Enfield Poltergeist which tried to strangle me to death… it's never left me», *The Sun*, 27 de octubre de 2023.

280 Zoe Brennan, «What IS the truth about the Enfield Poltergeist? Amazing story of 11-year-old London girl who "levitated" above her bed», *Daily Mail*, 4 de mayo de 2015.

281 Guy Lion Playfair, *This house is hounted*, Ed. Souvenir-Press, 1980.

282 María Okanrede, «Cousin of the Enfield Haunting girls recalls moment he saw Janet Hodgson, 11, levitate off her chair and "flip over" and says the atmosphere in the house was "terrible"», *Daily Mail*, 26 de octubre de 2023.

○

Uno de los hallazgos más impactantes del caso es el que tenía que ver con la supuesta entidad que surgía a través de la boca de Janet. La voz era la de un anciano que decía llamarse Bill Wilkins y que había muerto en esa misma casa años atrás.

Solo hicieron falta unas pesquisas para comprobar que, efectivamente, el 284 de Green Street había estado ocupado por un matrimonio de ancianos antes de que llegaran los Hodgson. Maurice Grosse pudo localizar a los hijos de los antiguos propietarios y confirmó que el marido se llamaba Bill Wilkins y que había muerto en la casa.

Según dijo la voz que surgía de Janet: «Cuando estaba vivo, me quedé ciego… Y nunca tuve un perro. Morí de una hemorragia… Soy Bill Wilkins…». Sorprendentemente, el hijo de Wilkins confirmó que su padre se había quedado ciego antes de morir, aunque no falleció de una hemorragia, sino de una trombosis coronaria. Cuando escuchó las grabaciones de Janet hablando como su difunto padre, el hombre quedó impresionado. Algunos de los detalles eran reales, pero su padre nunca se había expresado de esa forma tan obscena. «Parece, *más bien*, como si alguien estuviera haciéndose pasar por *él*», concluyó.

○

El demógrafo Roger James Morgan, experto en sistemas de información geográfica para el Royal Borough de Kensington y Chelsea, descubrió en los archivos municipales de Enfield unos documentos que certificaban que Bill Wilkins había vivido en esa casa desde 1960 hasta su muerte, en junio de 1963. Su esposa, Ethel, murió a los sesenta y cuatro años, en abril de

1972. Según la voz que supuestamente hablaba a través de Janet, Bill Wilkins había muerto hacía quince años (esto sería en 1962, dos años después de la muerte real de Wilkins) y su esposa cuatro años atrás (esto sería en 1973, un año después de la muerte real de Ethel).

Roger James Morgan consiguió, incluso, el certificado de defunción de Bill Wilkins, donde se especificaba que el hombre había muerto el 20 de junio de 1963, en el 284 de Green Street a causa de una trombosis coronaria. Finalmente, con todo ello, el demógrafo terminó encontrando la tumba de Wilkins en el cementerio de Leavender Hill. Sobre la losa de granito puede leerse una inscripción:

> En recuerdo de un padre y marido querido,
> William Charles Wilkins,
> Fallecido el 20 de junio de 1963
> A la edad de 61 años.

Y también:

> Ethel May Wilkins,
> Fallecida el 19 de abril de 1972
> A la edad de 64 años[283].

Personalmente, creo que los Nottingham, vecinos de Green Street, tenían que haber conocido a los Wilkins y quizá les hablaron de ellos a los Hodgson. Sin embargo, cuando la voz de Janet afirmó ser el espíritu de Bill, nadie lo relacionó con el antiguo propietario de la casa. Nadie habló de él, nadie lo men-

283 https://www.xenophon.org.uk/billwilkins.html

cionó, y fueron los investigadores Maurice Grosse y Guy Lion Playfair los que tuvieron que cotejar aquellos datos.

Copia certificada de la inscripción de defunción
Emitida en la Oficina General del Registro

Distrito de registro	Edmonton
1963 Muerte en el subdistrito de Enfield en el condado de Middlesex	

Cuándo y dónde murió	Nombre y apellido	Sexo	Causa de la muerte	Firma, descripción y residencia del informante	Fecha del registro
20 de junio de 1963 2B4 Green Street Enfield	William Charles Louis Wilkins	Varón	1.a. Trombosis coronaria Certificada por M. D. G. Barnes M. F. C. S.	E. M. Wilkins Mujer del fallecido Presente 284, Green Street Enfield	21 de junio de 1963

Firma del registrador:
E. Bonser
Registrador

CERTIFICADO
Emitida en la OFICINA GENERAL DEL REGISTRO, bajo el sello de dicha oficina, a __ de ______ de ______

DYE 288746

Ver nota al dorso

Advertencia: existen delitos relacionados con la falsificación o la modificación de un certificado, así como por el uso o la tenencia de un certificado falso.
© Derechos reservados por la corona
Aviso: este certificado no acredita la identidad del titular

Certificado de defunción de Bill Wilkins, que fue obtenido por el demógrafo Roger James Morgan, experto en sistemas de información geográfica para el Royal Borough de Kensington y Chelsea.

¿Los Hodgson guardaron la información para crear un mayor impacto en los investigadores tras conocer la existencia de Bill Wilkins o desconocían su historia y aquella misteriosa voz acertó en todo?

Evidentemente, resolver un caso como este cuando han pasado casi cincuenta años es absolutamente imposible. De hecho, llegué a contactar con Janet Hodgson a través de una ONG en la que ella colabora, pero se negó muy amablemente a darme ningún dato novedoso sobre aquellos episodios de su infancia. Según ella, necesitaba dejar atrás ese pasado, a pesar de que, para entonces, había concedido varias entrevistas y participado en algunos documentales sobre el caso Enfield. Así que decidí seguir adelante e investigar por mi cuenta, en la medida de lo posible.

Las grabaciones de audio realizadas por Maurice Grosse en casa de los Hodgson forman parte de una colección de más de doscientas cintas archivadas en los fondos documentales de la Universidad de Cambridge, como parte del archivo de la Sociedad para la Investigación Psíquica (SPR)[284]. Conocida como la colección Maurice Grosse, esta cuenta con decenas de horas de entrevistas con todos los miembros de la familia Hodgson, con vecinos y con otros testigos directos e indirectos de los hechos. Pero, sobre todo, existen horas y horas de grabaciones en las que se escucha a Janet hablando sin parar con la supuesta voz de Bill Wilkins. Lo que más impresionó a los investigadores es que los estudios médicos que hicieron a la niña revelaron que no había ninguna anomalía en sus cuerdas vocales. Nada que pudiera explicar aquella modulación tan grave durante tanto tiempo y que coexistía con la dulce voz de Janet.

Después de haber escuchado atentamente varias de estas grabaciones, me vino a la mente un caso similar que terminó, por desgracia, de manera mucho más trágica y que ocurrió solo un año antes del caso de Londres.

En una pequeña localidad de Baviera, vivía Anneliese Michel. A los veinticuatro años, esta llevaba un tiempo muy dila-

284 Dr. Melvyn Willin, *The Enfield poltergeist tapes*, Ed. White Crow, 2019.

tado padeciendo unos extraños ataques que, en un primer momento, habían relacionado con la epilepsia. A pesar de la medicación, los episodios continuaron, y Anneliese llegó a vivir unos meses recluida en el hospital psiquiátrico de Würzburg. Con el paso de los años, la situación empeoró y, a pesar del tratamiento con antipsicóticos y antiepilépticos como la periciazina o la carbamacepina, los ataques empeoraron. A veces, la joven caía en una especie de trance y hablaba de forma inteligible, y, cuando volvía en sí, decía que había sido acosada por unas caras malignas. Después empezó a manifestar un rechazo evidente hacia lo religioso. Blasfemaba contra las imágenes sagradas y se retorcía cuando entraba en alguna iglesia. Sus padres, que le habían proveído de una fervorosa educación en la fe católica, no tuvieron ninguna duda: su hija padecía una posesión diabólica.

La Iglesia católica autorizó que se llevara a cabo un exorcismo al considerar que Anneliese Michel reunía todos los requisitos para ser sometida a este ritual[285]. Estos signos de la presencia demoníaca aparecen recogidos en el *Rituale romanum* o *Ritual romano,* un manual para exorcistas aprobado en 1614 por el papa Pablo V[286], y van desde las evidencias físicas —fuerza sobrehumana (sansonismo), transformaciones físicas, inversiones de la voz, convulsiones y torsiones del cuerpo— hasta evidencias psíquicas —mostrar aversión hacia cualquier signo religioso, hablar lenguas que se desconocen (xenoglosia), o capacidad para descubrir información futura o ignota (clarividencia).

El exorcismo se prolongó durante un año entero, tiempo en el que Anneliese manifestó estar poseída por seis demonios o

285 «Trial starts for 4 in exorcism death», *Waco Tribune-Herald,* 30 de marzo de 1978.

286 Carmen Porter, *La Iglesia y sus demonios,* Ed. Edaf, 2002.

espíritus distintos, entre los que se encontraban el del mismo Lucifer o el de Adolf Hitler[287].

Los sacerdotes Arnold Renz y Ernst Alt acudían cada día a la vivienda de Josef y Anna Michel para someter a su hija a largas jornadas de oración. El ritual fue grabado en cintas para registrar cómo la mujer tenía la capacidad de dialogar durante horas con la voz de un hombre[288]. Empezó también a emitir gruñidos de animal, a alimentarse de arañas y a realizar más de seiscientas genuflexiones al día, que le destrozaron las rodillas por completo[289].

Escanea este código QR con tu *smartphone* para escuchar un fragmento del exorcismo a Anneliese Michel, en 1976.

La prensa publicó que, durante los últimos exorcismos, Anneliese Michel «había sido reducida a casi un esqueleto de treinta kilos de peso»[290], ya que había dejado de comer de forma drástica.

287 «Priest tells of woman's demons during trial in exorcist death», *The Indianapolis Star,* 31 de marzo de 1978.

288 «Two exorcists on trial tell of devil's rage», *Detroit Free Press,* 31 de marzo de 1978.

289 Felicia Goodman, *The exorcism of Anneliese Michel,* Ed. Resource Publications, 2005.

290 «Priest tells of woman's demons during trial in exorcist death», *The Indianapolis Star,* 31 de marzo de 1978.

El *Boston Globe* publicó una crónica del último exorcismo al que se sometió Michel:

> Al igual que en otras setenta y dos noches, durante casi un año, el padre Renz comenzó la sesión, que grabó, con oraciones prescritas en el *Rituale romanum,* de la Iglesia del siglo XVII, y rociando con agua bendita la frente de la joven.
>
> De repente, saltó del sofá y se lanzó de cabeza contra la pared. Poco después, su familia amortiguó el impacto con almohadas que habían colocado a su espalda. Entonces, Anneliese se recostó de nuevo en el sofá, exhausta. Y, suplicando al sacerdote la absolución, exclamó: «Dios mío, ¡qué duro ha sido hoy!». Pronto se quedó dormida[291].

Pero Anneliese no volvió a despertar de ese sueño, y sus padres la encontraron muerta a la mañana siguiente. Era el 30 de junio de 1976. La causa de la muerte, según la autopsia, fue la deshidratación.

Sus padres, y los dos sacerdotes, fueron condenados por homicidio imprudente, aunque finalmente la sentencia quedó reducida al pago de una fianza, las costas del juicio y tres años de libertad condicional.[292]Algunos escritores alemanes como John Dornberg aprovecharon para denunciar que la muerte de la supuesta endemoniada era solo la punta del iceberg del *síndrome de superstición,* que asolaba las zonas más rurales de Alemania:

291 John Dornberg, «She dies after exorcism; priests and parents face trial», *The Boston Globe,* 30 de marzo de 1978.

292 «Four convicted of negligen homicide in exorcism case», *The Tribune,* 22 de abril de 1978.

> La superstición está muy extendida en algunas zonas rurales, especialmente en Baviera. Abundan los símbolos anti-Hex en algunas aldeas. A veces, el símbolo es solo una horca apoyada contra la puerta de un granero con las puntas hacia arriba y hacia afuera. A menudo se conoce como *Hexensense* a una rama atada en el poste del techo de una granja. Existen también *Hexenmeisters,* exorcistas viajeros y cazadores de brujas, y estafadores inteligentes que explotan estas supersticiones. Por honorarios considerables, ofrecen sus servicios a los agricultores cuyas vacas no dan suficiente leche o cuyos pollos están produciendo poco o también cuyos cultivos pueden haberse dañado. Tras declarar la granja como maldita, prometen liberarla de un hechizo murmurando encantamientos, marcando símbolos en la puerta del granero o hirviendo la leche de una vaca enferma. Por lo general se dice que una bruja es la primera mujer que llama a tu puerta para pedir algo prestado, y hay casos en los que estas mujeres son perseguidas en la ciudad, amenazadas con ser asesinadas. Ahora, algunos alemanes dicen que la muerte de Anneliese Michel estuvo relacionada con ese síndrome de la superstición[293].

Dos años más tarde, se llevó a cabo una ceremonia para exhumar el cuerpo de la joven muerta durante un exorcismo, ya que una monja aseguró a la familia que había tenido una visión mística en la que se le apareció el cadáver de Anneliese y estaba incorrupto, como si se tratara de una mártir al haber fallecido en su lucha contra el demonio. Pero, al abrir el ataúd,

293 John Dornberg, «A fatal possession», *St. Louis Post-Dispatch,* 17 de agosto de 1976.

los padres encontraron el cuerpo de su hija en avanzado estado de descomposición y volvió a ser enterrada[294].

A pesar de la distancia entre el distrito de Enfield en Londres y el municipio alemán de Klingenberg am Main, en Baviera, y de los destinos de Janet Hodgson y Anneliese Michel, había algo que vertebraba ambos casos: las grabaciones de audio en las que, todavía hoy, podemos escuchar las voces de ambas chicas, registradas con solo un año de diferencia (1976 en el caso de Anneliese y 1977 en el caso de Janet) y que tienen bastantes semejanzas. Por ejemplo, la gravedad de los tonos cuando aparentemente cambiaba su personalidad es muy similar, al igual que los sonidos de animales que surgían de sus gargantas o la sensación de que, a veces, sus voces incluso parecían duplicarse, prácticamente, pudiéndose apreciar la presencia de una segunda voz actuando de manera simultánea bajo la principal.

Precisamente, estos detalles ya habían sido mencionados años atrás por el escritor William Peter Blatty, que se documentó profusamente para escribir su obra maestra *El exorcista* (1971):

> —¡Esta puerca es mía! —rugió con voz estentórea—. ¡Es mía! ¡Aléjense de ella! ¡Ella es mía!
>
> Una risa parecida a un ladrido brotó de su garganta, y luego cayó de espaldas como si alguien la hubiese empujado [...].

294 «Body dug up in exorcism controversy», *News-Press*, 27 de febrero de 1978.

Bruscamente se sentó; sus ojos, desorbitados, miraban con fijeza e impotente terror.

Maulló como un gato.

Después ladró.

Luego relinchó.

Y, al fin, doblándose por la cintura, comenzó a hacer girar su torso en ligeros y enérgicos círculos. Jadeaba, tratando de respirar.

—¡Oh, deténganlo! ¡Háganlo detener! ¡No puedo respirar![295]

Había claramente un misterio que tenía que ver con la voz y mi idea era que el estudio detallado de estas grabaciones arrojaría luz sobre el verdadero origen del fenómeno que las provocaba. Así que hice un experimento. Envié estos audios a expertos en diferentes materias relacionadas con la voz, mezclados con otros cortes de sonido pertenecientes a casos demostrados de histeria y otras afecciones psiquiátricas o de naturaleza claramente física. Lo hice con un sistema de muestras ciegas, que no identificaba realmente cuáles de aquellos cortes de audio eran fruto de mi interés.

Así, contacté con foniatras, laringólogos, psiquiatras, exorcistas, logopedas, actores de doblaje y técnicos de sonido, y les envié estos audios, simplemente enumerados del uno al ocho, explicándoles, además, que algunos de ellos eran breves fragmentos de conversaciones que, en realidad, podían prolongarse hasta más de tres horas. Compilé sus respuestas, que fueron llegando espaciadamente a lo largo de dos semanas, con resultados llamativos. Para empezar, todos los expertos descartaron los cortes uno, tres, cuatro, cinco, siete y ocho, que podían ex-

295 William Peter Blatty, *El exorcista*, Ed. Mosaico, 2010.

plicarse fácilmente a través de causas naturales, pero señalaron que los cortes dos y seis les resultaron singulares (y, en algunos casos concretos, hasta estremecedores), por diferentes motivos. Solo yo sabía que el archivo número dos era la voz de Anneliese Michel y el archivo número seis era la voz de Janet Hodgson.

Transcribo, literalmente, las conclusiones a las que llegaron estos expertos:

Fernando García Escudero (logopeda, máster en Patología y Feminización de voz, del Instituto Superior de Estudios Psicológicos)

De los audios señalados, me llama la atención que son trabajos bitónicos bastante complicados de hacer. De hecho, yo no puedo enseñar a usar una voz bitonal. Para eso habría que crear una patología: un edema, un pólipo; algo que generara ese desdoblamiento de la voz. Pero, incluso en ese caso, la voz sería constantemente la misma, no existiría cambio entre la voz dulce y esta otra voz.

Habría que saber, además, por cuánto tiempo se prolongaba este abuso de la voz, pues, para que te hagas una idea, dar una conferencia o hablar en público durante más de una hora ya se considera abuso vocal. Hay que descansar, hidratarse... Si estas personas hablaron así durante horas, esto les crearía algún tipo de patología: ronquera, escape de aire, pólipos, nódulos, edemas... Eso seguro.

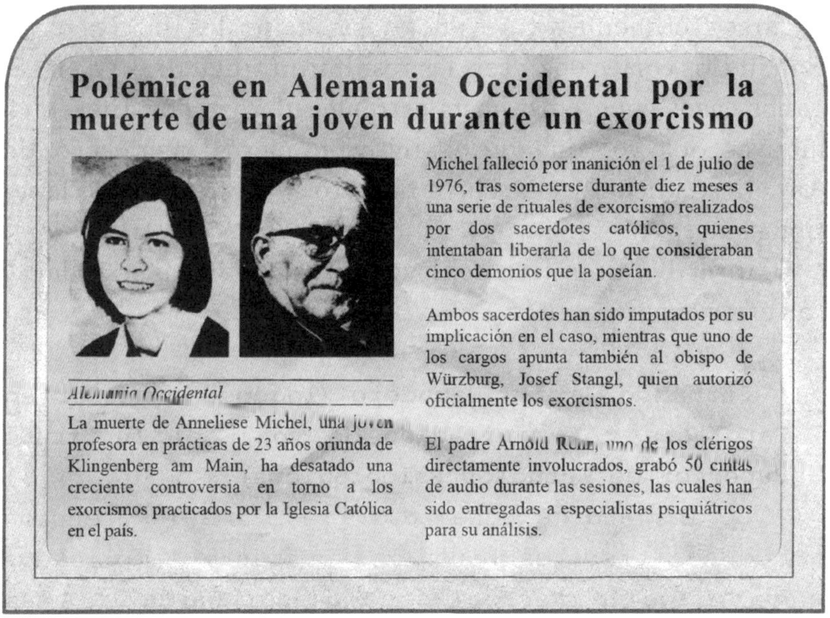

Polémica en Alemania Occidental por la muerte de una joven durante un exorcismo

Alemania Occidental

La muerte de Anneliese Michel, una joven profesora en prácticas de 23 años oriunda de Klingenberg am Main, ha desatado una creciente controversia en torno a los exorcismos practicados por la Iglesia Católica en el país.

Michel falleció por inanición el 1 de julio de 1976, tras someterse durante diez meses a una serie de rituales de exorcismo realizados por dos sacerdotes católicos, quienes intentaban liberarla de lo que consideraban cinco demonios que la poseían.

Ambos sacerdotes han sido imputados por su implicación en el caso, mientras que uno de los cargos apunta también al obispo de Würzburg, Josef Stangl, quien autorizó oficialmente los exorcismos.

El padre Arnold Renz, uno de los clérigos directamente involucrados, grabó 50 cintas de audio durante las sesiones, las cuales han sido entregadas a especialistas psiquiátricos para su análisis.

Recorte de prensa de *The Birmingham News* que relataba el trágico desenlace del exorcismo de Anneliese Michel en 1976.

Fernando Becerra (máster en Logopedia y Terapia del Habla y del Lenguaje con premio extraordinario en Tratamiento Logopédico en ISEP. Especialista en pedagogía vocal actoral, que desarrolló un método propio basado en las implicaciones físicas-psicológicas-emocionales de la voz para el desarrollo personal y profesional. Entrenador e investigador del poder expresivo y de las capacidades vocales con más de tres décadas de experiencia)

En la grabación número seis, la característica que percibo en esta voz es que presenta una bitonalidad clara, y no sé si es por una patología, por un cierre extremo... Pero es lo que más me llama la atención.

También me llama la atención del archivo número dos que, más o menos al final, suena un sonido muy metálico. Al principio, es el sonido roto normal de una voz con mucho aire, con mucha constricción, con mucha masa, pero al final suena como un sonido metálico por debajo; es como si las cuerdas vocales se estuvieran estirando, como si hubiera otro proceso diferente.

Miguel Ángel Pertierra (médico especialista en Otorrinolaringología, profesor colaborador honorario de la cátedra de Radiología y Medicina Física, Oftalmología y Otorrinolaringología en la Universidad de Málaga, especialista universitario en Hipnosis Clínica, en Neuropsicología y en Trastorno Bipolar)

En los cortes dos y seis se aprecia un segundo timbre de voz que habla simultáneamente, lo que es muy llamativo, porque no es algo fácil de ejecutar. Digamos que, cuando hablamos, utilizamos las cuerdas vocales, que se llaman así porque de aspecto visual son muy parecidas a una cuerda de guitarra. Pero en la zona superior se encuentra la región de las falsas cuerdas vocales. En Oriente, hay personas que producen unas disfonías, porque son capaces de usar los dos tipos de cuerda vocal asimétricamente y desacompasadamente, produciendo tonos bitonales que son muy sugerentes a la audición. Es como cuando uno está afónico y le salen gallos. Esos gallos pueden estar forzados por las falsas cuerdas vocales que, cuando se fuerzan, generan ese sonido bronco y duro. Es la única explicación que yo, como médico, podría darte. Pero aprender a hacer esas voces bitonales puede llevar años de práctica.

Manolo Rodríguez (músico y técnico de sonido especializado en postproducción de sonido para radio, televisión y cine. Director del estudio de grabación SonoRec)

En principio, he limpiado todos los audios y los he escuchado uno a uno. Los he limpiado de ruidos de fondo para escuchar en primer término la voz de estas personas. Lo que oigo especialmente en los cortes dos y seis es una voz brutal. Son voces tan fuertes que casi todas están distorsionadas; los micrófonos que las captaron se distorsionan por esa potencia. Me parece increíble que al segundo grito esas voces no estén absolutamente afónicas y rotas. También oigo una voz natural mezclada con otra que está bajada de tono, como unos cuatro o cinco tonos por debajo, como si fuera artificialmente. Pero tú me dices que supuestamente estas voces están grabadas en el momento, y que no tienen ningún procesado. Así que me pregunto por qué a veces suenan dos voces a la vez. Yo eso solo sé hacerlo con trucos de postproducción.

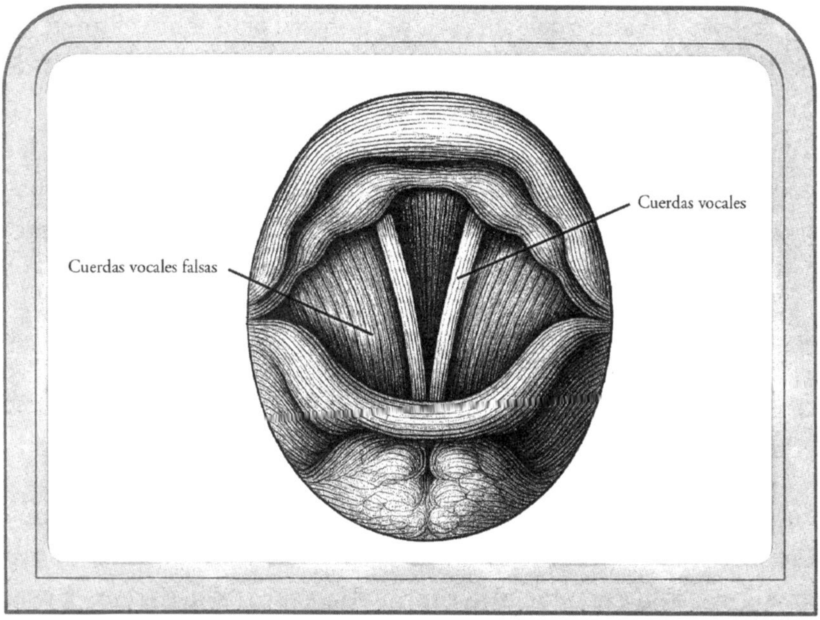

En ocasiones, las cuerdas vocales falsas (conocidas también como pliegues vestibulares) pueden vibrar de manera simultánea, produciendo algo similar a una doble voz.

Ignacio Domínguez (exorcista de la Diócesis de Tui-Vigo)

Lo que más me llama la atención de los cortes son esos ladridos y gruñidos, como si imitaran a algún animal. Tuve un caso parecido en el que la persona endemoniada ladraba como un perro. Cuando le ponía las manos encima, cambiaba el ladrido, y es que algunas personas gruñen como animales. Otras, durante el rito, empiezan a insultar y blasfemar o a tener risas inconexas, sardónicas. Lamentos, alaridos, gritos. El demonio se manifiesta de forma distinta, pero hay expresiones como gritos, alaridos y sonidos raros que son comunes.

Las conclusiones de este estudio improvisado sobre el misterio de la voz, fueron realmente interesantes. Todos coincidían, de una u otra forma, en que no se trataba de un efecto normal y en que tendría que haber quedado algún tipo de huella física en las cuerdas vocales. Sin embargo, los estudios médicos que se le realizaron a Janet no mostraron ningún tipo de evidencia al respecto.

En el caso Enfield, los afectados pudieron marcharse de la casa tres años más tarde, y aunque muchos mantenían que el misterio tenía que ver directamente con Janet, la familia que vivió en aquella casa después de los Hodgson, también sufrió fenómenos extraños. Clare Bennet, la nueva propietaria, aseguró en algunas entrevistas que cuando llegó al 284 de Green Street no sabía nada de lo que allí había ocurrido. Por lo tanto, ni ella ni sus cuatro hijos estaban sugestionados. Pero, a los pocos días de desembalar sus cosas, empezó a sentirse observada, como si alguien la mirara constantemente. Se sentía incómoda, rodeada por un ambiente desagradable. En ocasiones, incluso, se despertaban a las tres de la mañana (la ya conocida como hora del diablo), porque escuchaban conversaciones en el piso inferior, como si varias personas estuvieran charlando de madrugada. Una noche, cuando llevaban solo tres meses residiendo allí, Shaka, el hijo de siete años, se despertó y vio a un hombre en su habitación que lo miraba fijamente desde los pies de la cama. Aterrorizado, corrió a la habitación de su madre y le pidió, llorando, que se fueran de allí. Y así lo hicieron, sin más demora, al día siguiente[296].

296 Michael Howie, *Enfield poltergeist to haunt Hollywood*, 12 de abril de 2012.

La última en hablar sobre el caso ha sido Margaret, la hermana mayor de Peggy, que se mantuvo en silencio durante décadas. En una entrevista, Margaret confesó que había querido olvidar esta historia a lo largo de toda su etapa adulta, y que se había desvinculado de todos los lazos que le unían a ese periodo de su infancia. Pero unos años atrás decidió acercarse al exterior de la que había sido su casa. Se quedó parada, ante la fachada de ladrillo, mirándola de abajo a arriba, recordando todo lo que había sucedido detrás de aquellas ventanas que ahora se mantenían en penumbra. De pronto, todas las luces de la vivienda comenzaron a encenderse y a apagarse, parpadeando una y otra vez. Margaret se dio la vuelta e, interpretando aquello como una señal de bienvenida, se preguntó por qué había regresado. Después, concluyó ante los medios que ese día «sintió que, tal vez, algo la había reconocido»[297].

APUNTES DE MADRUGADA

Mi último hallazgo sobre los sucesos acontecidos en Enfield llegó de casualidad, durante un viaje a Londres. En una librería compré varios ejemplares de historia de la ciudad, otros de crímenes y misterio, y un par de guías con recorridos que se alejaban bastante de lo habitual. Ya en la habitación de mi hotel, en una bonita buhardilla enmoquetada, me senté en un

297 Emma Pietras, «My mum disowned me after I was possessed by Enfield Poltergeist which tried to strangle me to death... it's never left me», *The Sun*, 27 de octubre de 2023.

banco de madera que había junto a la ventana con vistas a Portobello Road y empecé a hojearlos.

En ellos encontré información antigua sobre el distrito de Enfield, un entorno considerado maldito desde su fundación como Enfield Town en el año 1086. Ya en esas fechas, era un paraje deprimido en el que se producían multitud de accidentes, motivo por el que nadie quería habitarlo. En 1622, a la fama de lugar maldito se le sumó la de lugar embrujado, por la aparición de una mujer vestida de negro que solía dejarse ver en los callejones de Hadley Road, y a la que todos los vecinos relacionaban con una bruja a la que habían ejecutado tras acusarla de haber acabado con la vida de multitud de vecinos durante una epidemia que asoló la población. A este espectro se unió el de un caballero decapitado que caminaba vestido con una armadura y que se desvanecía en las noches invernales.

A lo largo de los siglos XVII y XVIII, el mal estado de los caminos favoreció que se produjeran allí muchos accidentes mortales de hombres que viajaban a caballo o ya en grandes carruajes.

En 1832, el señor Ward y su hijo regresaban a su casa en Barnet Road cuando les asaltó el fantasma de un hombre harapiento y pálido, también en el distrito de Enfield. Aterrorizados, corrieron hasta su casa, donde se encerraron hasta el amanecer. Al día siguiente, alguien les contó que, seguramente, habían visto al espíritu de Danby, un vecino que había muerto solo a la vera del camino y al que habían encontrado pudriéndose varios días más tarde.

Ya en 1961, Robert Bird, un joven que salía temprano con su bici, afirmó que casi había sido arrollado por un gran carruaje negro conducido por dos personas vestidas de época. El coche desapareció entre la niebla, y Bird se convirtió en el último de los muchos testigos que se habían cruzado, de manera similar, con el conocido como Carruaje Fantasma[298].

Los sucesos ocurridos en 1977 eclipsaron todos estos reportes y dieron popularidad al distrito de Enfield por las vivencias narradas por la familia Hodgson.

Maurice Grosse, obstinado hasta el último momento, ofreció mil dólares a quien pudiera explicar lo que había ocurrido en Enfield. Murió en octubre de 2006, sin poder resolver el caso y sin que nadie le presentara ninguna evidencia contundente sobre el fraude.

298 Richard Jones, *Walking haunted London*, Ed. New Holland Publishers, 2009.

Capítulo 10
LA DIABLA

En síntesis, este segundo caso, que se remonta al año 1984, se refería a otro vecino de Garganta, dueño de un rebaño, que cierta noche de fuerte tormenta e intenso frío se encontraba en una cabaña cercana al pueblo. El pastor escuchó voces en el exterior y abrió la puerta, creyendo que se trataba de alguna persona extraviada...

J. J. BENÍTEZ, *La punta del iceberg*

Acuclillado frente a la sepultura de José Pancho, me pregunté cuántos secretos se había llevado aquel hombre a la tumba.

Era una tarde de invierno y el cementerio, ubicado a las afueras del municipio, estaba desierto. Yo aún me hallaba impresionado por la estampa con la que me había topado al llegar a Garganta la Olla, un pequeño pueblo de la comarca de la Vera, en Cáceres, de callejas estrechas y casitas de aspecto medieval, desperdigadas a lo largo de un angosto valle cercado por la sierra de Tormantos.

Había viajado hasta allí en compañía de mi buena amiga Israel Espino, habitual cicerone en mis aventuras por Extremadura, en busca de una antigua historia que tenía que ver con uno de esos encuentros en la noche que llevo persiguiendo desde hace veinte años de manera casi obsesiva.

Allí hallé, por fin, lo que buscaba. Cerca de un rincón del pequeño camposanto aún resistía el nicho en el que descansaba el testigo de uno de los casos más impactantes acaecidos en nuestro territorio.

Una araña negruzca, de finas extremidades y grueso abdomen, que parecía una viuda negra, tejía su tela sobre las letras grabadas en la piedra:

JOSÉ PANCHO
1-5-1962
A LOS 72 AÑOS
TUS HIJOS NO TE OLVIDAN

Sobre la inscripción estaba colocada la foto de un hombre en color sepia perfectamente conservada a pesar del tiempo. El sujeto, de unos sesenta años, con el pelo muy corto y una mirada que se vertía hacia los dos lados de la cara, era José Pancho, bautizado en algunas crónicas como el pastor que vio al diablo.

Israel y yo observábamos, emocionados, la sepultura. Nos había costado localizarla, pero por fin habíamos dado con su paradero. Para nosotros, el hallazgo tenía el mismo valor que el de un ídolo del Calcolítico para un arqueólogo. Era la prueba de la existencia de una historia que había ocurrido en el otoño de 1948 y que estaba a punto de perderse para siempre. Por eso necesitábamos, además, dar con alguno de sus descendientes; alguien que hubiera escuchado la historia de primera mano y pudiera confirmarnos todos los detalles que nosotros creíamos conocer. Así que volvimos al pueblo.

Intentamos preguntar por la calle, pero el día ventoso y desapacible había obligado a los habitantes a guarecerse en sus casas. Finalmente, la casualidad nos arrastró a una tienda de alimentación ubicada cerca de la plazuela del portal para comprar unas botellas de agua y algo dulce que nos despejara un poco.

Cuando estábamos pagando, pregunté al dependiente si conocía a alguien que pudiera detallarnos la historia de José

Pancho. En un primer momento, se quedó descolocado. No era la típica pregunta que solía hacerle alguno de los cientos de turistas que prácticamente a diario visitan Garganta la Olla. Pero a los pocos segundos su cara de desconcierto dio paso a la de la curiosidad y, tras un ligero interrogatorio sobre nuestras intenciones, nos contó que su padre, que vivía en la planta superior, era familiar directo de José Pancho y que nos podría aclarar multitud de detalles.

El hombre se asomó a la calle y, al comprobar que estaba vacía, cerró la puerta, colgó el cartel de VUELVO EN 5 MINUTOS, y nos condujo hasta una escalera que ascendía a la segunda planta del edificio, donde se encontraba la vivienda. Allí, sentado en el salón, estaba Mateo Pérez Herrero, un anciano enjuto, afable y de memoria prodigiosa.

Varios vecinos de Garganta la Olla protagonizaron encuentros inexplicables durante algunas noches de mediados del siglo XX.

Le explicamos que éramos dos periodistas que queríamos corroborar la historia de su tío, y sin mucha más demora, el propio Mateo, con ojos vidriosos, nos reveló el encuentro que aconteció una noche de 1948...

José Pancho Campo, conocido por sus vecinos de Garganta la Olla simplemente como «*tío Pancho*», solía hacer vida en una finca llamada Las Casillas. Allí cuidaba del ganado y pasaba también las noches para estar pendiente de los animales y de los riegos. En una de esas jornadas, cuando iba a acostarse, escuchó una voz de mujer que hablaba al otro lado de la puerta de madera:

—Ay, ¿qué va a ser de mí esta noche? —se lamentaba la desconocida.

Extrañado, Pancho abrió ligeramente el portón y se encontró con una figura esbelta, envuelta en una túnica oscura. A él le pareció una religiosa, porque iba tapada de los pies a la cabeza. Pero ¿qué hacía allí una novicia a tan altas horas de la noche...?

La invitó a pasar para guarecerse del frío junto al fuego. Sin embargo, por más preguntas que Pancho le hacía, la mujer no abría la boca.

Cuando el fuego empezó a consumirse, Pancho se agachó para avivar las llamas soplando un poco. En ese preciso instante, vio que lo que se escondía bajo los faldones de la forastera no eran unos pies humanos, sino las pezuñas de una cabra. Instintivamente, el hombre, muy asustado, se puso en pie con un salto y se santiguó mientras repetía: «*¡Ay, Dios mío! ¡Ay, Dios mío!*». Al pronunciar estas palabras, la forastera desapareció dentro de la cabaña, asustando aún más al pobre José Pancho.

Al día siguiente, cuando el pastor contó a todo su entorno lo que le había sucedido, todos lo creyeron, pues sabían que aquel era un hombre honrado, que jamás había inventado una historia.

Mateo Pérez Herrero compartió con nosotros esta breve historia con el ímpetu del que lleva escuchándola y contándola toda su vida. Hizo especial hincapié en que fue el propio Pancho, que tendría unos sesenta años cuando todo ocurrió, quien le había revelado personalmente los detalles de aquella noche.

—Mi tío, que era un hombre valiente y acostumbrado al campo…, no volvió a dormir solo desde aquel día —nos reveló el anciano.

o

Lo que pocos sabían es que dos años antes de este suceso, otro vecino de Garganta la Olla, Teodosio Gómez, conocido en el pueblo como el Rojillo, regresaba a su casa por el camino de las Tortiñosas, después de pasar la tarde recogiendo castañas, cuando una mujer vestida con ropajes igualmente negros que le llegaban hasta los pies se colocó delante de él.

Al principio, Teodosio creía que aquella mujer era tía Amalia, una vecina del pueblo. Pero, por más que la llamaba, la buena señora no respondía.

Teodosio atizó a su mula para intentar alcanzarla, pero cuando aceleraba el paso, la mujer hacía lo propio y, cuando bajaba el ritmo, ella lo imitaba. Hiciese lo que hiciese, siempre mantenían la misma distancia. Aquello escamó a Teodosio que, al llegar a una fuente, se detuvo para que la mula bebiese. La caminante se detuvo también sin girarse, siempre dando la espalda al testigo. Cuando el animal terminó de aplacar su sed, al retomar el paso, la figura enlutada también lo hizo, hasta llegar a la entrada del pueblo, donde desapareció.

El Rojillo nunca pudo olvidar aquella noche en la que se vio obligado a seguir los pasos de una mujer espectral.

¿Sería la misma que, dos años más tarde, apareció en la cabaña de José Pancho?

O

A lo largo de nuestras múltiples investigaciones por Extremadura, Israel Espino y yo habíamos recogido decenas de encuentros similares, con seres mitad humanos, mitad carneros, que habían aterrorizado a paseantes solitarios por Las Hurdes[299]. Pero lo peculiar en los episodios recogidos en Garganta la Olla es que los testigos creían que aquellas entidades eran mujeres, quizá por las túnicas tan largas que llegaban a cubrirles los pies o por la energía femenina que parecían transmitirles.

Aprovechamos aquellos días para recorrer también poblaciones como Nuñomoral, Martilandrán o El Gasco, en busca de historias parecidas. Pero no tuvimos suerte.

Sin embargo, una sorpresa nos esperaba en Cerezal, donde alguien nos puso tras la pista de Petra Franco, una mujer mayor que había vivido, aparentemente, una historia parecida.

Aparcamos el coche a la entrada del pueblo y caminamos hasta su casa, una sencilla construcción de una planta, de color blanco, rodeada de árboles frutales. Petra estaba sentada en el patio trasero. Era una anciana llena de vitalidad y con muchas ganas de hablar, cosa que agradecimos enormemente. Cuando le preguntamos de manera genérica si alguna vez le había ocurrido algo extraño, nos dejó sobrecogidos, pues hizo referencia directa a una mujer fantasmal, vestida con ropas oscuras, que se despeñaba por los barrancos de la zona y a la que muchos conocían como la Diabra Hembra:

299 Javier Pérez Campos, *Los Otros*, Ed. Planeta, 2016.

—Un familiar muy cercano me contó que una noche venían hacia el pueblo hablando de sus cosas cuando, de repente, desde encima de la carretera, se tiró una mujer grande con un vestido largo... ¡Zas! No le vieron las piernas. Según se tiró del talud de la carretera, salió volando. Dicen que aquello era la Diabra Hembra, porque no podía ser otra cosa.

Aunque Petra nunca había llegado a ver a esta figura con sus propios ojos, sí fue testigo de un fenómeno que en ocasiones antecede a la aparición: el sonido de una algarabía, una conversación de voces femeninas:

—Una noche estaba regando la huerta con mi padre y empezamos a escuchar unos alaridos que se elevaban por encima de los olivos. Eran voces como de varias personas. No entendíamos lo que decían, pero sabíamos que no eran de este mundo. No podíamos ni mover el saco del miedo que teníamos. Y aquello zuuum, zuuum, por encima de nosotros. Hasta que se hizo de día estuvo aquello por encima.

Tras charlar más de media hora con Petra, escuchando sus relatos con suma atención, nos vimos obligados a regresar al coche, pues una fuerte tormenta se acercaba a gran velocidad por el horizonte. Aquello iba a dificultarnos las cosas. Al igual que nos había ocurrido en Garganta la Olla, la gente estaría metida en sus casas y no podríamos recurrir a la técnica de ir preguntando por la calle. Se nos ocurrió entonces que podríamos visitar a nuestro amigo José María Domínguez, un cronista de la localidad de Ahigal, ubicada a menos de cincuenta kilómetros de donde nos encontrábamos. Al fin y al cabo, Domínguez, que había entrevistado a cientos de testigos de encuentros similares, nos había ayudado ya en multitud de investigaciones. Quizá él pudiera darnos más contexto sobre esta Diabla o Diabra Hembra.

En el cementerio municipal de Ahigal se encuentra la tumba de tío Hilario, que vivió un encuentro muy similar al de José Pancho.

Domínguez nos recibió entusiasmado en su casa de estilo rústico, llena de libros y colecciones antiguas. Al contarle el motivo de nuestra visita, el cronista sonrió, como si nada de aquello le extrañase lo más mínimo. Israel y yo intercambiamos una mirada cómplice, y disfrutamos de aquel momento. Era fantástico poder intercambiar información con alguien como él.

Como la lluvia nos había dado una tregua, el hombre nos sugirió que lo acompañáramos a un paraje ubicado a las afueras de Ahigal para comprender mejor lo que estaba a punto de contarnos.

Lo seguimos con nuestro coche hasta la entrada embarrada de una finca. Continuamos dando tumbos por un camino de tierra, hasta llegar a una verja oxidada de color verdoso. Allí tuvimos que dejar los vehículos para continuar caminando durante unos minutos hasta llegar a una casucha que parecía medio abandonada pero que, en realidad, estaba llena de aparejos de labranza. En un cercado próximo había un rebaño de ovejas.La finca era propiedad de un matrimonio al que él conocía, pero que originariamente había pertenecido a un vecino de Ahigal llamado Hilario Roncero. Se trataba de una pequeña caseta construida con piedras de la zona, con una portezuela de madera pintada de color naranja.

Casucha de Hilario Roncero, vecino de Ahigal que una noche dejó pasar a tres figuras fantasmales que se desvanecieron ante sus ojos.

Hilario, según nos contó el cronista, se guarecía de una intensa tormenta dentro de esa misma cabaña, allá por el año 1978, cuando, a través de la ventana, vio a tres mujeres acercándose a la caseta por un camino que conducía al río. A pesar del mal tiempo, las forasteras caminaban despacio, bajo unos mantos negros que las cubrían de la cabeza a los pies. En un primer momento, Hilario creyó que eran tres monjas. Quizá se habían extraviado y necesitaban ayuda en aquella noche infernal. En un acto de caridad, abrió la puerta de la casucha y las llamó a gritos, con su voz amortiguada por el aguacero.

Las mujeres continuaron con su lento peregrinaje hasta llegar al chamizo de Hilario. Entraron sin mediar palabra.

—¿Qué hacéis por aquí?, ¿os habéis perdido? —preguntó el buen hombre.

Al ofrecer un denso silencio a modo de respuesta, Hilario concluyó que, evidentemente, aquellas desconocidas eran unas religiosas que debían guardar voto de silencio.

Al sentarse frente a la lumbre, sus mantos empapados se levantaron ligeramente del suelo y el pastor contempló con horror que allí donde debía haber unos pies había unas patas de cabra.

Hilario se agarró entonces a la cruz que llevaba al cuello, interpretando que tenía ante sí algo diabólico, y empezó a rezar el padrenuestro. Al terminar la oración, los tres espectros desaparecieron para dejar en el ambiente un penetrante olor a azufre.

Me impresionó enormemente escuchar aquella historia en el mismo lugar donde, en teoría, había sucedido. El hecho de que fuera prácticamente idéntica a la de José Pancho me hizo sospechar que podía tratarse de algún tipo de relato popular, una vieja leyenda que se contaba en algunos pueblos de La Vera y Granadilla. Sin embargo, José María Domínguez me insistió en que él desconocía la historia de tío Pancho y que el propio Hilario se la había relatado con todo lujo de detalles, garantizándole que había ocurrido de veras. Por lo tanto, ¿tendrían aquellas figuras alguna relación con lo que José Pancho y Teodosio Gómez habían observado en Garganta la Olla? ¿Era la Diabla (o la Diabra Hembra) que se despeñaba por los caminos de Cerezal algo similar a esto? Desde luego, las descripciones coincidían a la perfección: figuras vestidas con túnicas oscuras que les cubren el rostro y las extremidades y que se comportan de manera anómala. Anoté estos últimos datos en mi cuaderno de campo, donde llevaba marcados los lugares y los nombres de los testigos vinculados a estas singulares apariciones:

GARGANTA LA OLLA
Teodosio Gómez, El rojillo, 1946
José Pancho, 1948

AHIGAL
Hilario Roncero, 1978

CEREZAL
Petra Franco, 1982

Casi había anochecido cuando el bueno de José María Domínguez nos condujo hasta el cementerio de Ahigal. Estaba desierto, al igual que el de Garganta la Olla. Israel y yo lo seguimos entre las tumbas, mientras él nos contaba la historia de algunos de los finados. Domínguez había pasado décadas escuchando a sus vecinos y tomando nota de las curiosidades que estos le transmitían. Era una mina de sabiduría popular, de fábulas, de leyendas de los pueblos, de ruralismo mágico y también de la maravilla cotidiana. Precisamente ese conocimiento le otorgaba una autoridad especial a la hora de discernir entre una narración ficticia y una crónica real.

El cronista se detuvo en una calleja lateral del cementerio y se arrodilló para señalarnos el nicho que andaba buscando. Allí estaba Hilario Roncero, fallecido el 13 de junio de 1984 a los setenta y ocho años. Sobre la losa de mármol, dentro de un marco ovalado, se encontraba su fotografía. Ese último documento gráfico mostraba a un hombre de avanzada edad, oculto tras unas gafas gruesas.

Nos detuvimos unos minutos frente a la tumba, como habíamos hecho ante la de José Pancho Campo, y al igual que en Garganta la Olla me pregunté allí mismo cuántos secretos se había llevado aquel hombre consigo.

APUNTES DE MADRUGADA

Han pasado algunos años desde que documenté estas apariciones que se produjeron en diferentes zonas de Cáceres y, desde entonces, han ocurrido algunas cosas alrededor de esta investigación. La más triste de todas ellas es la muerte de José María Domínguez, el maravilloso cronista que nos acompañó a Israel y a mí en muchas aventuras y que siempre tenía datos con los que conseguía sorprendernos. ¡Bien que disfrutaba él de nuestras caras de perplejidad!

Me consta que mantuvo su habitual entusiasmo hasta el final, pero en diciembre de 2023, Ahigal perdió al mejor compilador de lo fantástico. Las historias que él recogió quedarán para siempre en sus libros, pero, ¿qué ocurrirá con las que sucedan a partir de ahora? ¿Quién se encargará de custodiarlas, de publicarlas, de compartirlas...? ¿Cuántas habrán ocurrido en el mundo y se habrán perdido por la ausencia de alguien tan enamorado del folclore como él?

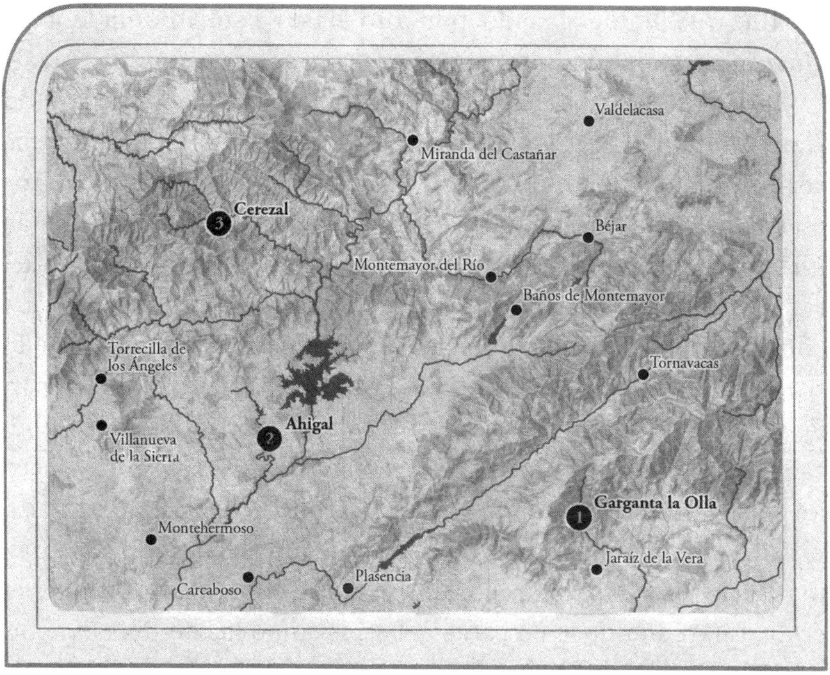

Ubicaciones de Extremadura donde se han registrado apariciones de figuras relacionadas con la Diabla.

Es de noche y en mi despacho reflexiono y me siento especialmente orgulloso de ser también cronista de nuestro patrimonio intangible. Hablo del ingrato tesoro invisible que se pierde para siempre cuando alguien desaparece. Siento que este libro, llegados a estas alturas del proceso de escritura (y, en este preciso instante, también en tu proceso de lectura), es un pequeño baúl que almacenará estas historias para el futuro; una cápsula del tiempo, un retazo de recuerdos.

De manera casual, mientras estoy elaborando un mapa para acompañar este capítulo e ilustrar las ubicaciones de las apariciones y las fechas en que se produjeron, extraigo un último detalle que había pasado por alto hasta esta misma noche. Quizá sea casualidad, quizá no.

Las primeras apariciones de la forastera se registraron en Garganta la Olla en los años 1946 y 1948. Años más tarde, se registró la aparición de otras tres mujeres de idénticas características en Ahigal, a unos sesenta kilómetros. Pero es que las últimas visiones de las que hay constancia se producen en Cerezal, a unos cuarenta kilómetros de Ahigal. Los tres puntos conforman una línea que va recorriendo prácticamente la frontera norte de Cáceres con Salamanca hacia la frontera con Portugal. ¿Es posible, por tanto, que en otras poblaciones ubicadas entre estos puntos se hayan visto figuras parecidas entre los años cuarenta (primeros registros) y los años ochenta (últimas referencias documentadas)? ¿Pudieron ser las mismas forasteras las que recorrieron un área geográfica tan concreta, guareciéndose en otras cabañas como las de José Pancho o Hilario Roncero? Y, lo más importante, la ausencia de algún cronista tan comprometido con la memoria colectiva, como José María Domínguez en esos territorios, ¿empujará a estas historias a perderse en el olvido para siempre?

Capítulo 11
EL JINETE

Todo aquel que cometa un acto digno de decapitación, que no se castigue en vida, será condenado a vagar con su cabeza bajo el brazo después de la muerte.

HANS JAGENTEUFEL, cuento popular alemán[300]

300 Lluís Rueda, *Decapitación: iconos y leyendas*, Ed. Hermenaute, 2021.

El jinete sin cabeza es un personaje propio de la noche. Se aparece siempre a la hora en que los caminos deberían estar vacíos, aprovechándose de las sombras para jugar a la ambigüedad. ¿Es un fantasma o alguien que intenta aterrorizar disfrazado a todo un pueblo?

La publicación de *La leyenda de Sleepy Hollow*, de Washington Irving, en 1820 generó una enorme impresión en los lectores, al leerse como una crónica real, con abundantes rasgos que le otorgan cierta verosimilitud, como el propio inicio del cuento, que dice:

> La leyenda de Sleepy Hollow
> Encontrada entre los papeles del difunto Diedrich Knickerbocker

Así, el autor intentaba dotar de realismo a su historia, haciéndola pasar por una crónica hallada entre documentos veraces, es decir, una historia dentro de otra historia.

Diedrich Knickerbocker era el seudónimo con el que Irving había publicado su primer relato. Para colmo, el cuento de fantasmas empieza con la descripción detallada de un paraje, al más puro estilo de una crónica de viajes. Las primeras líneas nos hablan de un lugar de Estados Unidos ubicado «en lo más profundo de una de las inmensas ensenadas de playas que el Hudson acaricia en sus orillas orientales»; una pequeña aldea llamada Sleepy Hollow, donde se asentaron los primeros colonos holandeses.

Tras una larga y profusa exposición geográfica, el autor entraba en la historia misma del lugar, otorgando aún mayor verosimilitud a sus palabras. Según contaba, un 28 de octubre de 1776, el ejército de George Washington fue acorralado por las tropas británicas en la aldea de White Plans. Este episodio, inspirado en una batalla real de la guerra de la Independencia, terminó con cientos de soldados muertos. Pero en quien nos detendremos es en un soldado hessiano o hesiano, auxiliar mercenario alemán contratado por el servicio paramilitar del gobierno británico, cuya cabeza fue arrancada de su cuerpo por una bala de cañón.

Desde entonces, cada noche, el jinete salía de su tumba en busca de su cabeza perdida, merodeando por los alrededores del conocido árbol del Mayor André y un puente de madera, hostigando de ese modo a los habitantes con sus tribulaciones:

> El espíritu dominante, sin embargo, el que más influjo tiene sobre la imaginación de las gentes, el que parece someter a todos los espíritus que habitan los aires, es un fantasma, auténtico rey de esta región encantada: un fantasma decapitado que aparece a lomos de un caballo... Para algunos, no es otro que el espectro de un soldado que sirvió en la caballería de Hesse; un soldado al que una bala de cañón arrancó de cuajo la cabeza en una batalla de la Guerra Revolucionaria y

que aún galopa, como llevado por el viento, en las noches más oscuras[301].

Las profusas descripciones que Washington Irving hacía de los paisajes y de la geografía hizo que muchos sospecharan que el pueblo ficticio que da título a la obra estuviera inspirado en la localidad de North Tarrytown, que en 1996 decidió cambiar su nombre por el de Sleepy Hollow[302]. El alcalde del pueblo en aquel momento, aseguró: «El nombre de North Tarrytown pertenece a los libros de historia. El nombre de Sleepy Hollow, a nuestro futuro» [303]. Los ciudadanos intentaban sobrevivir así al cierre de la principal industria que les había dado trabajo hasta ese momento, la General Motors, y lo hacían fomentando el turismo, aprovechando un filón que terminó resultando un éxito enorme. Cada Halloween, miles de turistas visitan el pueblo para conocer la iglesia de Old Dutch que aparece en el relato e incluso un viejo cementerio con tumbas anteriores a la publicación de la obra, donde pueden leerse apellidos como Van Tassel, que también pudieron servir de inspiración al autor.

El hermoso giro de esta historia es que, tras su muerte, Washington Irving fue enterrado en el cementerio de Sleepy Hollow, donde todavía hoy descansa, quizá cerca de la tumba de algún soldado hessiano decapitado.

301 Washington Irving, *La leyenda de Sleepy Hollow y otros cuentos de fantasmas*, Ed. Valdemar, 2002.

302 «New spirit can rise from Sleepy Hollow», *Tarrytown Daily News*, 5 de diciembre de 1996.

303 Robert Marchant y Rob Ryser, «Sleepy hollow begins its transformation», *The Daily Times*, 12 de diciembre de 1996.

Encuentro de Ichabod Crane con el fantasma del jinete sin cabeza a las afueras de Sleepy Hollow, de la edición de *The Sketch Book of Geoffrey Crayon* de 1907.

Dicho esto, es muy probable que la historia del jinete sin cabeza viajara hasta Estados Unidos con los primeros colonos europeos, que tenían en su cultura varias referencias similares.

En la mitología irlandesa, por ejemplo, existe la figura del *dullahan*: un jinete que lleva su cabeza bajo el brazo. A pesar del desmembramiento, los ojos del espectro se mueven de un lado a otro y sonríe a los pobres desdichados con los que se encuentra. Además, ilumina la noche con su propia cabeza, que resplandece como una especie de fuego fatuo, debido a la fosforescencia de los huesos y a los efectos de la putrefacción[304]. El fantasma lleva también un látigo, fabricado con la espina dorsal de una de sus víctimas. Su aparición suele ser considerada el augurio de una muerte próxima.

304 Shirley Anne Abeel, *The Dullahan and other Irish tales* (publicación independiente, 2019).

En Escocia existe el *ewen*, un decapitado durante la batalla de clanes Glen Cainnir, en la Isla de Mull. Lo peculiar de esta figura es, en algunas versiones, el caballo también carece de testa.

En el folclore alemán existe *der Kopflose Reiter*, literalmente, «el jinete sin cabeza», que a veces cabalga por los bosques que atraviesan los ríos Rin y Ruhr, y que es considerado una especie de vampiro que roba la energía vital de sus víctimas con solo tocarlas. Los hermanos Grimm, autores de cuentos de enorme popularidad como *Blancanieves* o *Hansel y Gretel*, escribieron también dos relatos sobre jinetes descabezados: uno que aparece a las afueras de Dresde, en Sajonia, y otro ambientado en Brunswick, en la Baja Sajonia[305]. En estos relatos se cuenta que el caballero busca a malhechores y que, en ocasiones, va acompañado de un grupo de perros negros, al estilo europeo de la caza salvaje[306].

William Irving, padre del famoso escritor norteamericano, era originario del pueblo de Quholm, en Escocia, y su madre, Sarah Sanders, había crecido en la región de Cornualles. En estas zonas, se hablaba también del jinete sin cabeza que monta en su corcel durante las horas de oscuridad, como un vigilante nocturno.

Cuarenta y cinco años después de la publicación de *Sleepy Hollow*, un polifacético escritor nacido al norte de Irlanda dio una vuelta de tuerca al relato de Washington Irving. Thomas Mayne, hijo de un reverendo de la Iglesia presbiteriana, viajó a Nueva Orleans para trabajar en una plantación

305 Jacob Ambos y Wilhelm Grimm, *Leyendas alemanas*, Ed. Obelisco, 2000.

306 Israel J. Espino, *Gente de muerte*, Ed. Almuzara, 2022.

de maíz[307]. Él mismo contaba que no quiso azotar a los esclavos, así que se despidió y continuó viajando por Estados Unidos. Fue trampero en las Montañas Rocosas, maestro en Pittsburgh, actor en Cincinnati, periodista en Nashville y Filadelfia (donde conoció a Edgar Allan Poe, al que bautizó como un genio raro, ya en 1845), y participó en la expedición a Texas en 1840[308].

En 1865, el capitán Mayne Reid publicó una versión del jinete sin cabeza que transcurría en Texas.

De todos esos viajes por el territorio americano, donde llegó a combatir el 13 de septiembre de 1847 en la batalla de Chapul-

307 Terence O'Hanlon, «Mayne Reid: An Irish novelist with the scalp hunters», *Irish Independent*, 15 de julio de 1946.

308 Elizabeth Reid, *Mayne Reid: A memory of his life*, Ed. Legare Street Press, 2023.

tepec, durante la invasión de Estados Unidos a los territorios de México, el capitán Mayne Reid recogió multitud de historias reales y las transformó en breves novelas de aventuras, de las que llegó a publicar más de setenta volúmenes. La más extraña y célebre de todas ellas es *El jinete sin cabeza*, que apareció de manera seriada entre 1865 y 1866, y que contaba la historia de un grupo de colonos, en una plantación de Texas, que eran acosados por un fantasma descabezado que cabalgaba sobre un corcel negro y llevaba un poncho que colgaba de sus hombros bajo el cuello[309].

El serial, con más de veinte números, fue un éxito de ventas, así como considerado por los críticos como la gran obra maestra de Mayne Reid, llegando a traducirse al ruso[310]. En España fueron la editorial Calpe y después Bruguera quienes comercializaron esta historia de aventuras y romances que incluía praderas, ranchos, indios, vaqueros y todo lo que se puede esperar de un wéstern.

Así irrumpía el misterioso decapitado que da nombre al título:

> Lo que hasta entonces no había sido sino un asunto ambiguo, un caos de cálculos y suposiciones, se transformó de repente en un horror de esa intensa especie que solo puede nacer de ideas de lo sobrenatural.
>
> Nadie podía decir que esa sensación de horror se producía sin razón. Cuando se ve a un hombre montado a caballo, sen-

309 Mayne Reid, *The Headless Horseman: A Strange Tale of Texas*, Ed. EPembaBooks, 2023.

310 Elizabeth Reid, «The life and adventures of Captain Mayne Reid», *The Newcastle Weekly Chronicle*, 23 de diciembre de 1893.

> tado firmemente en la silla, con los pies en los estribos, el cuerpo erguido y las manos sosteniendo las riendas; en una palabra, cuando el aire y la actitud son las propias de un jinete; cuando un examen más detenido descubre que falta algo para completar la idea de un jinete perfecto, y cuando un examen aún más atento demuestra que ese algo que falta es la cabeza, no es de extrañar que el espectáculo aterrorice al que lo ve[311].

La historia estaba basada en unos hechos verídicos ocurridos en la frontera del sur de Texas, donde un bandido tenía aterrorizados a los rancheros, a los que solía intimidar para robarles el ganado[312].

Corría el año 1836, y la batalla de San Jacinto había zanjado temporalmente la disputa entre México y Texas. Eran tiempos de paz y, sin embargo, un desertor del bastión mexicano estaba actuando junto con otro grupo de forajidos para robar caballos en los alrededores de Corpus Christi y otras poblaciones ubicadas cerca del río Nueces, llegando su actividad criminal hasta Nacogdoches.

Vidal y otros tres cuatreros capitaneaban toda una red de ladrones de caballos que operaban a orillas del Río Grande y que introducían el ganado robado en Luisiana y Misisipi. Vidal, el cabecilla (nunca mejor dicho), aparece también mencionado en algunas crónicas como el teniente Vivois, y se le describe como un tipo enjuto, aparentemente afable y observador[313]. Te-

311 Mayne Reid, *El jinete sin cabeza*, Ed. Calpe, 1921.

312 William Edward Syers, *Ghost Stories of Texas*, Ed. Texian, 1981.

313 «Headless horseman of Southwest Texas No Myth; Big Foot Wallace perpetrator of grewsome joke», *Austin American-Statesman*, 30 de noviembre de 1924.

nía capacidad de liderazgo, y había vivido durante años sin sobresalto en la localidad de San Antonio, hasta terminar convirtiéndose por necesidad en el bandido más famoso del suroeste de Texas.

Leyenda texana: el jinete sin cabeza cabalga entre la bruma del sur

Por Ed Syers

Texas

En lo profundo del matorral, cubierto por sombras y arena, algo —quizás el resoplido de su caballo atado, un murmullo en el viento o un presentimiento ancestral— despertó con sobresalto al viajero. En silencio, giró sobre sí mismo, su cuerpo extendido bajo la manta oscura, mientras un escalofrío le recorría la espalda. Instintivamente, empuñó su rifle Spencer desde la colina donde se había guarecido.

Este era Creed Taylor, un hombre que había sido tanto *ranger* como forajido. Peligroso, impredecible, marcado por historias que rozaban la leyenda. Se decía que, en una ocasión, se infiltró en un círculo de hombres solo para luego desaparecer sin dejar rastro. Lo que dejó atrás fue un susurro: «El hombre sin cabeza».

Una figura oscura llenaba el depósito de combustible.
—Hablan de él —dijo—. Sobre todo, los ancianos.
—Dicen que aún cabalga por las noches —agregó Al.
El hombre, tras devolver el cambio, murmuró con una gravedad inquietante:
—Aquel que lo ve... no vuelve a ser el mismo.

Algunos medios publicaron la historia del verdadero jinete sin cabeza que cabalgó durante varias noches en los alrededores de la localidad de Corpus Christi, en Texas.

En los últimos días de su actividad criminal (y no por casualidad fueron estos sus *últimos días*), Vidal robó unos caballos a quien no debía. Concretamente, a un ciudadano mexicano llamado Flores y a dos miembros de los recién creados Rangers de Texas, que en ese momento eran un grupo de vigilancia vecinal que acabaría transformándose con los años en un cuerpo especial de seguridad pública, aún hoy operativo.

Los dos agentes de los Rangers eran Bigfoot Wallace[314] y Creed Taylor[315], conocidos por su eficacia para erradicar el crimen, por su falta de escrúpulos para alcanzar la paz a cualquier precio y por un sentido del humor excesivamente macabro.

Durante varios días, los Rangers siguieron el rastro de la banda de Vidal, hasta que se toparon con los forajidos, que habían acampado junto al río Nueces, cerca del antiguo Fuerte Inge, en el condado de Uvalde.

Era una noche sin luna, pero el cielo perlado de estrellas iluminaba parcialmente la ribera del río.

—Si cazamos a Vidal —susurró Creed Taylor—, nos darán una buena recompensa por su cabeza.

—Pues a mí se me ocurren otras cosas que hacer con ella... —rio Bigfoot Wallace, sin quitar ojo a los cuatro hombres que, al otro lado del río, dormían junto a una manada de mustangs, los caballos salvajes de Norteamérica.

Dedicaron unos minutos a diseñar un plan de ataque que consistió, básicamente, en repartirse a los bandidos al azar, pues en la oscura noche sus cuerpos eran simples bultos negros recortados en la hierba.

Se acercaron despacio, como depredadores, y cuando los tuvieron cerca, abrieron fuego a discreción. Uno huyó malherido, pero los otros tres cayeron al instante, sangrando en abundancia por todos los orificios de bala hasta desangrarse completamente.

314 «Texas Ranger Gray a robber and killer», *Valley Morning Star*, 14 de julio de 2007.

315 «Henry Wolf Jr., Oldtimes Sure Got Around», *Victoria Advocate*, 25 de marzo de 1990.

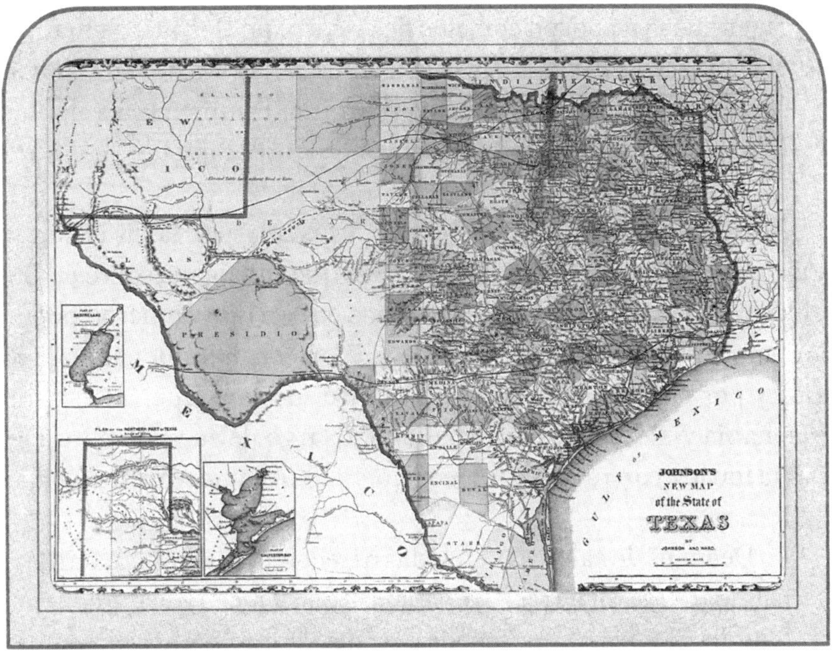

Las apariciones de Vidal, el jinete sin cabeza de Texas, tuvieron lugar en los alrededores de Corpus Christi, y en las inmediaciones del río Nueces.

Taylor, Wallace y Flores vitorearon al descubrir que una de las víctimas era el maldito Vidal. Pero, a pesar de haberlo matado, no habían terminado con él. El propio Creed Taylor relató en la prensa lo que hicieron:

> Bigfoot Wallace fue uno de los temerarios más excéntricos que jamás vivieron en la frontera. Por indicación suya, cogimos a uno de los caballos mustang, al más grande y elegante, al más salvaje de la manada, y le fijamos firmemente en el lomo una de las sillas de montar más resistentes que encontramos entre las de los mexicanos. Le cortamos la cabeza a Vidal y colocamos su

tronco decapitado en posición natural, erguido sobre la silla. Sujetamos su cuerpo con cuerdas y correas. Después le fijamos el sombrero a la cabeza, y la colgamos de la silla de montar con una cuerda que le pasaba bajo la barbilla. También le atamos las manos. Y, de esta forma, parecía un jinete decapitado[316].

El caballo temblaba y resoplaba, asustado por la situación y, quizá, también por el olor de la muerte que cabalgaba sobre él. Bigfoot Wallace, que concluiría sus días convertido en héroe popular por su participación en la intervención estadounidense en México y por sus servicios a la comunidad, declaró que, a pesar de que había visto cientos de caballos a lo largo de su vida, nunca se había topado con ninguno como aquel[317]. Lo explica de esta forma:

> Después de cabecear en todas direcciones, resoplar, chillar, patalear, encabritarse, caer hacia atrás, y luego quedarse temblando, el animal seguía boca arriba. Durante unos cinco minutos permaneció con las patas abiertas, los costados agitados, las fosas nasales dilatadas y todo el cuerpo temblando. Luego, con un chillido salvaje y aterrorizado, echó a correr[318].

En los días sucesivos, tal y como publicaron el *Oakland Tribune* y otros medios texanos, los soldados del Fuerte Inge, en

316 «Headless horseman of Southwest Texas No Myth; Big Foot Wallace perpetrator of grewsome joke», *Austin American-Statesman*, 30 de noviembre de 1924.

317 John C. Duval, *The Adventures of Big-Foot Wallace: The Texas Ranger and Hunter*, Ed. Skyhorse, 2015.

318 J. Frank Dobie, «Creed Taylor and Bigfoot Wallace tied headless rider on Mustang», *Fort Worth Star-Telegram*, 24 de octubre de 1954.

Uvalde, los guardabosques, los vaqueros e incluso los indios de aquellos territorios, dispararon aterrorizados contra un jinete sin cabeza que cabalgaba sin descanso hasta la frontera de Kansas, pues lo habían tomado por un verdadero fantasma[319].

Unos meses más tarde, se organizó una batida para dar caza al monstruo, y finalmente lo consiguieron. El mustang negro, con el mexicano decapitado sobre su lomo, bebía agua en un abrevadero. Un grupo de cazadores se acercó, con sigilo, y consiguió echar una lazada al cuello del animal, que se revolvió con fuerza hasta caer al suelo. Vidal estaba momificado por el calor. Su cuerpo estaba lleno de agujeros de bala y de flechas de todas aquellas personas que le habían disparado al confundirlo con un espectro. Su cabeza, que pendía de la silla de montar como un péndulo, conservaba un gesto de horror y espanto[320].

El cadáver fue enterrado en una sepultura anónima en el cementerio del rancho La Trinidad, al sur de Ben Bolt, cerca de la población de Corpus Christi, donde comenzó su leyenda. Desde entonces, algunos habitantes y viajeros que cruzan aquellos parajes, afirman haberse topado con el fantasma de Vidal, al que allí conocen, simplemente, como el Muerto[321].

En 1917, una pareja que viajaba en coche hasta San Diego acampó a las afueras de Corpus Christi ya cuando anochecía. A la mañana siguiente, denunciaron en el Departamento de Policía que mientras cenaban junto al fuego, un enorme corcel

319 «Horseman was headless», *Oakland Tribune*, 7 de junio de 1925.

320 *El Muerto. Still Riding?* Bryan-College Station Eagle, 25 de noviembre de 1971.

321 Ed Syers, «The Headless horseman really rode in Texas», *Corpus Christi Times*, 23 de marzo de 1962.

negro pasó ante ellos a una gran velocidad, llevando a un hombre decapitado encima. Otro avistamiento similar ocurrió cerca de Freer, en Texas, en 1969[322].

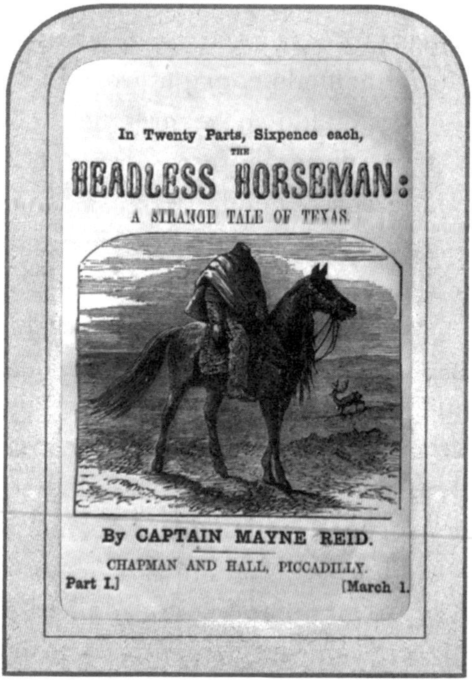

El capitán Mayne Reid publicó una novela por entregas sobre un jinete sin cabeza que cabalgaba en territorios de Texas, y que se inspiró en la historia real de un cuatrero mexicano llamado Vidal.

Un artículo publicado en 1962 daba voz a un vecino de la zona, Al Kennedy, un viejo fabricante de armas que conocía la historia de Vidal, alias el Muerto. Él sabía dónde se encontraba

322 Kathy Alexander, *Legends of America*, enero de 1924: https://www.legendsofamerica.com/tx-elmuerto/

la tumba sin nombre del jinete sin cabeza, y aseguraba que muchos veteranos de la zona seguían topándose algunas noches con su fantasma, como si estuviera condenado a cabalgar durante toda la eternidad[323].

APUNTES DE MADRUGADA

Los espectros descabezados de Washington Irving o Mayne Reid no se circunscriben únicamente al terreno de la novela. Crónicas como la del Muerto son un buen ejemplo de lo delgada que es la línea que separa la realidad de la ficción.

A lo largo de mis investigaciones, he recorrido parte del mundo en busca de otros espectros o apariciones similares. En Escocia, por ejemplo, recogí el relato de miembros fantasma de manera aislada: cabezas flotantes o brazos que se desvanecen al final de un pasillo en lugares donde se han producido cientos de amputaciones durante sangrientas batallas. En Japón también recogí los testimonios de personas que habían visto figuras desvaneciéndose en el bosque Aokigahara (*Jukai* o Mar de Árboles), en las faldas del mítico monte Fuji, y que no tenían piernas.

En lo que respecta a los fantasmas sin cabeza, en España tenemos ejemplos como el Descabezado de Rubiaco, en Las Hurdes, que se dejó ver una noche de agosto de 1947 ante Julián Sendín, Marcelo Martín y Fausto Domínguez[324]. El ente medía más de dos metros de altura y caminaba con torpeza. Los tres contra-

323 Ed Syers, «Headless horseman rode in Texas», *Fort Worth Star Telegram*, 25 de marzo de 1962.

324 Iker Jiménez, *El paraíso maldito*, Ed. Edaf, 2003.

bandistas, que regresaban desde Salamanca hacia Nuñomoral con unos sacos llenos de alimento, se arrodillaron y se pusieron a rezar con los ojos cerrados, hasta que aquel espanto pasó de largo, a unos cinco metros de distancia de donde ellos se encontraban. También en la alquería hurdana de El Horcajo se hablaba de un jinete sin cabeza que cabalgaba algunas noches con una antorcha que utilizaba para iluminar las veredas solitarias[325].

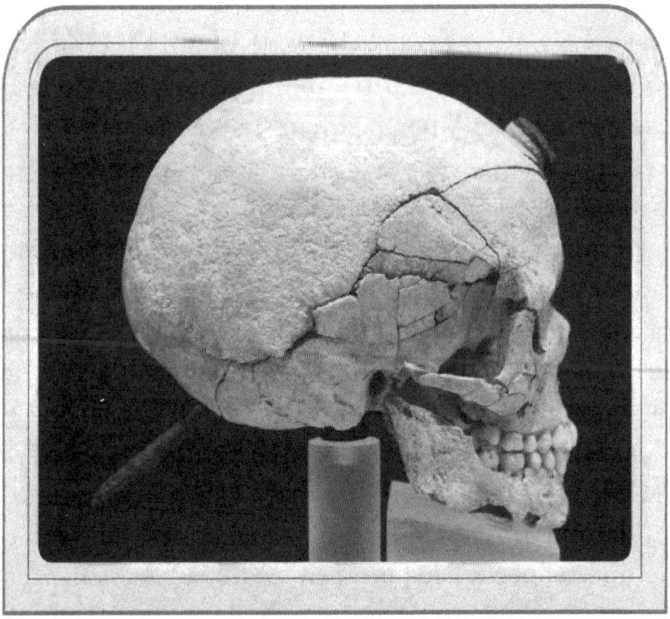

Desde 1947, en Ullastret, el poblado ibérico, se han recuperado más de cuarenta individuos que fueron decapitados y cuyos cráneos habían sido enclavados, posiblemente expuestos en lugares visibles de la ciudad como fachadas y pórticos.

325 Israel Espino, «El enigma de los descabezados extremeños», *Hoy*, 9 de junio de 2020.

Pero si existe una tradición bien peculiar es la de los curas decapitados que aparecen en muchos pueblos de Chile, Colombia, Uruguay, México, Argentina o Perú, cuyo origen se remontaría a la evangelización española durante el periodo colonial. En la población de Cajamarca, en Perú, contaban que, en 1800, un sacerdote había hecho un pacto con el diablo para conseguir enamorar a una joven. Al incurrir en un pecado de ese calibre, el hombre fue decapitado y desde entonces su fantasma camina por las calles en busca de su cabeza. En México, un sacerdote decapitado aparece en la ciudad de Tonolá, Jalisco, vestido con una túnica negra. Su presencia siempre va acompañada de un viento helado[326]. La figura, claro, termina en el alzacuellos.

o

Seguramente, la fuerza de estas leyendas, y especialmente del relato de Washington Irving, tenga que ver con el poder simbólico que todas las culturas han atribuido a la cabeza, especialmente a nivel ritual. Tal y como explica Francisco García Alonso, catedrático de Prehistoria de la Universidad de Barcelona:

> La mutilación del cadáver del enemigo y la captura de trofeos macabros no es un fenómeno que, por desgracia, podamos acotar en el tiempo o arrojarlo a momentos pretéritos y más oscuros que nuestro siglo xxi. Al contrario, se trata de un comportamiento, a menudo, ritual, que aparece casi de forma constante a lo largo de la historia, y en sociedades muy diversas, desde la antigua Asiria al actual Irak, y desde esos celtas que guardaban,

326 Lluís Rueda, *Decapitación: Iconos y leyendas*, Ed. Hermenaute, 2021.

con mimo, cráneos embalsamados, a la Segunda Guerra Mundial o a las abominables matanzas de los narcos en México[327].

Para muchas culturas, la cabeza es, junto con el corazón, el elemento sagrado donde se almacena el conocimiento y donde se origina nuestra interpretación del mundo. Para otras, como la maya, rebanar la cabeza era incluso una vía de comunicación con el más allá:

> Rebanar una cabeza suponía para ellos, además de una técnica sacrificial incluida dentro del sistema de creencias, un medio de comunicación con el inframundo y con el ámbito de los espíritus en general, que tiene lugar a través de la efusión de sangre que brota de la cabeza cercenada de la víctima. Es un sistema que utiliza la sangre fluyente como sistema portador de información dirigida hacia el Otro Mundo y que está destinada a entablar contacto con los seres que allí residen[328].

De hecho, uno de los grandes enigmas de nuestra propia historia es el de los múltiples cráneos perforados que han aparecido en campañas arqueológicas como en Ullastret, donde, desde 1947, se han recuperado más de cuarenta individuos que fueron decapitados y cuyos cráneos habían sido enclavados y posiblemente expuestos en lugares visibles de la ciudad como fachadas y pórticos[329].

327 Francisco García Alonso, *Cabezas cortadas y cadáveres ultrajados*, Ed. Desperta Ferro, 2017.

328 José Luis Cardero, *Lo paradójico y lo sagrado. Cabezas, máscaras y dioses*, Ed. Booksedit, 2012.

329 «Els caps tallats d'Ullastret. Violència ritual al món iber», Museu d'Arqueologia de Catalunya, 2014.

Es muy posible, por tanto, que llevemos grabado en nuestro ADN un miedo universal y muy profundo a lo que significa la decapitación. No solo como daño físico, sino también como algo extremadamente simbólico.

Por eso, aunque la figura del jinete sin cabeza nos parezca cada vez más increíble en el terreno de lo verosímil, su mera existencia en la ficción sigue produciéndonos un profundo escalofrío.

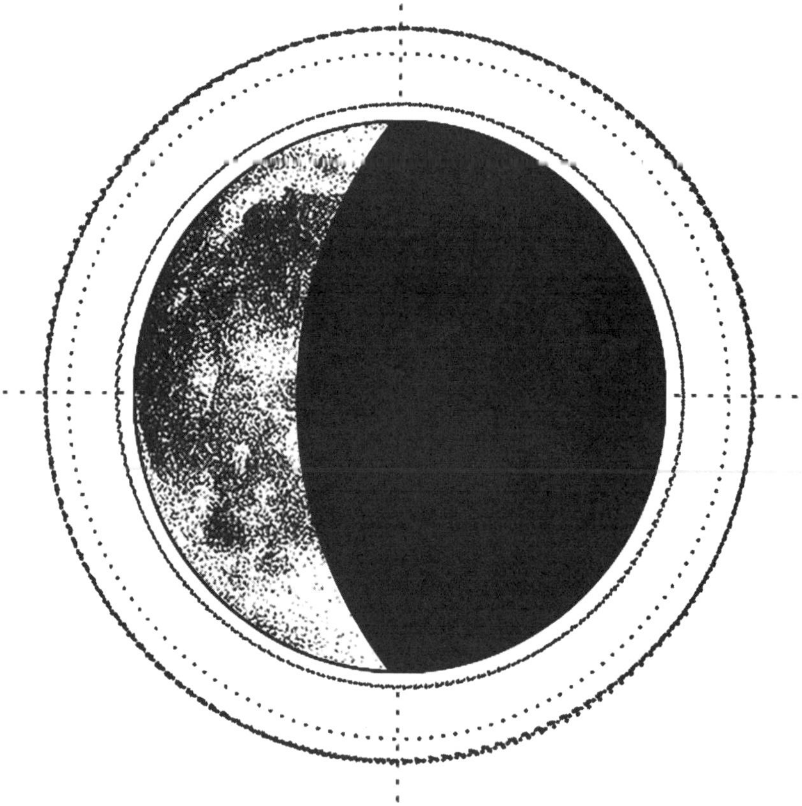

CUARTA PARTE

CONTICINIO

(Cuando todas las cosas parecen
estar calladas y dormidas)

Somos seres diurnos y por eso nuestros miedos se alimentan durante la noche. La vulnerabilidad que sentimos en medio de la oscuridad —para la que, por cierto, no estamos preparados— nos hace estar alerta. Ese estado ansioso aumenta nuestros niveles de tensión y de estrés y, aunque ya no hay riesgo de morir atacados por un diente de sable mientras dormimos, los problemas del día se transforman en otro tipo de monstruos que nos acosan durante la madrugada. Son los efectos del miedo innato, ese que llevamos grabado en nuestro ADN desde que nacemos y que nos acompaña desde hace miles de años, manifestándose a través de los circuitos de nuestro cerebro[330].

A este respecto, el neurólogo Oliver Sacks investigó en profundidad el mundo de las alucinaciones que se generan en la noche, cuando todo está en silencio, cuando todo parece muerto. Él mismo hablaba del síndrome del atardecer o *sundowning,* que afecta a muchas personas con un leve problema cognitivo. Estas pueden mostrarse estables durante el día, pero modifi-

330 Francisco Mora, *¿Es posible una cultura sin miedo?*, Ed. Alianza, 2015.

can su conducta al llegar la noche, gobernadas por el miedo y la confusión[331]. Desde el amanecer, la mente es ya capaz de procesar aquello que es ficticio y que no supone una amenaza real. Pero el raciocinio desaparece al caer el sol. Sacks afirma que, en muchas ocasiones, las alucinaciones actúan como un proyector sobre una pantalla de cine y que necesitan de la oscuridad para poder verse con nitidez. En esa oscuridad se agudizan los temores más profundos, tanto los fundados como los más irracionales.

El filósofo y musicólogo francés Vladimir Jankélévitch escribió que «el coraje elige en la noche, pero esa noche es el lugar de la revelación». El miedo es para él un paso necesario para llegar a un despertar distinto. Atravesamos la noche en busca de la transformación, como un rito de paso similar al que practicaron los chamanes de la prehistoria[332].

El miedo y la noche están íntimamente ligados, quizá porque solo en la oscuridad y en la soledad puede diferenciarse lo sagrado de lo profano. Hace más de seis mil años, por ejemplo, los sumerios temían a *melammlly*, una presencia sobrenatural que se manifestaba en forma de luz y que aparecía solo en las últimas horas del día, bajo el cielo estrellado[333]. En otras regiones del mundo, esas luces han seguido manifestándose, atemorizando a los testigos y llegando a provocar muertes por quemaduras y desprendimientos de piel[334].

331 Oliver Sacks, *Alucinaciones*, Ed. Anagrama, 2013.

332 Jean-Clottes y David Lewis-William, *Los chamanes de la prehistoria*, Ed. Ariel, 2010.

333 José Antonio Marina, *Anatomía del miedo*, Ed. Anagrama, 2006.

334 Pablo Villarrubia, *Las luces de la muerte*, Ed. Reediciones Anómalas, 2022.

Nos adentramos ya en el último periodo de la noche, cuando, a punto de despuntar el alba, aún nos quedan algunos secretos que desvelar.

Las muertas que cabalgan por los caminos, las luces asesinas y los intrusos que se cuelan en nuestros dormitorios nos aguardan en este último tramo de oscuridad.

Capítulo 12
LA LUZ

El jefe de la investigación, Lev Ivanov, escribió en su informe final que los montañeros habían muerto como resultado de una poderosa fuerza desconocida.

DONNIE EICHAR, *La montaña muerta*

La cumbre de Jólat Siajl recibe su nombre de la tribu mansi, los nativos que la ocuparon en tiempos pretéritos. Significa, literalmente, «la montaña de la muerte».

Yuri Yudin contemplaba el pico nevado mientras lo sobrevolaba desde la parte trasera de un helicóptero, junto a unos tarros en los que viajaban los órganos de sus nueve compañeros muertos[335]. Le costaba asumir que él mismo podría estar viajando en una urna similar, pero una severa lumbalgia le salvó la vida.

o

El grupo original estaba compuesto por nueve jóvenes de entre veinte y veinticuatro años, así como por un guía e instructor de

335 Aunque las víctimas mortales del conocido popularmente como Caso Dyatlov viajaron a bordo de un avión, dentro de ataúdes de cinc, los órganos de algunos de ellos fueron trasladados días antes en tarros de formol para su estudio detallado.

travesía de treinta y siete. Como montañeros de Grado II del Instituto Politécnico de los Urales (hoy, la Universidad Estatal Técnica de los Urales), tenían que realizar una ruta que cubriera, al menos, trescientos kilómetros, con una obligatoriedad de que un tercio de esa distancia fuese sobre terreno adusto, durante un periodo mínimo de dieciséis días. Cumpliendo con estas y otras especificaciones, el grupo alcanzaría así el Grado III: la mayor certificación de montañismo en la Unión Soviética en aquel momento, que les permitiría impartir clase a otros alumnos en la categoría de maestros deportivos[336]. Los jóvenes eligieron la montaña Otortén, de mil doscientos treinta y cuatro metros, según la cartografía actual. Esta cumplía a la perfección con todas las dificultades necesarias para conseguir el título.

Así, los estudiantes viajaron en tren hasta una ciudad cercana al inicio de la ruta. Desde allí, un camión los trasladó hasta Vizhái, el último territorio habitado del extremo norte. Fue en ese larguísimo trayecto de varias horas, a través de caminos embarrados y llenos de baches, donde Yuri Yudin, aquejado desde su infancia por un reumatismo crónico, empezó a sentir un intenso dolor desde la cadera y hasta las piernas. Era como si un coche le hubiera pasado por encima de las rodillas. Apenas podía moverse. Yuri se torturaba pensando que debería haberse anticipado a esta situación y haber llevado consigo una medicación fuerte. Las aspirinas resultaban insuficientes para mitigar ese dolor tan intenso, y a la mañana siguiente, se vio obligado a tomar la decisión más dura de su vida, que con el tiempo también sería la más trascendente. Debía abandonar al grupo y regresar a su domicilio en Emelyashevka. El resto de

336 Donnie Eichar, *Dead Mountain: La montaña muerta*, Ed. Desnivel, 2020.

sus compañeros continuó su camino a lo largo del río Lozva. Era el 28 de enero de 1959. Nunca más volvieron a verse.

o

Los cuerpos de los nueve miembros del grupo aparecieron un mes después de aquella despedida, desparramados sobre la nieve. La mayoría en línea recta.

Los dos primeros cadáveres que se encontraron fueron los de Yuri Krivonischenko y Yuri Doroshenko. Estaban desnudos, a pesar de las temperaturas de entre veinte y treinta grados bajo cero[337], y presentaban abrasiones en los antebrazos y en los muslos, como si hubieran intentado subirse al árbol junto al que se encontraban. En el tronco del cedro había sangre y piel de las víctimas, lo que confirmaba la teoría de que los chicos habían intentado trepar para salvarse antes de morir[338].

Unos trescientos metros más abajo, abrazado a un abedul, estaba el líder de la expedición, Igor Diatlov[339], que llevaba puesto un calcetín de lana en el pie derecho y otro de algodón en el izquierdo.

El resto de los integrantes del grupo apareció cerca de la tienda de campaña, que estaba rajada desde dentro. Rustem Slobodin, de veintitrés años, tenía el cráneo fracturado y Liudmila Dubinina, Lyuda, una de las dos chicas, estaba arrodilla-

337 David Ruiz Marull, «¿Qué misterio rodeó la muerte de unos estudiantes en los Urales hace 60 años?», *La Vanguardia*, 19 de febrero de 2021.

338 «El misterio macabro de Dyatlov Pass», *Desnivel*, 26 de febrero de 2013.

339 El apellido del líder de la expedición terminó dando nombre a este suceso, conocido como Caso Diátlov, y también a la zona donde se encontraron los cadáveres, conocida hoy como Paso Diátlov.

da junto a un arroyo. Le faltaban la lengua y un ojo. Otros dos jóvenes estaban abrazados a los pocos metros. A Zolotarev, uno de ellos, también le faltaba un ojo. Todos tenían un extraño tono rojizo o anaranjado en la piel, y algunos presentaban unas marcas de color negro que no se parecían en nada a las quemaduras habituales por el frío extremo o por el sol.

A este respecto, Tatiana Diátlov, la hermana de Igor, declaró:

> Igor no murió por culpa de la nieve. Es imposible. Cuando la gente se muere de frío o congelación, el color del rostro no es tan oscuro. Igor tenía veintitrés años, pero su pelo parecía el de un anciano. Era blanco. Supimos que era Igor por la separación entre los incisivos... Solo era reconocible por eso[340].

Todos parecían haber muerto de manera violenta: costillas rotas, fisuras en el cráneo, contusiones producidas por objetos romos o lenguas cortadas... Estos fueron solo algunos de los escabrosos detalles que aparecieron reflejados en los informes de las autopsias. Además, muchos estaban casi desnudos o parecían haberse vestido con lo primero que habían encontrado antes de abandonar la tienda de campaña a toda prisa, como si hubieran intentado huir de alguien[341]. Pero... ¿de quién o de qué?

También había algunos chicos con la ropa rasgada: medio jersey de uno de los chicos apareció en un sitio y la otra mitad a varios metros.

340 Donnie Eichar, *Dead Mountain: La montaña muerta*, Ed. Desnivel, 2020.

341 Anna Arutunyan, «Blood on the snow: a soviet mystery», *The Daily Telegraph*, 26 de febrero de 2013.

Los cadáveres de los nueve integrantes del grupo aparecieron prácticamente en línea recta y habían sufrido contusiones y mutilaciones.

Al joven Yuri Yudin lo llamaron las autoridades para ayudar a localizar los objetos personales de sus amigos, y viajó en helicóptero hasta aquel paraje de horror. Durante horas, el trabajo de Yuri consistió en apilar en diferentes montones la ropa, los bastones y el resto de enseres que se encontraban diseminados en la nieve. Pero los elementos fundamentales para reconstruir las últimas horas de aquellos chicos fueron sus cámaras de fotos, con las que habían ido documentando su viaje[342].

Al revelar los carretes, los investigadores del caso pudieron establecer una cronología que comenzaba el 23 de enero, con el inicio de la expedición en un tren de la ciudad de Sverdlovsk o Ekaterimburgo, y que finalizaba la noche del 1 de febrero, con una extraña foto en la cámara de Yuri Krivonischenko, donde se apreciaba un foco de luz que aparece borroso, y que algunos relacionaron con objetos luminosos que muchos testigos afirmaron ver desde diferentes regiones de los Urales en los días previos y posteriores a la desaparición de los nueve montañeros[343], aunque para otros podría ser un disparo de prueba que se realizó en el laboratorio[344].

Uno de los testigos de las bolas de fuego que surcaron los cielos de los Urales fue Vladislav Karelin, un voluntario que se encontraba buscando los cuerpos de los miembros de la expedición y que vio surcando el cielo nocturno, junto con otros compañeros, una luz intensa que avanzó a gran velocidad.

342 Charles Saatchi, «Are we bi-polar about snow?», *Evening Standard*, 2 de enero de 2014.

343 «Yuri Yudin: Sole survivor of the mysterious Dyatlov Pass Incident, which claimed the lives of nine Russian students», *The Daily Telegraph*, 30 de abril de 2013.

344 https://dyatlovpass.com/camera-krivonischenko

Aquel fenómeno podría hacernos pensar en un meteoro, pero quienes observaron estas bolas luminosas rechazaron esta posibilidad. Otros testigos fueron los vigilantes de un gulag, ubicado a ochenta kilómetros del escenario del misterio, y también otros equipos de búsqueda como el liderado por Nikolai Kuzminov, que llegaron a quedar paralizados durante más de seis minutos, en un estado de confusión mental producido por aquel fenómeno[345].

ТАЙНА ОГНЕННЫХ ШАРОВ

El 22 de noviembre de 1990, Lev Ivanov, el fiscal jefe que estuvo al mando de la investigación, publicó un artículo titulado «El misterio de las bolas de fuego», donde se relacionaban las luces que sobrevolaron los Urales a principios de 1959 con la muerte de los nueve expedicionistas.

Uno de los defensores de la teoría de las misteriosas bolas de fuego que podrían haber estado relacionadas con las muertes de los Urales fue ni más ni menos que Lev Ivanov, el fiscal jefe que estuvo al mando de la investigación. En algunas entrevistas y artículos publicados en los años noventa, cuando el expediente ya no era secreto de Estado ni él se encontraba bajo las órdenes de la Unión Soviética, afirmó que varios elementos le parecieron extraños, como el hecho de que algunos árboles de la zona estuvieran parcialmente que-

345 Donnie Eichar, *Dead Mountain: La montaña muerta*, Ed. Desnivel, 2020.

mados, como si hubieran sido abrasados por una fuente de energía de gran potencia, capaz de dirigirse a objetos específicos. Esto se debía a que las quemaduras presentes en los árboles eran circulares y de pequeño tamaño. Dijo, literalmente, que parecían abrasiones propias de «una fuente completamente desconocida, al menos para nosotros, que dirigía su potencia de fuego hacia objetos específicos». También afirmó, sobre las luces que se vieron en los cielos: «No puedo asegurar que las esferas luminosas fueran armas o no, pero estoy seguro de que estuvieron directamente relacionadas con la muerte de los chicos [...]. Solo quienes estuvieran dentro de aquellas esferas saben más que yo. Si eran personas o no, no está claro»[346].

Ivanov denunció también las presiones que recibió durante la investigación, especialmente cuando el misterio de las luces empezó a relacionarse con posibles pruebas nucleares en la zona. ¿Fueron aquellos chicos conejillos de indias de un experimento radiactivo? ¿Vieron algo que no tenían que ver y los asesinaron en consecuencia?

A este respecto, hay dos detalles que resultan llamativos. Al color anaranjado que presentaba la piel de los chicos cuando los encontraron, se sumaron los análisis de Vladimir Levashov, jefe de radiología de Sverdlosk, que, aunque no encontró cantidades relevantes de potasio 40 en los órganos, sí halló una proporción que duplicaba las cifras consideradas seguras en el jersey marrón de Liudmila Dubinina, la joven que apareció sin lengua. Según Levashov, los valores encontrados en dicho jersey eran los habituales que podrían apare-

346 Lev Ivanov, «El misterio de las bolas de fuego», *Leninskiy Put*, 22 de noviembre de 1990.

cer en la ropa de alguien que acostumbra a trabajar con sustancias radiactivas.

Además, cuando hubo que trasladar los cuerpos desde los Urales, el capitán Gatezhenko, de las Fuerzas Aéreas, se negó a subirlos en su avión si no iban dentro de ataúdes de zinc herméticos, perfectamente sellados para evitar posibles fugas radiactivas o biológicas. Debido a estas dificultades, el traslado de los cadáveres se dilató hasta el 8 de mayo.

La hipótesis de que las luces pudieran ser algún tipo de arma nuclear no es descabellada, teniendo en cuenta que la cordillera de los Urales, que cruza Rusia de norte a sur a lo largo de más de dos mil quinientos kilómetros, llevaba desde 1949 siendo escenario habitual para pruebas nucleares:

> La región ha sido un centro importante de producción de armas nucleares desde 1948, cuando el complejo Mayak comenzó sus operaciones cerca de la ciudad de Kyshtym. Mayak produjo la materia prima necesaria para la primera bomba atómica soviética, detonada en agosto de 1949. Este complejo protagonizó tres episodios importantes de contaminación por residuos nucleares en 1949, 1957 y 1967 que, en conjunto, liberaron diez veces más radiación que la que produjo el peor desastre de reactores conocido cerca de Chernóbil, Ucrania. En los años cincuenta, los residuos nucleares de Mayak se desviaban al cercano lago Karachai. En poco tiempo, este lago se volvió muy radiactivo [...]. En 1958 ocurrió otra tragedia en los Urales. Aparentemente, fue el resultado del fracaso en el desarrollo de un arma bacteriológica. Cientos de poblados desaparecieron y miles de personas murieron a causa de una enfermedad misteriosa. Por supuesto, los soviéticos mantuvieron todo en secreto y has-

ta los años noventa se conocieron muy pocos detalles al respecto[347].

Lev Ivanov, el fiscal jefe, concluyó en su informe final que los nueve excursionistas habían muerto a causa de una «poderosa fuerza desconocida», y el área de la montaña donde sucedieron los hechos fue declarada zona prohibida y de acceso restringido por los militares durante tres años[348].

○

Hay decenas de hipótesis sobre las muertes del Paso Diátlov, y existen incluso tablas que proponen argumentos para cada una de ellas. Estas van desde lo factible hasta lo más absurdo:

CLIMÁTICAS
Avalancha de nieve
Rayo
Huracán
Viento catabático

ANOMALÍAS
Infrasonidos
Fluctuación de la gravedad

347 Philip Mantle y Paul Stonehill, *Expediente Soviet Ufo*, Ed. Nowtilus, 2010.

348 Igor Pavlov y Teodora Hadjiyska, *1079: La fuerza abrumadora del Paso de Dyatlov*, publicación independiente, 2022.

ANIMALES
Reno
Lobo
Oso
Yeti

ATAQUES AUTOINFLIGIDOS
Sofocación por efecto de una estufa
Intoxicación por metanol
Setas
Dopaje

OTRAS
Histeria ártica
Experimento de teletransportación

TECNOGÉNICAS (desastre provocado por el hombre)
Lanzamientos secretos
Radiosondas

ASESINATO
Experimento de la KGB
Fuerzas especiales
Crimen de algún asesino fugado de un gulag
Ataque del pueblo indígena mansi
Atropellados por una moto de nieve

ALTERCADOS EN EL PROPIO GRUPO
Lucha interna
Uno de ellos enloqueció

```
PARANORMAL
Ovni
Luces extrañas[349]
```

Muchas de estas teorías se sustentan sobre las propias fotografías del grupo, como la última imagen del carrete de Nikolay Vladimirovich, en la que aparece una figura desenfocada que se asoma desde detrás de un árbol, al más puro estilo de las supuestas imágenes del yeti. Algunos fanáticos de la conspiración y de la criptozoología defendieron que se trataba del Menk, un espíritu forestal propio de la tradición oral de los mansi, la etnia que habita aquellos territorios. Pero lo más probable es que se tratase de alguno de los miembros del grupo, quizá bromeando y homenajeando a las fotos clásicas del monstruo de las nieves. Esta teoría es bastante posible, pues dos años antes se había estrenado la película homónima de 1957, de Val Guest.

Sin embargo, un director de cine ruso, Leon Rawlski, llegó a rodar un documental en la zona, titulado *El yeti: el asesino vive*[350].

La investigación del caso volvió a reabrirse hace poco, al señalar la posibilidad de la avalancha como la hipótesis más factible[351]. Sin embargo, expertos en este ámbito declararon después que era muy difícil que se produjera una avalancha en este lugar, debido a que el viento sopla allí de manera constan-

349 https://dyatlovpass.com/theories

350 *El Yeti ruso, Leon Rawlski,* Discovery Channel, EE. UU., 2014.

351 Juan Miguel Hernández Bonilla, «El incidente del Paso de Diátlov: la ciencia esclarece uno de los misterios más famosos del siglo xx», *El País*, 15 de febrero de 2021.

te, por lo que no hay suficiente acumulación de nieve y la pendiente es demasiado baja[352].

Además, ¿por qué la tienda de campaña se mantuvo en pie y estaba rajada desde dentro? Quizá el sonido del alud aterrorizó a los jóvenes, que quisieron salir a la vez y rasgaron entonces la tela para abandonar el espacio por ese agujero mientras otros lo hacían por la abertura principal. Pero ¿cómo explicar las graves lesiones físicas?

Yuri Yudin estaba convencido de que sus amigos fueron asesinados por un grupo armado, quizá porque vieron algo que no debían. Argumentó que Liudmila era la más perspicaz de todos ellos, la más terca y asertiva, la que habría plantado cara a algún hipotético atacante. Quizá por eso, reflexionó él, le cortaron la lengua[353].

Yudin pasó el resto de su vida afectado por el síndrome de culpa del superviviente, y rodeado, en su propia casa, por los enseres personales de sus amigos.

En la actualidad, cuando ya ha pasado más de medio siglo, las autoridades rusas pretenden dar carpetazo al asunto con la hipótesis de la avalancha[354]. Lo cierto es que aceptar esa posibilidad supone dejar de lado las múltiples evidencias que recogieron también los informes oficiales sobre lo que ocurrió aquella misteriosa noche.

352 Iván Nechepurenko y Alan Yuhas, «¿Ovnis, el Yeti, la KGB? Una nueva teoría sobre nueve muertes misteriosas en Rusia», *New York Times*, 28 de febrero de 2021.

353 Donnie Eichar, *Dead Mountain: La montaña muerta*, Ed. Desnivel, 2020.

354 «Caso Dyatlov: científicos resuelven el misterio de los nueve excursionistas muertos en los Urales hace 60 años», *ABC*, 29 de enero de 2021.

APUNTES DE MADRUGADA

El caso Diátlov es uno de los sucesos más inquietantes que he investigado a lo largo de mi vida. Son cientos de documentos, fotografías, testimonios y artículos los que apoyan cada hipótesis. También están las impactantes imágenes de los cadáveres: chicos jóvenes, algunos casi esqueletizados, otros con grandes heridas y mutilaciones, y, sobre todo, con expresiones de horror en el rostro.

Pasé muchas noches leyendo sobre el caso, mirando esas últimas instantáneas, haciendo cronologías sobre lo que sabemos que sucedió e igualmente teorías de lo que pudo haber ocurrido.

Se dijo que un asesino escapado de un gulag cercano pudo haberlos masacrado uno a uno, como en una película de terror, mientras ellos intentaban huir. O que algunos miembros del pueblo mansi, habitantes centenarios de estos territorios, pudieron haberlos matado tras algún tipo de disputa o confusión. Lo cierto es que los mansi son un pueblo pacífico que llegó a ayudar a los miembros del ejército en el rescate de los cuerpos.

Los documentos del caso recogieron también informes acerca de un conjunto de huellas junto a los cuerpos de Yuri Krivonischenko y de Yuri Doroshenko sobre el que nunca se investigó. Incluso hay hipótesis que sugieren que Alekseevich Zolotaryov, el guía e instructor de travesía de treinta y siete años, podría ser un agente encubierto de la KGB que estaba llevando a cabo un experimento secreto con elementos radiactivos que salió mal y que se inmoló al terminarlo para llevarse el secreto a la tumba.

En definitiva, hay miles de cabos sueltos que abren la puerta a más de setenta teorías, algunas más rocambolescas que otras.

Las víctimas descansan hoy en el cementerio de Ekaterimburgo, bajo un adusto monolito de piedra gris en el que se muestran sus nueve fotos: una serie de rostros en blanco y negro que nos miran desde el otro lado, guardando para siempre uno de los mayores misterios del telón de acero.

Capítulo 13
EL GASEADOR

Hace 30 años el terror reinaba en Mattoon y grupos de ciudadanos armados patrullaban las calles de la ciudad. El objeto de su búsqueda era un merodeador enmascarado que rociaba con gas a sus víctimas.

Herald and Review, 2 de enero de 1974

En pocos lugares se ha temido tanto a la noche como en Mattoon, una pequeña población rural ubicada en una zona pantanosa y de extensas praderas a pocos kilómetros de Springfield.

En 1944, hacia el final de la Segunda Guerra Mundial, muchas mujeres vivían esperando con impaciencia a que sus maridos regresaran del frente y, a poder ser, fuera de un ataúd.

Las familias más acaudaladas vivían al norte de las avenidas Marshall y Charleston, en terrenos que lindaban con amplias granjas sobre las que se sustentaba la economía local. Eran tiempos de bonanza, pues también acababan de descubrirse unas reservas de petróleo y muchos habitantes se dedicaban a la extracción del crudo.

La zona liminal del pueblo era una barriada de bonitas casas blancas de estilo Cape Cod, con amplios jardines, grandes ventanales y puertas traseras que solían dejarse abiertas durante todo el día. Al fin y al cabo, Mattoon tenía una población de no más de quince mil habitantes[355], todos ellos muy buenos vecinos.

355 «Mad Anesthetist sends Illinois town into panic», *The Independent*, 7 de septiembre de 1944.

La última noche de ese agosto fue calurosa, y la mayoría de los dormitorios tenían las ventanas abiertas para que la brisa aliviara un poco la desagradable sensación que dejan las sábanas sudorosas pegadas al cuerpo.

Urban Raef dormía junto a su esposa, cuando un olor penetrante y dulzón lo despertó. Sin poder contenerse, corrió hacia el cuarto de baño y vomitó. Le escocían los ojos y le picaba la garganta. Su mujer intentó levantarse, pero no pudo moverse. Estaba paralizada, las piernas no le respondían y solo pudo pedir ayuda a gritos[356].

Unas casas más abajo, la señora Aline Kearney escuchó toser compulsivamente a su hija Dorothy. Era una tos bronca que surgía de los pulmones. Cuando Aline fue a auxiliar a la pequeña, no pudo incorporarse. Estaba paralizada y en el ambiente reinaba un olor a flores secas[357].

El padre de la familia, que era taxista y llegaba a casa en ese preciso momento, tuvo tiempo de ver cómo un desconocido salía de detrás unos matorrales y huía como una sombra, hacia las afueras de Mattoon. En los pocos segundos que duró el encuentro, vislumbró unos ropajes negros[358].

o

356 «Sprays gas in bedroom Windows; nine made ill», *The Patriot-News,* 7 de septiembre de 1944.

357 «Illinois State Police joint Hunt for Mattoon's anesthetist», *The Flint Journal,* 12 de septiembre de 1944.

358 «Mad anesthesist terrorizes town», *The Stoughton Courier,* 12 de septiembre de 1944.

En solo seis días, se denunciaron hasta nueve ataques del bautizado por los medios como el Gasero Loco de Mattoon[359] o el Anestesista Loco[360]. El *modus operandi* era siempre el mismo: un olor penetrante en el dormitorio, a veces acompañado de un humo de color azulado que hacía pensar a los testigos en la liberación de alguna sustancia química que les producía parálisis corporal, que solía durar entre treinta y noventa minutos; picor de garganta; inflamación de las mucosas; reacción pulmonar; inflamación de la tráquea y, en los casos más extremos, pérdidas de conciencia... Los ataques nocturnos provocaron una ola de pánico en toda la población. Algunos denunciaron haber visto, mientras estaban paralizados, a una figura vestida de negro mirándolos fijamente desde los pies de la cama. En otras ocasiones, lo veían a punto de entrar en algún lugar o directamente huyendo de la casa de algún vecino al que acababa de agredir[361]. Lo más extraño es que el merodeador no era ni un ladrón, ni un asesino, ni actuaba de acuerdo con unos intereses concretos. Simplemente parecía disfrutar colándose en los dormitorios para rociar un gas de origen desconocido a sus víctimas[362].

359 Michael Wick, *The Mad Gasser of Mattoon*, publicación independiente, 2025.

360 «Mass hysteria grips Illinois city as "mad anesthetist" strikes again», *The Republican*, 11 de septiembre de 1944.

361 «Mad prowler takes it easy for night», *Journal Gazette*, 8 de septiembre de 1944.

362 «"Mad anesthetist" sends Illinois town into panic», *The Independient*, 7 de septiembre de 1944.

Terror en Mattoon: la policía estatal se une a la caza del «anestesista» misterioso

12 de septiembre de 1944

Mattoon, Illinois

El miedo se ha apoderado de los residentes de Mattoon tras una serie de ataques inexplicables que han dejado, hasta el momento, 33 personas afectadas. Entre las víctimas más recientes se encuentra la pequeña Dorothy Ellen Kearney, de tan solo tres años, quien quedó temporalmente paralizado y sufrió quemaduras tras inhalar un misterioso gas que se filtró por la ventana de su dormitorio.

La menor fue asistida por su madre, la señora Aline Kearney, y su abuelo, Roscoe Van Scyoc, quienes se encontraban en la casa en el momento del ataque. Según relatan, el gas fue liberado por un intruso que merodeaba la zona y que, según múltiples testimonios, se oculta bajo una gorra ajustada al cráneo, lo que ha llevado a los medios y a los vecinos a apodarlo «el anestesista de Mattoon».

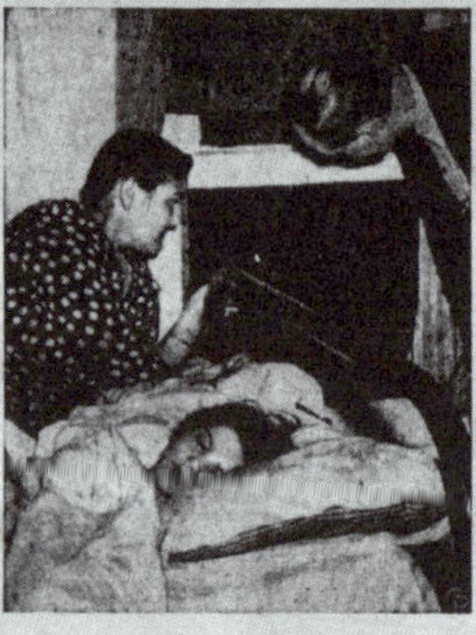

Ante la creciente alarma, la Policía Estatal de Illinois ha decidido intervenir y sumarse a la búsqueda de este enigmático atacante, cuyo *modus operandi* ha sembrado el pánico en toda la comunidad. Las autoridades continúan investigando el origen del gas y el paradero del responsable, cuya identidad sigue siendo un misterio.

Dorothy Kearney, de tres años, fue una de las primeras víctimas del Anestesista Loco de Mattoon, que provocó el pánico de toda una localidad completa en 1944.

Al cabo de unas semanas, las denuncias ascendían a más de treinta[363], y, aunque cabeceras importantes como el *National Enquirer* calificaran el caso como «el primer ataque bioterrorista de América»[364], las autoridades, que no conseguían ninguna

363 «Militia may aid hunt for Mad Gasser», *The South Bend Tribune*, 10 de septiembre de 1944.

364 «New book to reveal Mad Gasser's true identity», *Journal Gazette*, 26 de febrero de 2003.

evidencia sólida de la existencia del fantasma, empezaron a publicar que todo podría ser un episodio de histeria colectiva[365]. Uno de los principales defensores de esta teoría fue el psicólogo Donald Johnson, de la Universidad de Illinois, que hizo un estudio titulado «El anestesista fantasma de Mattoon: un estudio de campo de la histeria colectiva» y que llegaba a la conclusión de que el caso de principio a fin tuvo un origen psicogénico:

> Siempre existe la posibilidad de un merodeador, por supuesto, y es muy probable que se pudiera oler algún tipo de gas en algún momento en Mattoon.
>
> Pero esto no causa parálisis ni palpitaciones. La histeria sí lo hace. La hipótesis del merodeador no puede ser respaldada por ninguna evidencia verificable. La hipótesis de la histeria, por otro lado, explica todos los hechos.
>
> Pero, entonces, ¿qué produjo esa histeria colectiva?
>
> Hay algunas lagunas en la historia, sin duda, pero podemos hacer una aproximación [...]. Como podría predecirse en la literatura psicológica y psiquiátrica, las personas que sucumbieron a la epidemia mental fueron en su mayoría mujeres, y estaban, en general, por debajo del nivel educativo y económico de la población[366].

Las conclusiones del estudio no eran del todo reales, y algunos datos se habían forzado para respaldar la teoría del doctor

365 «Ghost gasser of Matoon still free», *Leader-Tribune*, 10 de septiembre de 1944.

366 Donald M. Jhonson, «The phantom anesthetist of Mattoon: a field study of mass hysteria», *Journal of Abnormal and Social Psychology*, tomo 40, 1 de enero de 1945.

Johnson. El hecho de que la mayoría de las víctimas fueran mujeres se debió a que muchos hombres estaban combatiendo en Europa en la Segunda Guerra Mundial. Además, la referencia al nivel económico y educativo es también bastante dudosa, puesto que la mayoría de los informes se produjeron casi en exclusiva en la zona norte de Mattoon, donde vivían las familias más pudientes de la época[367].

Los medios y la policía comenzaron a promover de manera capciosa la hipótesis de la histeria colectiva, pues la situación se estaba descontrolando por momentos y las pocas evidencias que existían no conducían a ningún sospechoso en particular. Los vecinos empezaron a organizar patrullas ciudadanas para recorrer las calles armados hasta los dientes. El alcalde Richardson manifestó que, aunque al principio era muy escéptico respecto a las historias que había escuchado, con el tiempo se convenció de que la ciudad estaba siendo amenazada por un lunático, y llevó a cabo una votación para ofrecer una recompensa a quien lo capturara[368]. A este respecto, Thomas V. Wright, comisario de la Policía, advirtió de la peligrosidad de ofrecer una recompensa en una situación de pánico generalizado y con gente armada: «Alguien va a morir y no será por el gas. Yo no pisaría la parte de atrás de la casa de nadie después del anochecer ni por diez mil *dólares*»[369].

Harry Curtis, otro agente de policía, reveló que se estaban haciendo interrogatorios exhaustivos a los denunciantes para

---

367 Loren Coleman, *Mysterious America*, Ed. Paraview Pocket Books, 2001.

368 «Mad Anesthetist sends Illinois town into panic», *The Independent*, 7 de septiembre de 1944.

369 «Illinois state pólice join Hunt for Mattoon's anesthetist», *The Flint journal*, 12 de septiembre de 1944.

discernir si la sustancia con que los habían intoxicado podía ser gas mostaza, clorometano, gas lacrimógeno o cloropicrina, siendo esta última la más probable, debido a que produce un olor muy similar al descrito por las supuestas víctimas, y a que era una sustancia muy fácil de conseguir con unos mínimos conocimientos que, incluso, podría estar utilizando un exterminador de plagas profesional[370]. En ocasiones, se pidió a los testigos que oliesen pequeñas cantidades de estas sustancias, almacenadas en botes de manera que resultaran inocuas, y la muestra más señalada por la mayoría era la cloropicrina[371].

Por su parte, el FBI envió a dos agentes especiales a Mattoon[372] que, al más puro estilo de Mulder y Scully, de *Expediente x*, intentaron resolver sin éxito el misterio del Anestesista Fantasma.

Aunque los defensores de la hipótesis de la histeria colectiva lo negaran, los investigadores sí descubrieron evidencias físicas que pudieron analizarse. Por ejemplo, una vecina, la señora Cordes, presentó un trapo con un fuerte olor a pesticida que encontró en la puerta de su casa[373]. Cuando lo olió para comprobar qué era, sintió un terrible escozor en la boca y en la garganta que le provocó un vómito inmediato. Acto seguido, empezó a sentirse paralizada y estuvo cuatro horas sin poder moverse[374]. Al llegar al hospital, la

370 «Mad prowler sprays gas into homes», *The Miami News*, 6 de septiembre de 1944.

371 «Gas mystery solution reported near», *The St. Louis Star and Times*, 12 de septiembre de 1944.

372 Nick Redfern, *The Slenderman Mysteries*, Ed. New Page Book, 2017.

373 «At night in Mattoon», *Time*, 18 de septiembre de 1944.

374 «Mad prowler sprays gas into homes», *The Miami News*, 6 de septiembre de 1944.

mujer presentaba quemaduras alrededor de la boca[375]. La hipótesis principal fue que el gaseador había intentado adormecer al perro de la familia con aquel trapo para poder colarse esa misma noche en el dormitorio principal. Sin embargo, en los análisis no apareció rastro de ninguna sustancia química[376].

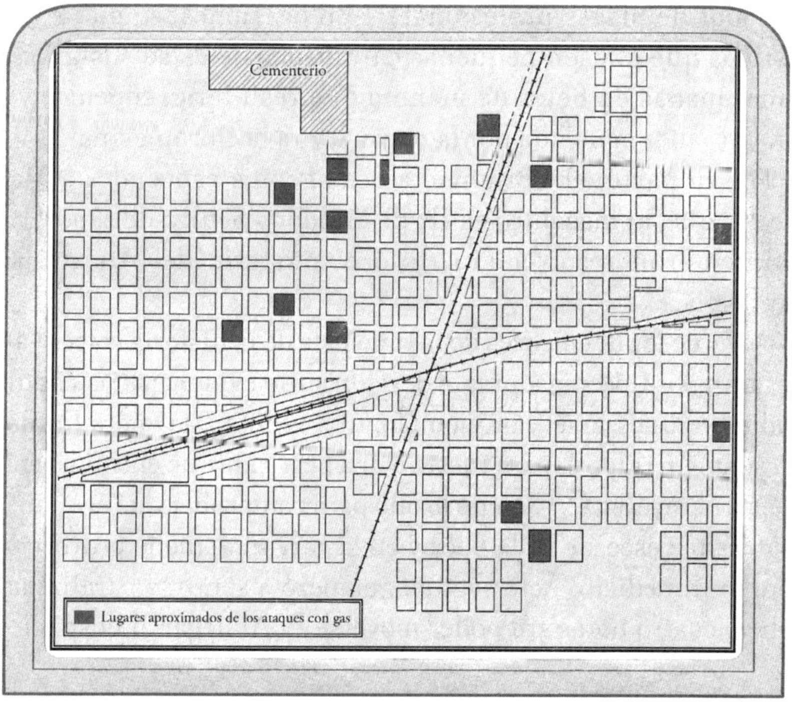

Mapa residencial de Mattoon que utilizó la policía en 1944 para ubicar los escenarios en los que se habían producido los ataques del Anestesista Fantasma.

375 «Madman of Mattoon just a myth, says sheriff, but prosecutor holds to theory of criminal anesthetist», *Blackwell Journal-Tribune*, 14 de septiembre de 1944.

376 «Ghost gasser of Mattoon still free», *Leader-Tribune*, 10 de septiembre de 1944.

En la acera cerca de su casa apareció también una llave maestra que parecía usada, y que la señora Cordes entregó a la policía[377]. Por su parte, la viuda Bertha French, otra de las afectadas, afirmó que había llegado a ver al gaseador y que le había parecido que era una mujer disfrazada de hombre, y que tal vez había dejado huellas en su jardín, junto a su ventana[378]. Otros de los testigos oculares detallaron que la figura, extremadamente delgada y alta, iba siempre vestida de negro, y que en ocasiones llevaba una especie de pistola atomizadora como las que se usan para fumigar[379].

Ante la falta de sospechosos, las teorías eran cada vez más descabelladas y llegó a hablarse de que el asaltante podría ser un fantasma que habitaba en el cementerio de Dodge Grove[380], pues el camposanto estaba ubicado en el perímetro donde se habían producido la mayoría de los ataques.

o

El Gasero Loco siguió atacando a lo largo del mes de septiembre de 1944. Se colaba en los dormitorios, rociaba el extraño aerosol y se desvanecía como un fantasma. En un segundo intento desesperado por cerrar la historia, Eugene Cole, el jefe de policía local, anunció en un pleno que no había caso y que

377 «Mrs. C. Cordes burned; ill two hours», *Daily Journal-Gazette*, 6 de septiembre de 1944.

378 «Was it the wind? Prosecutor says no», *Independent*, 15 de septiembre de 1944.

379 «At night in Mattoon», *Time*, 18 de septiembre de 1944.

380 Bob Sampson, «Mattoon's mad gasser, fact or fancy?», *Herald and Review*, 2 de enero de 1974.

los incidentes habrían sido producidos por sustancias químicas transportadas por el viento desde las instalaciones industriales de Atlas-Imperial, una empresa que fabricaba motores diésel y que trabajaba con productos químicos. Sus instalaciones, cerca de Mattoon, albergaban tetracloruro de carbono y tricloroetileno, sustancias que emiten un olor muy similar al descrito por los afectados[381]. Aunque era una hipótesis muy interesante, los directores de Atlas-Imperial anunciaron que las cantidades de estos químicos almacenados en su planta eran insuficientes para provocar ese tipo de afecciones. De hecho, ni un solo trabajador de los que tenían contacto directo con estas sustancias había sufrido nunca síntomas similares. Esto solo sirvió para que la comunidad estuviera cada vez más enfadada y que surgieran teorías de la conspiración que vinculaban la acción del maníaco del gas con alguien poderoso al que las autoridades estarían encubriendo para llevar a cabo un experimento biológico o social[382], o incluso con un nazi que estaba utilizando el pueblo de Mattoon como un enorme laboratorio[383].

o

De los principales sospechosos del caso, solo cuatro fueron investigados. El último al que descartaron fue un joven llamado

381 «Mattoon gas scare debunked by chief of Police C. E. Cole», *County Review*, 14 de septiembre de 1944.

382 Loren Coleman, *Mysterious America*, Ed. Paraview Pocket Books, 2001.

383 Gas mystery solution reported near, *The St. Louis Star and Times*, 12 de septiembre de 1944.

Farley Llewellyn, que conocía a algunos de los afectados y que sentía fascinación por la química[384].

Quien estuvo más cerca de resolver el misterio fue John R. Miller, uno de los reporteros que cubrió el caso de principio a fin. Tal y como él mismo declaró: «Cogí un mapa de la ciudad y fui colocando chinchetas en las ubicaciones de cada ataque. La mayoría de los incidentes ocurrieron en la ciudad, no en las afueras. Si coges un compás y dibujas un círculo, puedes conectar la mayoría de los sitios con el centro del compás, que es la iglesia católica de la Inmaculada Concepción»[385]. Aunque la iglesia no tuvo nada que ver con los incidentes, sí lo condujo a un sospechoso que llegó a estar en el punto de mira de las autoridades, aunque nunca se hizo público. Se trataba de un joven estudiante de Química en la Universidad de Illinois, con un conocimiento lo suficientemente amplio como para fabricar aquella sustancia. Era atlético y buen corredor, lo que podría haber explicado su facilidad para huir. Y, lo más importante, la policía lo había detenido por ser un *voyeur*, y también registraron su casa por estas actividades sospechosas. ¿Y por qué había actuado en los alrededores de la iglesia de la Inmaculada Concepción? Según el periodista, porque el joven tuvo un problema con esta comunidad e intentó ponerla en el ojo del huracán sin mucho éxito, por cierto, porque nadie reparó nunca en este detalle hasta muchos años después. Cuando la policía tuvo noticia de estos hechos en el año 1947, dio un toque a este químico en ciernes y a partir de ese momento, según John Miller, los ataques cesaron para siempre.

384 Nick Redfern, *The Slenderman Mysteries*, Ed. New Page Book, 2017

385 Bob Sampson, «Mattoon's mad gasser, fact or fancy?», *Herald and Review*, 2 de enero de 1974.

Es muy probable que la historia de Miller se sustente sobre un principio de realidad, y quizá no excluya del todo la idea de la histeria colectiva. Al fin y al cabo, hubo patrullas vecinales y redadas, grupos de más de treinta personas que se reunían armadas para ir juntas a trabajar antes del amanecer, pautas aceptadas como dejar encendidas las luces de los porches para iluminar mejor las calles y otros tantos detalles, reflejo de la psicosis vivida por sus habitantes. Algunos de esos ataques tal vez fueran reales. Puede que otros fueran bromas macabras o que otras fueran fruto del miedo. En cualquier caso, a día de hoy, aunque nadie sabe lo que ocurrió en aquellas fechas, y a pesar de que todas las teorías siguen siendo posibles, los sucesos de Mattoon son un ejemplo de cómo la noche puede alterar por completo la vida de todo un pueblo.

APUNTES DE MADRUGADA

Solo tres años antes de los primeros ataques del Gasero Loco de Mattoon, DC Comics publicó *Batman y Robin: el acertijo del Espantapájaros*[386], donde aparecía por primera vez uno de los supervillanos más famosos de Batman: un exprofesor de Psicología que liberaba una toxina en forma de gas para aterrorizar a sus víctimas por puro placer. Su apodo, el Espantapájaros, su máscara de tela y su sombrero de arpillera relacionan al villano con las zonas agrícolas de los Estados Unidos, como Mattoon. Según Bob Kane, uno de los creadores, su fuente de inspiración principal para el personaje había sido el ya mencionado relato

386 Bill Finger y Bob Kane, World's Finest Comics #3, septiembre de 1941.

de Washington Irving[387]. Posiblemente, este impacto social y cultural por la emanación de gases tóxicos se produjo porque en la primera mitad del siglo xx, precisamente en el periodo de entreguerras, fueron muy populares las imágenes de las máscaras de gas que portaban los soldados, con grandes ojos circulares y con un tubo en la boca que iba conectado a las reservas de oxígeno. Todo ello recordaba a la vestimenta de los personajes que llegaban a la Tierra desde el espacio exterior en las grandes novelas de ciencia ficción de la época. Por no hablar, claro, de las primeras informacioncs sobre los asesinatos de judíos en las cámaras de exterminio de los campos de concentración nazis como Mauthausen, Auschwitz o Stutthof, donde las partículas de Zyklon B se convertían en un gas mortal al entrar en contacto con el aire. Muy posiblemente, otro de los impulsores de este pánico colectivo fueron las imágenes de los terribles efectos físicos que producía el gas mostaza.

Por eso, no son extrañas las hipótesis de algunos vecinos de Mattoon que vinculaban los supuestos ataques con un científico nazi que podría estar experimentando con ellos. Lo que tampoco pasaron por alto es que entre 1933 y 1934 ya había ocurrido una situación similar en algunos pueblos de los condados de Botetourt y Roanoke, en el Estado de Virginia[388], donde llegaron a tomarse muestras de una misteriosa sustancia en la nieve que contenía sulfuro, arsénico y aceite mine-

387 Principalmente, la historia del Espantapájaros está relacionada con algunos enclaves rurales de Estados Unidos, tal y como sucede en la novela *Sleepy Hollow*. Además, Bob Kane, quiso homenajear a la novela de Washington Irving bautizando al personaje del Espantapájaros como Jonathan Crane, como un guiño al Ichabod Crane de *Sleepy Hollow*.

388 William B. Van Huss, *The Mad Gasser of Botetourt County: Reconsidering the Facts*, CreateSpace Independent Publishing Platform, 2017.

ral[389]. La Asamblea General de Virginia publicó un proyecto de ley que condenaba a diez años de prisión a cualquier persona responsable de esparcir gases venenosos en una residencia o en público, y hasta veinte años de prisión si dicho gas lesionaba a personas o animales[390]. Al igual que sucedería después en Mattoon, se organizaron redadas vecinales durante la noche.

Las imágenes de los soldados con máscaras antigás durante la Primera Guerra Mundial provocaron un enorme impacto social que pudo repercutir, de alguna manera, en los ataques de los gaseadores nocturnos.

389 «Phantom gasser renews attacks», *The Anniston Star*, 8 de febrero de 1934.

390 «Shoots poison gas into their homes while they lie asleep», *The San Francisco Examiner Sun*, 18 de marzo de 1934.

Hubo sospechas de que podría tratarse de una mujer[391], por unas huellas que aparecieron en la nieve cerca de algunas de las más de quince propiedades afectadas[392]. Pero las evidencias no llevaron a ningún sitio, y los ataques cesaron repentinamente[393].

Hubo otros reportes de gaseadores fantasma en Coatsville, Pensilvania, donde en 1944 tres vecinos murieron y otros tantos enfermaron gravemente al inhalar una sustancia de aroma dulzón y de origen desconocido. O en una iglesia baptista de Houston, Texas, que en la misa de Navidad de 1961 sufrió el ataque de un gas, cuyo origen jamás se identificó, pero que afectó a más de cien personas, de las cuales, ocho tuvieron que ser hospitalizadas por asfixia. Los síntomas que manifestó la mayoría iban desde náuseas y vómitos hasta intensos dolores de cabeza.

En ninguno de todos estos casos pudo identificarse al culpable, y la sombra de la histeria colectiva, capaz de producir manifestaciones psicosomáticas, aumentó la magnitud del misterio.

En el año 1993, la compañía de juguetes en miniatura Matchbox lanzó un muñeco de plástico del gaseador loco de Mattoon, dentro de su colección Monstruos de Bolsillo, que incluían a otros personajes fantásticos como zombis, hombres lobo, vampiros y troles. El juguete de color amarillo lle-

391 «Phantom gasser baffles officers», *Tallahassee Democrat*, 23 de enero de 1934.

392 «Virginians huting for phantom gasser», *Fitchburg Sentinel*, 22 de enero de 1934.

393 «Phantom gasser stirs virginians», *Brooklyn Times Union*, 24 de enero de 1934.

vaba una máscara de gas de color rojo, dos mangueras con las que liberaba la sustancia tóxica y unos pies de color verde radiactivo[394].

Al final, la historia que había aterrorizado a todo un pueblo, como un ejemplo perfecto de los efectos de la banalización de la cultura moderna, se había convertido en un objeto de coleccionismo *kitsch*.

394 Debbie Carlson, «1940s Mattoon legend returns in form of toy», *Journal Gazette*, 26 de junio de 1993.

Capítulo 14
LA NOVIA

Oigan la historia que contome un día
el viejo enterrador de la comarca...

Carlos Borges, *Bodas negras*

Cayo Hueso no es el mejor lugar para celebrar una boda.

La isla, ubicada en el estrecho de Florida, fue un enorme cementerio de la tribu indígena de los calusa, asentados en la actual Florida, en América del Norte.

Cuando los primeros exploradores españoles llegaron a aquellos territorios, se encontraron con una tierra bañada por cientos de osamentas y calaveras, por lo que decidieron bautizarla con el nombre que hoy conserva.

El conquistador Juan Ponce de León, el primero en pisar la isla en el siglo XVI, fue expulsado de allí y herido con una flecha envenenada por los propios calusas. Terminó muriendo unos días más tarde en La Habana.

Un siglo más tarde, Cayo Hueso se convirtió en un refugio para piratas, buscadores de tesoros y otros apestados de la sociedad. En 1898, el acorazado Maine salió de sus costas para terminar hundiéndose en el puerto de La Habana, lo que propició la guerra hispano-estadounidense y la posterior pérdida de las últimas provincias españolas de ultramar.

Pocos años más tarde, se instaló en la isla el conde Carl Tanzler, personaje fundamental de la historia que nos ocupa.

O

Las únicas fotos que se conservan de Tanzler muestran a un hombre de talante serio, con los ojos pequeños y unas sencillas gafas de montura redonda y con barba y bigotes perfectos. Habitualmente vestía con traje y pajarita, incluso bajo la bata blanca que utilizaba en el hospital de la Marina, donde trabajaba como radiólogo. Allí atendía a pacientes infectados de tuberculosis, una enfermedad mortal y, paradójicamente, relacionada con el romanticismo, por el tono pálido que producía en la piel, tan similar al ideal de belleza que había proliferado a lo largo del siglo XIX[395].

En aquellos años, la radiología era una especialidad recién descubierta y su aplicación fue fundamental para la detección de la infección producida por el bacilo de Koch.

Aunque Tanzler era un sujeto empático con sus pacientes, procuraba mantener cierta distancia con ellos, pues sabía que sus diagnósticos más habituales no eran compatibles con las relaciones personales a largo plazo.

Sin embargo, la mañana del 22 de abril de 1930 hizo una excepción que marcaría su vida para siempre. En su consulta apareció una mujer que acompañaba a su hija. Esta llevaba varios días padeciendo una tos persistente y unos síntomas que auguraban la peor de las noticias.

—Mi nombre es Elena. Elena Milagro-Hoyos —pronunció la joven con lentitud, para que el doctor pudiera anotar sus datos en la ficha.

395 C. Romero Hernández, «La tuberculosis en la época del romanticismo europeo», *Revista del Instituto Nacional de Enfermedades Respiratorias*, México, 2000.

Tanzler se quedó petrificado. Aquella veinteañera de ojos negros ya estaba en su memoria desde mucho antes de conocerla. No sabía dónde la había visto, pero fue como reencontrarse con una persona de la que había estado profundamente enamorado y a la que llevaba mucho tiempo sin ver.

—Bien, déjeme auscultarla primero, y después le explicaré en qué consiste la prueba —reaccionó el doctor con torpeza, mientras arañaba las capas más profundas de su memoria, como quien busca oro en la arena de un río.

La madre de Elena observaba la escena con la discreción de alguien que había vivido largo tiempo en silencio, educada bajo un sometimiento de varias generaciones.

El doctor Carl von Cosel, o Carl Tanzler, cursó varios grados de Medicina, Bioquímica e Ingeniería eléctrica en la Universidad de Leipzig.

Von Cosel se estremeció al deslizar el fonendoscopio por la piel de Elena. Sintió algo entre ambos, como si hubieran estado unidos en otra vida.

Entonces llegó el recuerdo, como un destello. Durante uno de sus múltiples viajes a Génova, había tenido un sueño en el que aparecía Anna Constantina, una antecesora, a la que apenas había conocido en la infancia, y que sostenía una foto.

—Esta hermosa mujer de cabellos negros será el amor de tu vida[396] —sentenció aquel fantasma desde la ensoñación, antes de diluirse para siempre en el circuito cerebral del conde.

La imagen de la marquesa, aparecida en sueños, sosteniendo la fotografía de una hermosa mujer lo había obsesionado durante mucho tiempo. Pero aquel recuerdo, por poco funcional, había sido relegado a lo más profundo de su hipocampo…, hasta el momento en que Elena Milagro-Hoyos entró en su consulta y Von Cosel reconoció a su amada, como en una profecía cumplida.

La joven miraba al frente con la solemnidad incómoda del paciente que no sabe ni dónde poner las manos.

El ruido intenso de la lluvia golpeando las aguas del golfo de México en el exterior no fue suficiente para disimular las crepitaciones propias de la tuberculosis, colándose a través del fonendoscopio hasta llegar a los oídos del doctor, que no podía dejar de pensar en su mala fortuna, pues el día en que había conocido al amor de su vida había descubierto también que acabaría enterrándola en pocos meses.

o

396 Ben Harrison, *Undying Love, The True Story of a Passion That Defied Death*, The Ketch & Yawl Press, 2009.

Los resultados del hemograma, aún más contundentes que la primera exploración, dieron un vuelco a la vida de Von Cosel, que hasta entonces había llevado una rutina ordenada en Cayo Hueso, disfrutando de su clima tropical, de sus playas de arena blanca, de sus leyendas de piratas y de las historias que, en esas mismas fechas, fascinaban también a personalidades como Ernest Hemingway, que había comprado una casa en la isla junto a su segunda esposa, Pauline Pfeiffer.

A pesar de que conocía a la perfección el rostro de la muerte —había sido médico durante la pandemia de gripe de 1918 y había cubierto varias epidemias de fiebre amarilla—, nada le resultó más doloroso que ver cómo Elena de Hoyos se iba consumiendo de día en día. La pérdida de peso era evidente y la tos, acompañada por esputos sanguinolentos, eran cada vez más frecuentes.

Pero von Cosel, un médico vanguardista, un moderno Prometeo, no iba a rendirse tan fácilmente, y empezó a experimentar con métodos alternativos para acabar con el bacilo de Koch.[397]

Algunas mañanas de invierno, con la bruma aún abrazando las casitas de colores de Cayo Hueso, el conde visitaba a Elena para llevarle brebajes y ungüentos que él mismo preparaba, con la intención de hacerle más llevadera la convalecencia. En ocasiones, hasta le regalaba flores o joyas. En paralelo, consiguió una bobina de Tesla, patentada en 1891, capaz de provocar chispas eléctricas, con la intención de experimentar con la electroterapia[398].

397 Carl von Cosel, *The lost diary of count Von Cosel*, Ed. Phantom Press, 2012.

398 Tom Swicegood, *The incredibly diabolical story of Elena Milagro Hoyos and the man who called himself Von Cosel*, Ed. iUniverse, 2003.

Durante estas sesiones, el conde la cogía de la mano, la acariciaba y la entretenía contándole sus viajes por Italia, Alemania, Australia y Estados Unidos. En una ocasión, cuando la relación ya estaba asentada, le confesó que había estado casado, que había tenido dos hijas y que una había muerto víctima de la difteria, una terrible enfermedad infecciosa que provoca la aparición de unas falsas membranas que se adhieren a la mucosa de las vías respiratorias y que a veces llega a ser visible como una masa blanquecina que recubre la garganta del contagiado.

Elena lloró ante esa confesión y le apretó las manos, intentando transmitirle su afecto. Aquel fue el gesto más parecido a un acto de amor que el conde recibió por parte de Elena, y fue suficiente para él. A cambio de su dedicación, la mujer le devolvió otra confesión: ella estaba legalmente casada con un tipejo que la había abandonado años atrás, después de sufrir un aborto. Alguien aseguró verlo en Miami, pero ella no quiso saber nada más de aquel hombre.

—Vaya, qué vidas tan convulsas... Y nos hemos encontrado en este momento, para sanar nuestras heridas —sonrió con dulzura el doctor mientras contenía sus lágrimas y apretaba aún con más fuerza la mano de su amada.

Elena asintió con tristeza, mientras el sol se ponía en el horizonte y se reflejaba en sus ojos, también lóbregos ante los últimos ataques de la tuberculosis.

o

La boda de Elena de Hoyos, hija de un célebre fabricante de puros habanos, y Carl von Cosel, descendiente de la nobleza germana, se celebró de manera discreta en abril de 1933.

Debido al mal estado en el que se hallaba su amada, el conde optó por una ceremonia íntima, sin grandes alharacas, en su hermosa casita ubicada en la avenida Flagler, cerca del viejo camino del Cayo. Una noche, a la luz de las velas, Von Cosel tomó la mano fría de Elena y, mirándola a sus ojos vidriosos, le juró amor eterno…

Elena de Hoyos mira a cámara en una instantánea tomada poco antes de contraer la tuberculosis.

Le colocó así un anillo de oro en su dedo anular como símbolo de aquella unión, alejada de miradas recelosas incapaces de entender una relación nacida de la enfermedad, entre dos personas de edades tan distintas y en momentos tan diferentes de sus vidas.

—Prometo serte fiel, amarte, cuidarte y respetarte, en lo bueno y en lo malo, en la riqueza y en la pobreza, en la salud y en la enfermedad, todos los días de mi vida... —juró el conde en la alcoba solitaria ante la presencia de su esposa.

La noche guardaba un silencio profundo, como si espiara con atención aquellas nupcias.

—Ni siquiera nos separará la muerte —susurró el conde, antes de desvestir a Elena y acariciar su piel, lisa como una vela y embadurnada en un perfume embriagador que camuflaba otros olores.

Con extremo cuidado para no dañarla, la cogió en brazos y la condujo hasta la cama de matrimonio que había preparado en su dormitorio, recién pintado de blanco y azul, los colores favoritos de su esposa.

Cuando la habitación quedó en penumbra, un rayo de luna se coló entre las cortinas para contemplar cómo el conde se tumbaba junto a su amada, arropados ambos por unas finas sábanas blancas.

—Ni siquiera nos separará la muerte —repitió Von Cosel, intentando convencerse a sí mismo.

o

La vida podía ser sencilla y hermosa si uno vivía en un lugar como Cayo Hueso. Algunas tardes, al llegar del hospital, el doctor le llevaba nuevos perfumes a su mujer y le contaba cómo había sido su día. A menudo le detallaba los últimos avances en la vacuna contra la tuberculosis, que ya había sido testada en el hospital de la Charité de París, donde se le administró a un bebé de pocos días de vida, nacido de una madre muerta por la enfermedad[399]. Si todo iba bien, la vacunación masiva llegaría pronto.

Como Elena no podía salir ni recibir visitas por su condición, Carl decidió comprar un órgano que estaba casi abandonado en una iglesia. Según le contaron, una plaga de hormigas lo había destruido por dentro, dejándolo inservible, pero él sabía cómo recomponer objetos desde el interior para devolverles la vida, y estaba convencido de que aquel instrumento tendría un sonido glorioso con el que regalarle las mejores melodías a su esposa[400]. Pasó los meses reparando el órgano en su taller y, cuando al fin lo hubo terminado, los vecinos se acostumbraron a su dulce musicalidad.

Von Cosel, a medio camino entre un hombre del Renacimiento y un doctor Frankenstein, aplicaba los últimos estudios de la electricidad a sus tratamientos médicos y también a la fabricación de inventos. Había patentado un aparato de linterna mágica, con el que proyectar fantasmagorías[401], y una máquina eléctrica para mover motores y dinamos[402]. Pero su ambición no tenía límites y su amor por Elena era tal que no veía cómo recompensarla. Quería llevarla al cielo, así que diseñó una avioneta con las alas retráctiles, y empezó a construirla a partir de un montón de chatarra que compró a muy buen precio. Con ella subiría a la estratosfera y el efecto de los rayos cósmicos ayudarían a Elena a curarse.

399 Alejandra Martins, «BCG: 100 años de la vacuna más antigua aún en uso (y por qué es un "dolor de cabeza" para la ciencia)», BBC, 18 de julio de 2021.

400 Stetson Kennedy, «Aventura y extravagancia de Van Cosel», *Revista Bohemia*, 17 de noviembre de 1940. Año 32, vol. 32, n.º 46.

401 Apparatus for Producing Panoramic Lantern Illusions. Patente GB189817434A, 12 de agosto de 1898.

402 Electric machine. Patente US1605796A, 2 de noviembre de 1926.

Carl bautizó a su nuevo invento con el nombre de Condesa Elena C-3[403]. Pero nunca llegaría a terminarlo porque, mientras trabajaba en él, algunos vecinos comenzaron a quejarse del mal olor que venía de su vivienda.

Carl von Cosel construyó una avioneta con la que pretendía ascender hasta la estratosfera para llevar a cabo un tratamiento experimental con rayos cósmicos en el cuerpo de su amada.

Él usaba como excusa el matadero ubicado en la parte trasera de su taller, cuya sangre se vertía a las aguas del Atlán-

403 Sandglass Patrol, *El avión para resucitar a una muerta*, 1 de noviembre de 2024.

tico[404]. Pero estos se preguntaban por qué le veían entrar en casa con tantos perfumes y desinfectantes, o por qué hablaba en plural, cuando estaba demostrado que llevaba años viviendo solo... O por qué no permitía a nadie entrar en la casa, ni siquiera a Frank Miccosi, su mejor amigo.

Estaba claro que Carl von Cosel hacía gala de un extraño recelo que inquietaba y generaba habladurías en el pueblo.

En el barrio español algunos contaban que el doctor vivía con el cadáver de Elena de Hoyos, muerta por tuberculosis pocos meses después de conocerse. También se decía que había robado el cuerpo del cementerio y que ahora lo tenía dentro de la cama en la que él mismo dormía.

—¡Qué horror! —reían algunos.

Otros recordaban el poema «Bodas negras», de Carlos Borges, sacerdote jesuita y poeta venezolano, que se popularizó después gracias a un bolero, y que parecía hecho para la ocasión:

Oye la historia que contome un día
el viejo enterrador de la comarca:
era un amante a quien por suerte impía
su dulce bien le arrebató la parca.
Todas las noches iba al cementerio
a visitar la tumba de la hermosa;
la gente murmuraba con misterio:
es un muerto escapado de la fosa.
En una horrenda noche hizo pedazos
el mármol de la tumba abandonada,
cavó la tierra y se llevó en los brazos

404 Stetson Kennedy, «Aventura y extravagancia de Van Cosel», *Revista Bohemia*, 17 de noviembre de 1940. Año 32, vol. 32, n.º 46.

el rígido esqueleto de la amada.
Y allá en la oscura habitación sombría,
de un cirio fúnebre a la llama incierta,
dejó a su lado la osamenta fría
y celebró sus bodas con la muerta.
Ató con cintas los desnudos huesos,
el yerto cráneo coronó de flores,
la horrible boca le cubrió de besos
y le contó sonriendo sus amores.
Llevó a la novia al tálamo mullido,
se acostó junto a ella enamorado,
y para siempre se quedó dormido
al esqueleto rígido abrazado.

El corazón de Florinda de Hoyos estuvo a punto de pararse para siempre cuando escuchó aquel rumor. Alguien había empezado a verbalizar lo que ella llevaba años sospechando. Tras la muerte de su hermana Elena, el extraño radiólogo se había ofrecido a asumir los costes del funeral y también el importe de un gran mausoleo en el que sus restos descansarían para toda la eternidad.

Desde el entierro, Florinda se encontraba habitualmente con Carl en el interior del cementerio. Allí pasaba las horas llorando a su amada, que no había tenido tiempo de corresponderle en vida a ese amor que solo él se empeñó en regalarle.

Pero, de forma repentina, Carl dejó de visitar la sepultura, y eso extrañó a todos los familiares de Elena. ¿Cómo podía desaparecer alguien así?

Una tarde de finales de octubre de 1940, Florinda se personó en la casa que Carl Tanzler había comprado a orillas del mar tras la muerte de su hermana.

—Carl, he oído los rumores… —comenzó a decir.

—Sé lo que dicen —se adelantó el doctor con parquedad.

—Solo quiero saber si es verdad. Tú no serías... No serías capaz... —empezó a llorar.

Von Cosel se mantuvo serio, con la mirada perdida, sin emoción. No estaba dispuesto a atravesar otro duelo. El destino se había empeñado en arrebatarle lo que más quería, y tarde o temprano tendría que pagar el precio de haber conocido, al menos, al amor de su vida.

—Acompáñame —respondió Von Cosel con indiferencia.

Florinda temblaba, y se debatía entre la posibilidad de que sus peores sospechas se hicieran realidad y la certeza de que lo peor aún estaba por llegar.

Subieron por una escalerita de madera blanca que conducía a un pasillo estrecho y oscuro sin ventanas, con dos puertas cerradas. Un olor penetrante se coló por las fosas nasales de la mujer hasta hacerla llorar. Von Cosel, acostumbrado a los efluvios del desinfectante, ni se inmutó. El suelo, a medida que avanzaban, crujía bajo sus pies, como si las grietas de la realidad se abriesen a su paso.

Florinda estuvo a punto de darse la vuelta y regresar de nuevo a la calle. Durante unos segundos, pensó en seguir viviendo engañada, con la duda instalada para siempre en su pecho. En ocasiones, aceptar una certeza supone despertar de un sueño para encontrarte dentro de una pesadilla en la que tendrás que vivir para siempre.

Carl Tanzler alzó las cejas en un gesto de derrota mientras giraba el pomo dorado para compartir por vez primera su mejor secreto[405].

---

405 Anthony Blair, «How terrifying scientist Doctor Death created "corpse bride" in twisted experiment & lived with her for seven years», *The Sun*, 19 de febrero de 2023.

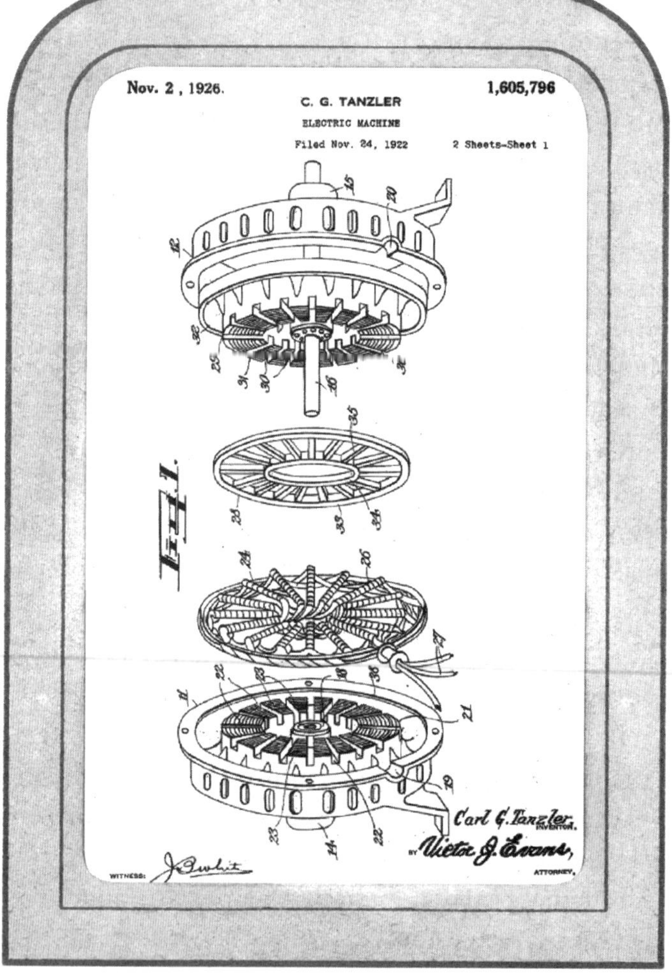

El doctor Carl von Cosel estaba interesado en los avances de la electricidad, y llegó a patentar algunos objetos como esta máquina eléctrica.

Diez años son demasiado tiempo, especialmente para un cadáver. Por eso, Florinda fue incapaz de reconocer a su hermana en el amasijo de piel seca, huesos y prótesis que se descomponía sobre delicadas sábanas de satén. Los tejidos eran apenas colgajos entre los ganchos de hierro que asomaban donde un día hubo articulaciones. Las costillas se fundían con vendas y telas sucias embadurnadas en un líquido antiséptico que el doctor había creado para intentar preservar la piel. Su rostro, antes dulce e inmaculado, era una horrible máscara de cera, y sus ojos eran dos bolas de cristal que miraban al infinito. Elena de Hoyos, muerta a la temprana edad de veintidós años, parecía una marioneta fabricada con los restos de un cadáver[406].

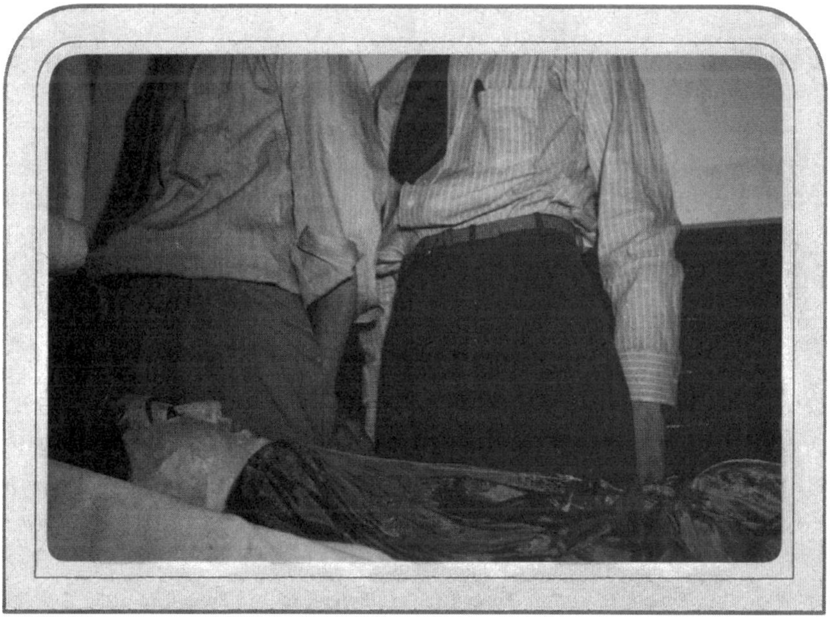

El cuerpo de Elena de Hoyos, embalsamado por el doctor Von Cosel, fue estudiado en la funeraria López.

406 Tom Swicegood, *The incredibly diabolical story of Elena Milagro Hoyos and the man who called himself Von Cosel*, Ed. iUniverse, 2003.

A pesar de los siglos de matanzas, saqueos y batallas, en Cayo Hueso nunca se oyó un grito de terror como el que nació de la garganta de Florinda de Hoyos. Un sonido atroz que expresaba la incredulidad ante la presencia de aquel monstruo de cabeza desproporcionada y cuerpo momificado.

Temblaba cada célula de su cuerpo y le lagrimeaban los ojos ante los estertores del vómito y del pánico. Cuando el doctor apareció de nuevo en la puerta de entrada, la joven echó a correr sin mirar atrás, sintiéndose como la protagonista de uno de esos cuentos de tradición germánica en los que a la superviviente se le desvela un secreto macabro.

o

Miles de personas de toda Florida se apelotonaron durante días a las puertas de la funeraria López[407], donde el forense ratificó que el cadáver de Elena había sido preservado con seda, papel maché y cera, y que una peluca cubría el cuero cabelludo, por donde ya asomaban fragmentos del cráneo, y que los huesos estaban unidos con engranajes fabricados con finas varas de hierro[408]. Cada día surgían nuevos datos en los periódicos, con artículos que hablaban de un «romántico anciano que creía que su amor por una joven era más fuerte que la muerte»[409], de la «extraña historia de un viejo científico que durmió durante

407 «Some 2.000 residents of Kewy West Monday afternoon crowed the funeral home where rested the body of pretty young Mrs. Elena de Hoyos Mesa, nine years dead», *The Miami Herald*, 8 de octubre de 1940.

408 Rod Bethel, *A Halloween Love Story*, 1988.

409 Richard Arthur Norton, «Man's love for beautiful girl discovered after death», *Springfield News-Sun*, 15 de agosto de 1940.

siete años con el cadáver de una bonita joven»[410] o de la gran «simpatía mostrada hacia el hombre que preservó el cuerpo de una mujer»[411].

Amante en romance fantástico con un cadáver no ve nada malo en llevárselo de la cripta

Medios de Florida, Pensilvania, Míchigan o Wisconsin cubrieron el suceso del conde Carl von Cosel como una historia de amor que iba más allá de la muerte.

La detención de Carl von Cosel[412] provocó que multitud de medios publicaran titulares a favor del médico, defendiendo su maravillosa historia de amor más allá de la muerte, e incluso cientos de mujeres, desde Texas hasta Connecticut, escribieron cartas románticas al centro en el que Von Cosel estaba detenido, algunas incluyendo peticiones de matrimonio[413].

410 Nancy Rogero, «Lover in fantastic romance with corpse sees no wrong in taking her from crypt», *The Miami Herald*, 8 de octubre de 1940.

411 «Only sympathy shown for man who kept girl's body», *Fort Worth Star-Telegram*, 9 de octubre de 1940.

412 «Kept corpse beside him for seven years», *Holyoke Daily Transcript*, 7 de octubre de 1940.

413 Tom Swicegood, *The incredibly diabolical story of Elena Milagro Hoyos and the man who called himself Von Cosel*, Ed. iUniverse, 2003.

En el juicio, Von Cosel reveló todos los detalles de su plan para resucitar a Elena, que había comenzado a formarse en su cabeza a los pocos días de enterrarla.

Durante las primeras noches, visitó el mausoleo, que tenía incorporado un sistema de radio diseñado por él mismo, bautizado como teléfono espiritual[414], a través del cual, el radiólogo hablaba con el fantasma de su amada, que, según él, se manifestaba para declararle su deseo de recuperar su cuerpo físico.

Y así, noche tras noche, con la clandestinidad que otorga la oscuridad, cruzaba el pequeño bosque que separaba el pueblo del cementerio y se reunía con el espíritu de Elena.

—Sácame de aquí —le suplicó ella en una de esas visitas, con una voz lánguida, de ultratumba.

—¡Pero eso sería un sacrilegio, una profanación! —se debatió Von Cosel.

—Solo así podrás devolverme a la vida. Y casarnos... Y ya ni la muerte podrá separarnos —argumentó ella.

Él lloró con la mano sobre el féretro. Estaba dispuesto a convivir con el fantasma de Elena, pero bien sabía que era aún mejor recuperar su cuerpo para acariciarla, besarla y sentirla de cerca. Además, los avances de la electricidad y su interés por la ciencia facilitarían la tarea de devolverla a la vida.

Fue así como decidió regresar al día siguiente, cuando Cayo Hueso dormía enteramente, para colocar el cuerpo de Elena sobre un carro y llevarlo a su casa. Para entonces, la mujer llevaba tres años muerta y reconstruirla fue toda una proeza que el doctor asumió sin aversión, a pesar de los cientos de gusanos

414 Stetson Kennedy, «Aventura y extravagancia de Van Cosel», *Revista Bohemia*, 17 de noviembre de 1940. Año 32, vol. 32, n.º 46.

blancos que devoraban la carne cuando abrió el ataúd, y de los líquidos verdosos y pestilentes que bañaban el cuerpo[415].

Haciéndose cargo de aquellos detalles mórbidos como una prueba más de su amor, Von Cosel se colocó unos tapones en las fosas nasales y trabajó sobre el cadáver durante horas a la luz de un candil. Después de limpiarlo por completo y de cubrirlo con gasas, lo bañó en una sustancia, el clinosol, un desinfectante antibacteriano que compraba al mismo precio que los mejores perfumes de París[416]. El doctor estaba convencido de poder resucitar a la joven: «Yo sé que la vida existe en las células del cuerpo humano aún después de la muerte y por eso cubrí su cuerpo con ingredientes protectores que habrían de nutrir sus tejidos»[417].

Durante el juicio, Von Cosel fue sometido a diferentes pruebas psicológicas que determinaron que era un hombre cuerdo, con una trayectoria vital y profesional intachable. Además, el crimen por haber profanado un cadáver había prescrito, pues había ocurrido hacía más de cinco años, y la condena se limitó al pago de una fianza.

Así, multitud de admiradores que habían seguido la historia del radiólogo a través de los medios se encargaron de reunir dinero para ayudarlo a salir de la cárcel, consiguiendo su liberación definitiva en 1941.

Misteriosamente, a los pocos meses del juicio se produjo una explosión que destruyó la cripta en la que había estado en-

415 Tom Swicegood, «The incredibly diabolical story of Elena Milagro Hoyos and the man who called himself Von Cosel», Ed. iUniverse, 2003.

416 *Ibid.*

417 Stetson Kennedy, «Aventura y extravagancia de Van Cosel», *Revista Bohemia*, 17 de noviembre de 1940. Año 32, vol. 32, n.º 46.

terrada Elena de Hoyos. Algunos afirmaron que los vecinos del pueblo detonaron la sepultura para evitar que se convirtiera en un centro de peregrinación[418]. Desde entonces, el lugar en el que todavía yace enterrado el cuerpo de Elena Milagro Hoyos es el secreto mejor guardado de Cayo Hueso.

Carl von Cosel, que empezó a usar su apellido Tanzler, nunca superó que lo apartaran del cadáver de su amada, y, a pesar de todo el afecto público que recibió, se encerró en un pequeño apartamento que compró en Pasco County, también en Florida, donde falleció once años después[419]. Las autoridades encontraron su cuerpo en avanzado estado de descomposición tres semanas después de su muerte[420].

Pero el cadáver del alemán no era el único que encontraron en su casa. Los agentes hallaron también el cuerpo inerte de una mujer vestida con una mantilla negra y con una máscara colocada sobre el rostro[421]. El hecho de que la tumba real de Elena de Hoyos se hubiera mantenido en secreto activó todas las alarmas. Además, junto a la figura había varios cuadernos y álbumes de fotos titulados: «El secreto de la tumba» o «Elena en la batalla por la vida», donde se mostraban fotos del cadáver de la joven montado en la avioneta que Von Cosel había construido, o tumbado en la cama.

418 «Blast Wrecks Vault of wax-body fame», *The Buffalo News*, 15 de abril de 1941.

419 «Unusual secret taken to grave», *The Morning Herald*, 16 de agosto de 1952.

420 «Von Cosel dies; played organ to dead love for eight years», *The Central New Jersey Home News*, 14 de agosto de 1952.

421 «Elena? Life size figure found int Tanzler's Zephyrhills House», *The Tampa Tribune*, 15 de agosto de 1952.

Finalmente descubrieron que no era un cadáver, sino una figura del tamaño de una persona, con una máscara de cera que imitaba el rostro de Elena[422].

Von Cosel murió abrazado a su amada, como siempre quiso. Un final digno de un cuento de Edgar Allan Poe, con profanaciones de cementerios, amores que viajan más allá de la muerte y cadáveres putrefactos restaurados con sustancias químicas.

APUNTES DE MADRUGADA

Descubrí la historia real del conde Carl von Cosel en abril de 2015, mientras investigaba las historias reales en las que se habría inspirado Tim Burton para realizar algunas de sus películas. Desde siempre me ha fascinado el mundo del director y quería saber cuánto de verdad había en sus guiones. Por ejemplo, el musical *Sweeney Todd* (2007) está inspirado en un cuento de 1840 que relata la historia de un barbero enloquecido que asesinaba a sus clientes para después picar su carne y venderla en la pastelería que había debajo de su negocio. El suceso real podría estar inspirado en otros relatos como el de Biasio *El Cargnio*[423], que vivió en Venecia a principios del siglo XVI y que había aprendido el noble oficio de los *luganegher*: elaboradores de salchichas. Cerca de la iglesia de San Zan Degolà, a orillas del canal, Biasio abrió una carnicería que se hizo muy

422 «Death ends case of Dr. Von Cosel», *The Miami News*, 14 de agosto de 1952.

423 «El carnicero veneciano que vendía carne de niños», *Historia National Geographic*, 15 de junio de 2024.

famosa por un guiso de embutidos cuya receta secreta atraía a todos los vecinos.

La leyenda cuenta que un día un cliente mordió algo duro en el interior de uno de esos guisos, y que, al sacarlo de su boca descubrió que era un dedo humano[424]. La investigación policial determinó que el gran ingrediente secreto de Biasio, el que daba un sabor inigualable a sus estofados, era la carne humana. Dentro de sus cocinas, los agentes encontraron cadáveres de varios niños que pertenecían a las clases más bajas de la sociedad.

El 18 de noviembre de 1503, a *El Cargnio* lo detuvieron en su tienda, donde le cortaron las manos, y lo condujeron hasta la plaza de San Marcos, donde lo decapitaron.

Después, las autoridades exhibieron su cabeza durante varias jornadas junto a la iglesia de San Zan Degolà; una macabra paradoja, pues San Zan Degolà significa «san Juan decapitado».

La historia de Biasio y su taberna apareció recogida por primera vez en una crónica del siglo XVI, y el almirante Giacomo Foscarini también hizo referencia al salchichero en su obra «Canto del pueblo veneciano»[425]:

En la Riva de Biasio la otra noche,
fui con mi niño a tomar el aire,
pero se me encogió el corazón de tal manera
que mi cabeza aún no sabe interpretar:

---

424 Marianna Ciarlante, «La storia del macellaio assassino che ha dato il nome alla Riva de Biasio», *Venezia Today,* 4 de agosto de 2023.

425 Jacopo Vicenzo Foscarini, «Canti dil Popolo Veneziano», *Dalla Tipografia Gaspari,* 1844.

¡me parecía que Biasio con el cuchillo
cortaba en pedazos a mi niño![426]

En la obra *Le Théâtre des antiquitez de Paris* (1612), se recoge la historia del carnicero de niños del barrio de Saint-Sulpice, en París. Al parecer, un carnicero se había aliado con un barbero para deshacerse de los cadáveres que este dejaba, convirtiéndolos en salchichas dentro de unos túneles que comunicaban ambos negocios.

De este modo, la trama de Sweeney Todd, llevada al cine por Tim Burton en el año 2007, parecía ser fruto de toda una tradición de pasteleros de carne humana que se remontaba a la Europa del siglo XVI.

Mi sorpresa llegó cuando, después de haberme documentado en profundidad sobre estos sucesos, descubrí que en España teníamos el rastro de otro de estos asesinos. La historia me la reveló el cronista Rafael Solaz, que había estudiado y transcrito un dietario que un vecino de Valencia había escrito entre 1800 y 1873, anotando las curiosidades más llamativas que acontecían en la ciudad. El documento, «un conjunto de hojas manuscritas encuadernadas en holandesa moderna, piel de color verde, con nervios y dorados en el lomo, de tamaño 4º (23x16 cm)»[427], contaba en una de sus cien páginas la insólita historia que había ocurrido en la entonces lúgubre callejuela

426 *Sulla Riva de Biasio l'altra sera / so andata col putelo a chiapar aria / ma se m'à stretto el cuor a una maniera / che la mia testa ancora se savaria: / me pareva che Biasio col cortelo /tagiasse a fete al caro mio putelo!*

427 Pablo Carsí y Gil. *Cosas particulares, usos y costumbres de la ciudad de Valencia (1800-1873).* Estudio y transcripción de Rafael Solaz Albert, Societat Bibliogràfica Valenciana Jerònima Galés, 2011.

de Manyans, que por aquellas fechas estaba ubicada junto al cementerio de Sant Martí:

> En la calle de Serrageros, entrando por la de San Vicente, a la derecha, sobre la mitad de la calle, hay como un corral que tiene puerta a la calle, entrando por allí se sale a una taberna que hay en la calle de la Pellería que todo forma una casa. Encima de esta puerta hay tres cabezas de piedra de hombre de las que se cuenta que en otros tiempos había una barbería, y que a los que entraban a afeitarse los mataban y robaban, y otros añaden que en la otra casa había una pastelería, y metían en los pasteles carne humana de los que mataban. Esto fue un hecho verdadero[428].

Para Rafael Solaz, la rotundidad de la frase final («Esto fue un hecho verdadero»), recalca la verosimilitud del relato, confrontada con la posibilidad de que se tratara de una leyenda urbana.

Por aquellas fechas, el diario francés *Le petits tribunaux* publicó una historia similar ocurrida también en España, bajo el titular «Salchicheros de carne humana»[429], que detallaba la fortuna que había amasado un charcutero de Aranjuez llamado José Romarés elaborando salchichas y pasteles con carne humana. Romarés estaba compinchado con el barbero Pedro Moreno, que decapitaba a sus clientes y los echaba al sótano a través de una trampilla en el suelo (el mismo *modus operandi* del relato de *Sweeney Todd*). La última víctima de estos dos fue Francisco Andral, desaparecido un 20 de

428 *Ibid.*

429 «Saucisses de chair humaine», *Les petits tribunaux*, 28 de abril de 1878.

abril de 1878[430]. Tras la denuncia de la desaparición que hizo su hermano, la policía terminó entrando en la barbería de Andral, el último lugar donde lo habían visto. Allí descubrieron, si se me permite decirlo, *el pastel.*

1re Année. — N° 4. Dix centimes pour toute la France. Dimanche 28 Avril 1878

LES PETITS
TRIBUNAUX

ABONNEMENTS
PARIS ET DÉPARTEMENTS :
Un an .... 6 fr.
Six mois .... 3 fr. 50

ADMINISTRATION
M. ARMAND LÉON, DIRECTEUR-GÉRANT
21, rue du Croissant.

RÉDACTION
HENRY VAUDÉMONT, RÉDACTEUR EN CHEF
73, rue du Cardinal-Lemoine

SAUCISSES DE CHAIR HUMAINE
Le crime de la rue Saint-Lazare

Titular de un periódico francés que en 1878 recogió la historia de un asesino que fabricaba salchichas con la carne de sus víctimas.

Pasé semanas investigando en hemerotecas internacionales, siguiendo el rastro de estos pasteleros que supuestamente actuaron por todo el mundo entre los siglos XVII y XIX.

Después empecé a buscar información sobre otras de las películas de Tim Burton, como *Sleepy Hollow* (1999), lo que terminó llevándome a la fantástica y ya citada historia de Vidal, el cuatrero de Texas, y finalmente descubrí que otra historia del director, *La novia cadáver* (2005), estaba también inspirada en

430 «Patés et saucissons de chair humaine», *Le Messager du Midi: journal du soir*, 27 de marzo de 1878.

un cuento popular judío del siglo XIX titulado «El dedo», en el que un hombre camina junto a su mejor amigo por un bosque llevando un anillo con el que pedirá matrimonio a su amada. En el camino, encuentran una rama que surge del suelo y el futuro esposo le coloca el anillo a modo de broma, sin saber que el tallo es, en realidad, el dedo de una mujer muerta que se levantará de su tumba para aceptar el compromiso.

El cuento popular nació en 1920 para denunciar la masacre de judíos durante los pogromos del Imperio ruso, cuando se contaba que la crueldad del ejército era tal que llegaban a secuestrar y a asesinar a algunas mujeres jóvenes en sus carruajes nupciales mientras iban camino de sus bodas.

Fue precisamente documentándome sobre todo esto, realizando búsquedas con los términos «Corpse Bride» (novia cadáver), cuando apareció el primer hilo de la historia de Carl von Cosel y Elena de Hoyos. Compré por internet todos los libros que había sobre el caso (en ese momento no eran más de tres o cuatro), y descargué cientos de referencias en periódicos como *The Miami Herald*, *The Seattle Star* o *Tampa Bay*, que en 1940 ofrecieron cientos de detalles sobre el macabro hallazgo.

La historia contenía cientos de ingredientes para generar el interés de miles de lectores de la época que agotaban cada día las ediciones de los periódicos para conocer los nuevos y morbosos detalles. Sorprende que en aquellas publicaciones se hablase de una preciosa historia de amor que había superado las barreras de la muerte y que los periodistas blanquearan lo que, a todas luces, era un impactante caso de necrofilia.

En 2015 relaté el caso por primera vez en España[431] y, a par-

431 *La novia cadáver*, Milenio 3, Cadena SER, temporada 14, programa 31, 2.ª parte, 5 de abril de 2015.

tir de ahí, son muchos los que han compartido también esta historia a través de diferentes medios de comunicación. De hecho, desde entonces han surgido nuevas y dudosas informaciones de carácter escabroso, como que el equipo forense que realizó la autopsia a Elena descubrió un conducto en su vagina que el doctor Von Cosel había fabricado para mantener relaciones sexuales con el cadáver. Sin embargo, en toda la búsqueda bibliográfica y hemerográfica que he realizado, que no es poca, nunca he encontrado ni una sola referencia a este detalle (lo cual, evidentemente, no quiere decir que no sea cierto, pero sí lo convierte en una información sospechosa).

Un último dato que sí aparece documentado y referenciado en varias fuentes es que Elena de Hoyos conocía bien el poema de Carlos Borges, gracias a la versión en forma de bolero que había escuchado en varias ocasiones, a través de las primitivas ondas de radio[432]:

En una horrenda noche hizo pedazos
el mármol de la tumba abandonada,
cavó la tierra y se llevó en los brazos
el rígido esqueleto de la amada.
Y allá en la oscura habitación sombría,
de un cirio fúnebre a la llama incierta,
dejó a su lado la osamenta fría
y celebró sus bodas con la muerta.

Ya lo advertí: Cayo Hueso no es el lugar idóneo para una boda.

432 Nancy Rogero, «Von Cosel had but single love in life, Miami Writer relates». *The Miami Herald*, 8 de octubre de 1940.

Capítulo 15
LA PRINCESA

¿Te asustas, niña?... ¡La luna brilla!
¡Yuuuh…, los muertos cabalgan deprisa!

Gottfried August Bürger, *Leonore*

La luz de las velas danzaba a través de las ventanas del dormitorio de la princesa, ubicado en la parte más occidental del castillo. En las últimas noches, los vecinos de Ceský-Krumlov no podían evitar arremolinarse junto a las orillas sinuosas del Moldava y levantar la vista hacia la torre de la fortaleza, intentando comprobar si los rumores que circulaban por el pueblo eran ciertos.

Aquellas habladurías eran inevitables. La doncella llevaba meses encerrada entre los muros de su palacio, sin aceptar siquiera visitas diplomáticas, y los pocos que la habían visto aseguraban que su aspecto oscilaba entre la palidez de un fantasma y la esqueletización de un cadáver.

El clamor popular decía que la princesa Eleonora había sido vampirizada y que agonizaba en la torre de su castillo antes de convertirse en un masticador de mortajas.

Todos en la región de Bohemia coincidían en que Eleonora merecía un final como aquel, pues había pasado media vida consumiendo extraños bebedizos y sometiéndose a ritos susurrados en voz baja por los mejores nigromantes de Viena.

Cuando Eleonora se asomó a través de los cristales, la improvisada congregación vecinal fue testigo de su estado. Sus ojos hundidos parecían las cuencas vacías de un difunto, y su piel, tan pegada a los huesos de la cara, exageraba la forma en que sus dientes asomaban a través de unos finos labios. De su cuero cabelludo colgaban apenas unos mechones que caían sobre su calavera.

En ese preciso instante, una loba aulló desde las mazmorras, provocando un escalofrío colectivo ante la espantosa experiencia que todos compartirían al día siguiente con sus allegados, no sin aportar una dosis extra de detalles exagerados, lúgubres y morbosos.

Los campesinos se santiguaron y, amparados por las sombras, contemplaron con detalle a Eleonora, que había ostentado durante años el sobrenombre de la Princesa Infértil y que, con el tiempo, había pasado a ser conocida como la Princesa Viuda. Ahora, en los últimos días de su vida, la mujer terminaría siendo señalada como la Princesa Vampiro.

o

En aquellos días, circulaban historias de muertos que salían de sus tumbas y atacaban a sus familiares, así como de pueblos que habían sido abandonados por la actividad de estos seres[433]. El vampiro, además, se convirtió en un motivo de controversia entre la Iglesia romana y la ortodoxa griega. Mientras la primera rechazaba su existencia y condenaba las exhumaciones y decapitaciones que estaban llevándose a cabo en muchos países de Europa Central y Occidental[434], la segun-

433 David Keyworth, *Troublesome Corpses*, Ed. Desert Island Books, 2007.

434 Juan Antonio Sanz, *Vampiros, príncipes del abismo*, Ed. Arcopress, 2020.

da amparaba estos ritos y promovía la idea de que los cadáveres aparecían incorruptos por obra del demonio. La Romana, sin embargo, atribuía la integridad de los cadáveres a un acto de santidad[435].

En aquel ambiente, había comisiones formadas por médicos, escritores, sacerdotes y filósofos que investigaban los supuestos ataques vampíricos para poder extraer conclusiones al respecto[436]. Uno de los grandes cronistas de estos comités fue el padre benedictino Agustín Calmet, que compiló toda esta información para terminar publicando, en 1746, el tratado más famoso y profuso sobre el tema[437].

Por eso no era raro que, en plena epidemia vampírica, los habitantes de Ceský-Krumlov, atribuyeran el malestar de Eleonora Amalia von Schwarzenberg al ataque de alguno de estos seres. Especialmente porque las víctimas más vulnerables a estas conversiones eran aquellas que habían llevado malas vidas o que habían realizado actos impuros, y la princesa llevaba años flirteando con las ciencias ocultas.

La primera hija que tuvo de su marido, el príncipe Adam Franz, nació cinco años después de la boda. Pero aquella niña, bautizada como María-Anna, no podría asegurar la continuidad del largo linaje, y el matrimonio pasó años intentando tener un hijo varón. Sin embargo, la buena noticia no llegaba, y los nobles empezaron a desesperar.

435 Juan Gómez-Alonso, *Los vampiros a la luz de la medicina*, Ed. Neuropress, 1995.

436 Claude Lecouteux, *The secrest history of vampires*, Ed. Inner Traditions International, 2010.

437 Agustín Calmet, *Tratado sobre los vampiros*, Ed. Reino de Cordelia, 2009.

El castillo de Ceský-Krumlov, construido a orillas del río Moldava, fue escenario de una supuesta historia de vampiros en 1741.

Desde entonces, Eleonora se sometió a todo tipo de tratamientos que iban desde baños en aguas termales hasta la ingesta de desagradables ungüentos y pociones cuyas recetas aparecen recogidas en viejas crónicas de la época, custodiadas en Viena, y para las que se utilizaban cientos de ojos de cangrejo, sebo de ballena o un supuesto polvo de cuerno de unicornio que, presumiblemente, sería cuerno de narval[438]. También le recomendaron beber leche de loba. Los rumores decían que Eleonora había capturado varios ejem-

438 Christoph Schneider, «Die gepfählte Fürstin», *Tages-Anzeiger*, 2 de noviembre de 2007.

plares a los que criaba dentro del castillo y que helaban la sangre de los habitantes del pueblo por sus aullidos nocturnos[439].

Hicieron falta dieciséis años para que se produjera el milagro, y en 1722 nació, por fin, el anhelado heredero. Pero la noticia, que generó una gran alegría en la familia real, provocó el efecto contrario entre las gentes de Ceský-Krumlov, que compartían con estupor que los oscuros ritos efectuados durante cerca de dos décadas por la princesa acarrearían consecuencias nefastas, pues, como todo el mundo sabe, el mal siempre atrae al mal.

Y así sucedió. Cuando el anhelado hijo varón cumplió los diez años, su padre, el príncipe Adam Franz, murió de manera accidental cuando el emperador Carlos de Habsburgo, conocido en España como el archiduque Carlos de Austria, disparó contra él por error mientras cazaba en su finca al norte de Praga. El tiro, certero, iba dirigido a un ciervo, pero el príncipe cruzó repentinamente y lo alcanzó la bala.

Desde ese momento, la princesa tuvo que hacerse cargo del patrimonio familiar y de la administración de negocios que iban desde grandes villas hasta explotaciones de cerveza y minas de cobre[440].

A partir de entonces comenzó la decadencia de Eleonora, que se mostraba cada vez más agotada, más pálida y con problemas de insomnio que la hacían mantener encendidas las

439 Raymond Johnston, «Does a vampire princess live in a Bohemian church?», *Magic Bohemia*.

440 Kristina Swiderova, «Adam František a Eleonora Amálie ze Schwarzenberku. Příčiny a průběh jejich manželské krize v letech 1710-1722», *Theatrum Historiae*, vol. 9, 2011.

velas de su dormitorio durante toda la noche. A esos síntomas se sumaban la falta de apetito, la falta de oxígeno y un entumecimiento de sus piernas que la obligaban a caminar con una ligera cojera. Por su dormitorio pasaron importantes médicos, pero también alquimistas y hechiceros. Nadie sabía encontrar el motivo del mal que aquejaba a la princesa, y los remedios para tratarla iban desde las sangrías hasta el consumo de plantas medicinales o el tabaco en pipa, que, en realidad, empeoró aún más su estado[441].

o

Todo esto sucedía en medio de una epidemia vampírica que afectaba a Austria, Hungría, Polonia y hasta parte del Imperio otomano, desde donde llegaban informes de personas que salían de sus sepulturas para sembrar el pánico en poblaciones enteras. Por ejemplo, en la Krislova, en la Baja Hungría, un grupo de vecinos solicitó permiso a las autoridades para exhumar y quemar el cuerpo de Peter Plogojowitz porque, varias semanas después de su muerte, había sido visto atacando al cuello de varios vecinos para chupar su sangre, y todos los que habían tenido contacto con él habían muerto al día siguiente, completamente exangües. Más de diez vecinos fallecieron en pocos días, por lo que el permiso fue concedido. Al abrir la sepultura, con un comandante austriaco y un párroco presentes, la comitiva descubrió el cuerpo de Plogojowitz perfectamente fresco, como recién enterrado, con aspecto sonrosado y la boca llena de sangre fresca. Sin dudarlo, los allí presentes

441 Raymond Johnston, «Does a vampire princess live in a Bohemian church?», *Magic Bohemia*.

clavaron una estaca de fresno entre las costillas del difunto hasta llegar al corazón, para luego quemar su cuerpo. En el pueblo de Blow, en Bohemia, otro supuesto vampiro había acabado también con la vida de muchos habitantes y fue sometido a otro rito *post mortem,* conocido como magia *póstuma* (o «posthuma», como aparece referenciada en el tratado de Agustín Calmet)[442].

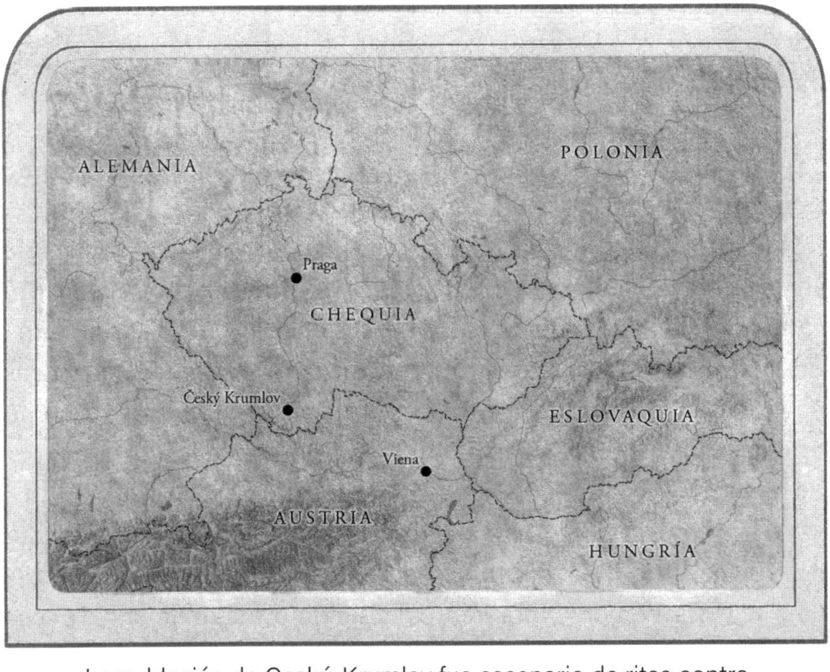

La población de Ceský-Krumlov fue escenario de ritos contra supuestos vampiros a lo largo del siglo XVIII.

442 Agustín Calmet, *Tratado sobre los vampiros,* Ed. Reino de Cordelia, 2009.

En este escenario, algunos vecinos profanaban las tumbas de sus propios familiares para cortarles la cabeza o para colocar grandes planchas de piedra sobre su pecho, creyendo que así evitaban que pudieran despertar. Por eso, las autoridades de la región de Bohemia decidieron alertar de estas prácticas a la corte de Viena. Desde allí, Carlos VI, que pagaba a Eleonora una pensión de cinco mil florines desde el accidente que propició la muerte de su marido, envió a su médico de cabecera, en un nuevo intento de ayudar a la princesa. El médico de la corte, Franz von Gerstorff, encontró a la mujer tan desfallecida que decidió trasladarla a Viena para poder tratarla de manera personalizada e intentar salvar su vida. Pero los esfuerzos del doctor no fueron suficientes, y Eleonora murió el 5 de mayo de 1741[443].

La autopsia de la princesa, practicada a las pocas horas de su muerte, pareció más un rito de evisceración que un estudio *post mortem*. Según las crónicas de la época y estudios recientes, los médicos le extrajeron el corazón y el resto de órganos para dejar su cuerpo completamente vacío por dentro, como una carcasa. Adherida a su columna, encontraron una protuberancia «del tamaño de la cabeza mediana de un niño»[444]. El examen del cadáver costó a la familia la desorbitada cantidad de tres mil florines, como si los médicos hubieran considerado que ese nivel de exposición al cuerpo muerto de la princesa requiriera de un sobrecoste excepcional, por motivos no del todo claros.

443 Adolph Berger, *Das Fürstenhaus Schwarzenberg*, Viena, Gerold's Sohn, 1866.

444 Christoph Schneider, «Die gepfählte Fürstin», *Tages-Anzeiger*, 2 de noviembre de 2007.

Tampoco fueron claras las causas que llevaron a la familia a trasladar el cadáver de Eleonora urgentemente desde Viena, donde estaba sepultada toda su familia, hasta Cesky-Krumlov en un carruaje negro que recorrió, a toda velocidad, los angostos caminos de Bohemia en medio de la noche («¡Los muertos cabalgan deprisa!»).

o

La princesa Eleonora Amalia von Schwarzenberg fue enterrada antes del amanecer, en una capilla recién construida en la iglesia de San Vito. Sus hijos no estuvieron presentes cuando una pequeña comitiva fúnebre hizo descender el ataúd a una cámara hermética y perfectamente sellada, que fue coronada por una lápida austera. Sobre el mármol aparecía dibujada una calavera con dos tibias y una sencilla inscripción que ni siquiera incluía los apellidos de la princesa[445]:

> Aquí yace la pobre pecadora Eleonora
> Rezad por ella. Muerta el 5 de mayo de 1741

En los días sucesivos al entierro clandestino, se dieron más de cien misas por el alma de la desdichada, que había muerto por causas poco claras y, por tanto, sospechosas. Es por eso que en aquellas fechas proliferaron por toda la región de Bohemia las profanaciones a los camposantos.

La emperatriz María Teresa I de Austria, hija de Carlos VI, tuvo conocimiento de esta ola de pánico y envió desde Viena a

445 Monika Kuncová, «Eleonora Amálie ze Schwarzenbergu: Upíří kněžna z Českého Krumlova», *Novinky*, 21 de marzo de 2021.

su médico personal, Gerhard van Swieten, para que averiguara lo que estaba ocurriendo. Gerhard, en quien muchos han visto el origen real del personaje de Van Helsing, el cazador de vampiros en la novela de Bram Stoker, investigó con ahínco multitud de casos de supuesto vampirismo y los publicó en un profuso informe titulado «Tratado sobre la existencia de los fantasmas»[446], que teorizaba que muchos de estos casos se originaban gracias a la credibilidad supersticiosa del pueblo, unida a una imaginación oscura, fruto de la ignorancia.

Tras estas duras conclusiones, en 1755, la emperatriz María Teresa firmó un edicto que prohibía la exhumación de cadáveres para este tipo de prácticas que, desde entonces, empezaron a llevarse a cabo en la clandestinidad.

Un último detalle especialmente escabroso en esta historia es que, en el momento de firmar aquel mandato que prohibía la decapitación de cadáveres como parte de esos ritos de magia póstuma, la emperatriz llevaba en su vientre a su decimoquinta hija, María Antonieta, que sería ajusticiada treinta y ocho años después por motivos muy distintos…, pero también decapitada.

APUNTES DE MADRUGADA

En el año 2007, un equipo de arqueólogos de Praga encontró tres esqueletos en el cementerio de Ceský-Krumlov que pa-

446 Gerhard van Swieten, *Abhandlung des Daseyns der Gespenster,* Ed Jazzybee Verlag, 2022.

recían haber sido sometidos a un extraño rito. Sus extremidades estaban aplastadas por grandes piedras, uno tenía la cabeza arrancada y colocada entre sus piernas y otro tenía una losa de gran tamaño insertada en la mandíbula[447]. Durante mis investigaciones por Rumanía y Bulgaria, yo mismo fui testigo del hallazgo de un cementerio de supuestos vampiros en lo alto de las montañas Ródope[448], ocupadas por los tracios hace más de cinco mil años, donde pude fotografiar esqueletos que mostraban los mismos estigmas *post mortem*[449]. La idea de colocar objetos pesados en la boca, como planchas de hierro o piedras, tenía que ver con la idea medieval de los muertos que masticaban sus propias mortajas y se practicaba para evitar que el difunto pudiera volver a morder[450].

Los huesos encontrados en Ceský-Krumlov databan del siglo XVIII[451], lo que hizo pensar a los investigadores que su profanación pudo estar relacionada con el miedo que desató la muerte de la princesa Eleonora.

El descubrimiento fue determinante para que en el año 2007 un equipo austriaco rodara un documental titulado *La princesa vampiro*, en el que se analizaban otras anomalías del caso, como el hecho de que la mayoría de retratos de la prin-

447 «Die Vampirprinzessin», *Arte Sehen*, 16 de noviembre de 2017.

448 Matthew Day y Harriet Alexander, «"Vampire grave" found in Bulgaria», *The Telegraph*, 10 de octubre de 2014.

449 Javier Pérez Campos, *Los Otros*, Ed. Planeta, 2016.

450 Michael Ranft, *De la masticación de los muertos en sus tumbas*, Ed. La Felguera, 2024.

451 «"Die Vampirprinzessin" im ZDF: "Terra X"-Dokumentation über die Wurzeln des Dracula-Mythos», *Presse Portal*, 10 de septiembre de 2008.

cesa de Bohemia hubieran sido prácticamente destrozados, como si no solo hubieran querido acabar con su cuerpo, sino también con su memoria. De hecho, una de las pocas pinturas que se conservan de ella la muestran junto a su hijo, Joseph, en una escena de caza. Este cuadro, obra de Maximilian Hannel, tuvo que ser restaurado porque la princesa había sido decapitada (posiblemente después de su muerte) y aún hoy se aprecia el retoque del nuevo lienzo que tuvo que colocarse alrededor de su nueva cabeza, pegada al resto del cuerpo. Actualmente puede contemplarse en la exposición permanente del castillo de Cesky-Krumlov, donde vivió Eleonora.

El autor fue testigo del hallazgo de un cementerio de supuestos vampiros, de época medieval, en las montañas Ródope, Bulgaria.

El lienzo que muestra a la princesa Eleonora junto a su hijo Joseph, obra de Maximilian Hannel, fue decapitado, motivo por el que la cabeza de la princesa tuvo que ser restaurada con los restos de un nuevo lienzo que puede diferenciarse del resto de la pintura.

Varias décadas después, el médico del emperador, Franz von Gerstoff, solicitó exhumar el cadáver de Eleonora para realizarle una nueva autopsia que determinara las verdaderas causas de su muerte. Se le concedió y, tras un estudio profuso, el médico concluyó que la extraña protuberancia que el cadáver tenía adherida la columna, descrita en la primera autopsia como «...del tamaño de la cabeza mediana de un niño»[452] era,

452 Christoph Schneider, «Die gepfählte Fürstin», *Tages-Anzeiger*, 2 de noviembre de 2007.

en realidad, un cáncer cervical, rodeada, además, de varios tumores, y que esa fue la causa real de su muerte; la misma que le provocó una sintomatología que algunos relacionaron con el vampirismo[453].

o

Una vez más, es muy posible que la realidad haya calado de manera profunda en la ficción, pues treinta años después de la muerte de Eleonora, el poeta alemán Gottfried August Bürger escribió una balada titulada «Leonora»[454], que contaba la historia de una joven llamada Leonora que esperaba, impaciente, a que su prometido volviera de la guerra de los Siete Años. Un día, desesperada por la situación, la mujer renegó de Dios y, esa medianoche, regresó, por fin, su querido Wilhelm, a lomos de un enorme caballo. El jinete la invitó a acompañarlo hasta el lecho nupcial.

Así, cabalgando juntos a toda velocidad, como el mismo carruaje que, años atrás, había transportado el cadáver de Eleonora desde Viena hasta el sur de Bohemia, Wilhelm y su amada atravesaron la noche. Esta secuencia tiene lugar, además, en la misma región de Bohemia donde se habían vivido los episodios de terror vampírico, y la balada detalla cómo la pareja, que avanza a caballo, se va encontrando con una multitud de espectros que les salen al paso, mientras describe con onomatopeyas los sonidos de la noche y sus misterios:

453 «Leonor de Schwarzenberg: la polémica historia de la princesa vampiro», *Vanidades*, 10 de julio de 2022.

454 G. A. Bürger y Helena Cortés Gabaudan, *Los muertos cabalgan deprisa*, Ed. La Oficina, 2015.

¡Uy, mira el patíbulo en la altura,
danzando junto a la soga,
a la pálida luz de la luna,
tropel de espíritus ronda!
¡Aquí, fantasmas, venid aquí!
Venid, espectros, ¡seguidme a mí!
Bailadme rondas de boda,
cuando me encame en la alcoba.
Y aquel tropel fantasmal, uh, uuh, uuuh,
lo sigue volando deprisa,
como el viento que ulula, uh, uuh, uuuh,
entre hojas secas y espinas.
Y, hop, hop, hop, otra vez al trote;
hop, hop, hop, otra vez al galope,
bestia y jinete resoplan,
chispas de las piedras brotan.
¡Cómo vuela a la luz de la luna,
cómo vuela todo lejos!
¡Cómo vuela todo en las alturas,
en las estrellas y el cielo!
¿Te asustas, niña?... ¡La luna brilla!
¡Yuuuh... los muertos cabalgan deprisa!

Finalmente, al llegar a su destino, la pobre Leonora descubre que su amado Wilhelm es un espíritu más que la ha conducido hasta una trampa mortal como castigo por haber desafiado a Dios:

¡Uy, mira qué ocurre en ese instante!
Su armadura cae al suelo,
uuuh, es un prodigio escalofriante:
polvo con mallas y peto.

Su cráneo sin yelmo ni coleta,
deja ver la monda calavera:
un esqueleto es, que gasta
reloj de arena y guadaña.

Es muy posible que el poeta alemán hubiera conocido la historia de la princesa Eleonora y que la hubiera utilizado parcialmente para crear esta hermosa balada gótica. Al fin y al cabo, los nombres se asemejan, el escenario de ambas historias es la región de Bohemia y todo ocurre en la misma época.

Ilustración de la balada «Leonora» por el pintor alemán Frank Kirchbach (1859-1912).

Y como colofón, esta increíble historia vampírica relacionada con monarquías, castillos y baladas, donde la realidad y la ficción se mezclan hasta ser casi indivisibles, llegó a la cumbre de las metarreferencias con la publicación de *Drácula*, de Bram Stoker, en 1897. En el primer capítulo de la novela, Jonathan Harker está esperando la llegada de un carruaje que lo conduzca hasta el castillo del conde, mientras un grupo de campesinos intenta convencerlo de que continúe hasta Bucovina y que no se reúna con Drácula. De pronto, aparece una calesa tirada por un grupo de caballos de color negro, que va guiada por un hombre alto, con barba grisácea y sombrero de copa, que parece ser el mismísimo conde Drácula:

> Sonrió al hablar, y la lámpara iluminó una boca de dura expresión, con labios muy rojos y agudos dientes, tan blancos como el marfil. Uno de mis compañeros de viaje le susurró al otro un verso dc «Leonore», de Bürger: *Denn die Todten reiten schnell* («Pues los muertos viajan deprisa»).
>
> El extraño cochero oyó evidentemente estas palabras, porque alzó la vista al tiempo que en su rostro se dibujaba una sonrisa resplandeciente[455].

La referencia directa de Stoker al poema «Leonore» levantó muchas suspicacias sobre si el escritor también habría leído o escuchado la historia en la que parecía estar inspirada la balada de Bürger, dado el amplio conocimiento que el irlandés tenía sobre los *strigoi* y los *brucolaco*.

En cualquier caso, nada de eso importa ya, porque en el fondo el verdadero hilo invisible que conecta todas estas his-

455 Bram Stoker, *Drácula*, Ed. Akal, 2008.

torias es la noche. Quizá el vampiro naciera como respuesta al miedo incomprensible a esa última fase del día; un miedo que el ser humano lleva grabado a fuego en lo más profundo del cerebro reptiliano.

Y aunque ya nadie cree en vampiros, esos miedos que trae la noche siguen vivos, aunque ahora sean otros, mucho menos ingenuos e inocentes... Pero igual de letales.

AMANECER

Los primeros rayos del sol entran por la ventana, iluminando parcialmente el dormitorio, y produciéndonos, por fin, un ligero desahogo que aumenta hasta convertirse en una sensación de control. La luz invade las sombras sobre las que nuestra mente proyecta sus peores augurios; las mismas donde viven, también, los monstruos. Con la llegada del nuevo día, focalizamos nuestros problemas, nos volvemos más racionales, exigimos explicaciones empíricas, dejamos atrás el mundo de la superstición, en mayor o menor medida. No necesitamos permanecer alerta, pues esa luz es nuestra mejor aliada y los cinco sentidos vuelven a ponerse a trabajar a pleno rendimiento, coordinándose entre sí.

o

Ahora que ha pasado la noche, quiero darte las gracias por acompañarme en este viaje a través de la oscuridad, en el que hemos aprendido, nos hemos sorprendido y a veces, simplemente, nos hemos sobrecogido. Pero nada hay más útil que esto último, pues las huellas que quedan mejor alojadas en nuestro cerebro son las que deja el miedo: una poderosa herramienta que nos ha permitido subsistir durante millones de años.

Quizá hayas llegado a este libro porque conocías mis otros trabajos o porque me has visto en televisión, quedándome solo en sitios de lo más inquietantes, o porque has escuchado alguna entrevista y has sentido curiosidad. O, tal vez, la portada ha conseguido llamar tu atención y te has atrevido a acompañarme. Sea como sea, solo puedo agradecerte que hayas confiado en mí, porque yo escribo este texto a solas en mi despacho, pero pensando en ti. Precisamente en ti. Porque, de los millones de libros que podías elegir, te has decantado por este.

En el momento en que tecleo estas últimas líneas, soy consciente de mi suerte por tenerte al otro lado —en mi caso, al otro lado del ordenador—. Ahora que al alba los horrores de la noche se disipan y nos sentimos un poco más vivos, te envío mi abrazo más sincero.

o

Personalmente, creo que el libro es uno de los mayores actos de magia y alquimia que el ser humano alcanzará jamás. Al fin y al cabo, es el resultado de una idea que surge en la mente de un autor y que termina, literalmente (y literariamente), materializándose en un objeto: este que ahora sostienes. Me encantaría, por tanto, dar las gracias a todas las personas que han sido partícipes de este acto alquímico, combinando su conocimiento real y profundo con la fe en este que escribe.

Ángeles Aguilera, mi editora, ha confiado en mí durante más de diez años y me ha ayudado a dar forma a todas estas historias y aventuras que llevo dentro, siempre con absoluta libertad. Tengo la suerte de aprender de ella con cada libro, de su intuición, de su conocimiento del panorama editorial, de su claridad meridiana y de su sensibilidad.

Andrea Toribio, también editora, se reunió conmigo para dar forma a *Nocturnos*, y me ayudó a perfilarlo a lo largo del proceso. Fue bonito conocerla en un momento mágico, a través de una hermosa historia de fantasmas que bien podría aparecer aquí (quizá algún día, si ella me deja).

Fátima Santana, mi jefa de prensa, es otro pilar fundamental en esta cruzada que emprendimos juntos, ya en 2013. Cada viaje con ella, cada jornada con la prensa, cada comida compartida, eso sí, a toda velocidad antes de entrar en otra entrevista (o incluso comiendo mientras, directamente, atiendo la entrevista por teléfono) tiene para mí todo el valor del mundo. Conozco a pocas personas como ella, tan empáticas y tan capaces de compaginar el sentido del humor con el sentido del trabajo. Lo estamos consiguiendo, amiga.

Laura Franch, directora de Comunicación, es única a la hora de entusiasmarse con un proyecto y defenderlo con todos sus medios. Solo cuando esa emoción es auténtica puede contagiarse de verdad, y ella lo consigue.

Y cómo olvidar a los equipos de *marketing*, redes, distribución, maquetación… En definitiva, todo el equipo de la editorial Planeta es, realmente, *de otro planeta*.

Silvia Bastos, mi agente literaria, permite que pueda centrarme en la parte más bonita de este oficio, y, junto a Gabriela Aguilera, Pau Centellas, y el resto de compañeros de la agencia, son una parte muy importante de este viaje. Su conocimiento y su confianza me dan un respaldo firme.

El apoyo permanente de mi familia ha sido fundamental en este trabajo. Ellos soportan mis ausencias durante los reportajes para *Cuarto Milenio*, mis investigaciones o las horas que paso escribiendo (aunque, en esta ocasión, lo he hecho mientras ellos dormían). Mis hijos, Mario y Chloe, me regalan cada día una mirada nueva. Ojalá siempre conserven esa curiosidad y esa forma de relacionarse desde el amor, ante un mundo que parece cada día más hostil. Últimamente, Chloe no nos deja dormir del todo bien. Con sus cuatro años, su vocecita rompe el silencio de la madrugada: «Maaaaaaaaami...». Y aunque finge que quiere agua o que volvamos a arroparla, sabemos que quiere comprobar que estamos *ahí*. Mario, sin embargo, duerme del tirón... También doy gracias por eso.

Celia, mi preciosa mujer, me ha acompañado silenciosa mientras escribía este libro y ella estudiaba una oposición. El equipo que decidimos crear, cuando éramos apenas dos críos, está cada vez más sincronizado, más afinado y también más fuerte. Últimamente, después de tanto tiempo, he descubierto en ella una constancia que yo no podría tener jamás, y eso me encanta. La admiro, la quiero y soy un afortunado por compartir mis días y mi familia con ella.

Mi padre, Ángel, estuvo en la oscuridad más profunda de la noche... y regresó. Fue una experiencia que se disipa cada día, pero que, en el fondo, me vuelve cada vez que lo abrazo. En uno de mis libros, *Los Guardianes*, investigué cómo muchas personas regresaban de la muerte para dedicarse a ayudar a los demás. Mi padre, que ya era un ángel de la guarda desde antes, dedica ahora todo su esfuerzo (que no es poco) a colaborar en la Asociación Española Contra el Cáncer. Es todo un ejemplo para mí, al igual que mi madre, Toñi, que me ha enseñado el valor del esfuerzo y también del sacrificio. Cada día soy más consciente de cómo su dedicación y su entrega le hizo renunciar a muchas otras cosas. Es otro buen ejemplo de entereza y valentía, y siempre tuvo esperanza mientras sujetaba, de uno u otro modo, la mano de mi padre. No la ha soltado nunca.

Mis hermanos, Ana y Miguel me han acompañado en todos los momentos de mi vida. Es un orgullo verlos avanzar, crecer; verlos como siempre quisieron ser y también como imaginé que serían. Mi cuñada Ana y mis sobrinas, Lucía y Belén, completan a la perfección este círculo de la felicidad. Me encanta compartir mi tiempo con vosotros.

Un día, mi cuñada Ángela nos presentó a un chico que se parecía a Hugh Grant, pero que, en lugar de vestir al elegante estilo inglés, llevaba una camiseta ajustada, varias tallas por debajo de la suya. Desde ese día, supe que Mario iba a formar parte de nuestras vidas (por fortuna, nunca más utilizó aquella camiseta que, después supe, le había prestado muy amablemente la propia Ángela). Ellos me eligieron para oficiar un momento muy especial que nunca olvidaré. Ahora, mientras escribo estas líneas, pienso también en la pequeña Vega, aún una aventurera sideral, que ha recorrido millones de galaxias y que será afortunada por tener unos papás como ellos.

Ana y Jose han visto crecer a su bonita familia y me han hecho parte de ella. Ahora, seguimos creciendo juntos con nuevos lazos que me hacen descubrirlos de otro modo, quizá tal y como fueron. Estoy orgulloso de tener un hueco en eso que habéis logrado con tanto esfuerzo, paciencia y perseverancia.

A sus noventa y cinco años, la abuela Tere siempre tiene un libro entre las manos, y ha leído todo lo que he escrito. Me contagia su vitalidad y su capacidad de adaptarse a los cambios, vengan de donde vengan. Seguramente ya le habré contado algunas de estas historias antes de escribirlas.

o

Un día alguien me dijo que era mejor no conocer a los héroes de tu infancia. Quizá por miedo a la decepción o quizá para poder mantenerlos en un eterno pedestal. De haber hecho caso al consejo, me habría perdido a un tipo valiente, honesto, leal y con principios. Mi amigo Iker Jiménez, como un hermano mayor, ha sido fundamental para mí, con su apoyo constante y su confianza plena desde que nos conocimos, hace ahora veinticinco años. Tengo la suerte de haber pasado más tiempo de mi vida aprendiendo de él que sin conocerlo, y en todo ese periodo hemos compartido entusiasmo, curiosidad, y hemos rozado lo trascendente (o, mejor dicho, lo trascendente nos ha rozado a nosotros).

En una firma de libros, Carmen Porter atendió a un chaval de quince años y le firmó en un libro: «Ojalá algún día seas tú quien me firme un libro a mí». Ahora, ese joven escribe su octavo libro y no olvida a quienes le dieron impulso, aliento y lo animaron a perseguir sus sueños. Carmen fue generosa conmigo desde el principio, sin apenas conocerme, cosa que no es muy habitual. Todas estas rarezas buenas han guiado mi destino, y tengo la suerte de vivir cada día al lado de los héroes de mi infancia.

Gerardo Peláez, otro buen amigo, ha sido fundamental a la hora de enfocar muchos de los temas que he investigado en estos años, y me ha dado un apoyo sin fisuras desde que llegué a *Cuarto Milenio* en el año 2015. Valoro poder compartir todo ese conocimiento del ámbito televisivo y del periodismo.

Es un lujo trabajar en un equipo como el de *Cuarto Milenio* y *Horizonte*, donde están los mejores profesionales y entusiastas del medio: Camilo Rey, Sergio Fernández de Pinedo, Juan Berrueta, Ana Bustillo, Félix Porter, Noelia Macías, Belén Algarra, Marta Riestra, Sara Sanz, Ana Abella, Manolo Rodríguez, Begoña Larena, Paloma Cantalapiedra… Pocas cosas dan mayor seguridad que estar respaldado por los más grandes en su campo.

Perseguir historias secretas y misterios olvidados a veces es una labor ingrata, pero Verónica González ha sido testigo de algunas cosas extrañas que nos han ocurrido, siempre fuera de cámaras. Mi amiga, resignada y valiente, intenta registrarlas, y algún día lo conseguirá, estoy seguro. Solo alguien con su sensibilidad puede hacerlo. Mientras tanto, al menos soy consciente de mi suerte por poder perseguir enigmas con gente tan entregada y respetuosa.

Solo el intrépido Armando Rey sería capaz de subir en un SUV hasta la cumbre del monte Gorbea sin tubo de escape y todavía sacarme una carcajada cuando estuvimos a punto de despeñarnos por el precipicio, a mil cuatrocientos ochenta metros de altura. El fantástico Julián Muñoz siempre achacará la verdadera causa de mis miedos a no haber hecho la mili, pero sé que valora cada uno de nuestros pasos. Y solo el insuperable Raúl Vaquero es capaz de trotar y rodar durante veinte horas, sin extenuarse y exprimiendo al máximo cada plano y cada secuencia. Son inagotables, creativos y, por encima de todo, buenos amigos.

Me siento honrado de tener a mi querido Paco Pérez Caballero y a su bonita familia, Elena, Mateo y Guillermo. También a la memoria del gran Paco Pérez Abellán, que debe estar muy orgulloso de todos ellos. Espero que nuestra próxima reunión sea alrededor de un helado escarchado de frutos secos. Paco, con su pódcast *El señor de los crímenes* nos enseña a protegernos de la noche y de sus peligros.

La genial Valentina García de Vicente tiene una sensibilidad que demuestra día a día con su trabajo. Tuve la suerte de acompañarla en uno de los viajes más estresantes de mi carrera, y si sorteamos todas las adversidades fue gracias a su modo de trabajar. Gracias por ser tan generosa y por formar parte de este libro.

En este intenso camino me han acompañado otro buen puñado de amigos que significan mucho para mí, como Javier Sierra, Israel Espino, Enrique Echazarra, Luis Uriarte, Aldo Linares, Laura Serrano, Rafael Balaguer, Miguel Ángel Pertierra, José Gregorio González, Nando Fernández, Antonio Moreno, Guillermo León, Cristian Lorente, Carlos Largo, Clara Tahoces, Pablo Villarrubia, Diego Marañón, Gonzalo Pérez Sarró, Pedro Martín-Romo, Raquel Méndez, Mar Gómez, Pablo Vergel… Ellos han aportado su conocimiento, siempre atinado, para resolver algunos de estos misterios o para engrandecerlos aún más.

Ahora, la noche se escapa entre nuestros dedos.

Y amanece.

CONTACTO

Si quieres contactar con el autor, puedes hacerlo a través de su correo electrónico: javipcampos@gmail.com

También en sus redes sociales:

@JaviPerezCampos

NOTA BIOGRÁFICA

Javier Pérez Campos (Ciudad Real, 1989) es un periodista y escritor interesado en la fina línea que separa la realidad de la ficción. Ha investigado cientos de historias por todo el mundo, y las comparte semanalmente como reportero y redactor de los exitosos programas de televisión *Cuarto Milenio* y *Horizonte* (Cuatro TV). También ha trabajado en medios como Cadena SER, Telecinco y Onda Cero. Es autor de la editorial Planeta desde hace más de una década, donde ha publicado sus aventuras en libros como *Los ecos de la tragedia* (2013), *Los Otros* (2016), *Los Guardianes* (2019), *Los Intrusos* (2021) o *Immaturi* (2023).

Escribe, casi siempre, al caer la noche.

Este libro se publicó el 15 de octubre de 2025,
189 años después de que el forajido Arturo Vidal
fuera decapitado y condenado a vagar eternamente
a lomos de su imponente Mustang negro
a través de la noche...